Mickey Robinson

Freier Fall in den Himmel

Über den Autor

Mickey Robinson ist ein gefragter Pastor, Autor und Redner. Seine Botschaft von Liebe und Hoffnung ermutigt seit über dreißig Jahren Menschen in aller Welt. Mit seiner Frau Barbara leitet er eine Bewegung, die sich zum Ziel setzt, Menschen in ihre von Gott gegebene Berufung zu führen, sodass sie ihr volles Potenzial entfalten können.

facebook.com/mickeyrobinsonauthorspeaker

Mickey Robinson

FREIER FALL IN DEN HIMMEL

Ein Absturz, ein Nahtoderlebnis
und viele Wunder.
Die wahre Geschichte
eines Fallschirmspringers.

Mit einem Vorwort von Don Piper

Aus dem Amerikanischen von
Ingmarie Flimm

Für meine Familie:
Michael,
Matt und Natasha,
Jacob und Sommer,
Elijah, Shiloh und Jorden,
Bryan und Elizabeth,
Ariel, Mercy and Ivy.

Ihr seid alle meine Schätze.

Und für Barbara …
die tapferste, tiefsinnigste,
schönste und beste Partnerin,
die ich kenne.

Inhalt

Vorwort

Es gehört eine ordentliche Portion Mut dazu, wenn jemand den Versuch unternimmt, uns Gottes grenzenlose Möglichkeiten vor Augen zu führen. Ich selbst weiß nur allzu gut, was das heißt. Im Januar 1989 befand ich mich auf der Rückreise von einer Pastorenkonferenz, die im Osten Texas' stattgefunden hatte, als plötzlich ein Lkw den Mittelstreifen der zweispurigen Bundesstraße überfuhr und frontal gegen mein Auto prallte. Ich war sofort tot, wie die vier eingetroffenen Sanitäter bestätigten, und fand mich an einem Ort wieder – umgeben von der Herrlichkeit Gottes –, den wir gemeinhin als Himmel bezeichnen. Letztlich verdanke ich es einer Folge von Wundern und Tausender inbrünstig gesprochener Gebete, dass ich überlebt und mit der Zeit auch die meisten meiner körperlichen Fähigkeiten wiedererlangt habe.

Mickey Robinson und ich sind uns oft begegnet. Immer wieder haben wir bei gemeinsamen Fernsehauftritten unsere Geschichten erzählt. Nur ganz wenige Menschen haben eine Vorstellung davon, wie es sich anfühlt, ohne die vertraute sterbliche Hülle vor dem allmächtigen Gott gestanden zu haben und nach diesem Erlebnis zurückkehren zu dürfen, um darüber zu sprechen. Mickey ist eine dieser Personen, die durch ihren Glauben und ihre Überzeugung jeden Zweifel und jegliche Skepsis zerstreuen. Und für mich persönlich ist er weit mehr als ein Glaubensbruder, denn er besitzt wie ich ein einzigartiges Verständnis davon, was es bedeutet, ein normalerweise unvorstellbares Unglück überlebt zu haben.

Sie halten die Biografie eines Mannes in den Händen, der schnell gelebt hat, hart aufgeschlagen ist und schließlich wieder aufgestanden ist, weil er demütig und gnädig von einem liebevollen Retter geheilt wurde. Sein Buch wird jeden Leser ermutigen, an die Kraft des Gebets und an Gottes großzügige Gnade zu glauben sowie an das Durchhaltevermögen des menschlichen Willens. Es erzählt die Geschichte eines jungen Mannes, der vielen Träumen nachgejagt ist, und von einem Gott, der sich unermüdlich um einen jeden von uns bemüht. Mickey nimmt Sie mit durch die Höhen und Tiefen seiner Kindheit. Er erzählt davon, wie er lange darum gerungen hat, zu seinem himmlischen Vater eine Beziehung aufzubauen, der immer da war und doch weit weg zu sein schien. Und er berichtet von seinen unvorstellbaren körperlichen Leiden. Nicht zuletzt erzählt er uns aber vor allem von den Wundern, die selbst dem medizinischen Fachpersonal unbegreiflich waren, aber bestätigen, was in Jeremia 31,27 geschrieben steht: *„Ich bin der Herr über alle Menschen; mir ist nichts unmöglich."*

Ich danke Mickey dafür, dass ich mit diesem Vorwort etwas zu seinem Buch beisteuern darf. Dass es Tausende Menschen in ihrem Glauben stärken und viele andere zum ersten Mal mit der rettenden Kraft des Glaubens an Jesus Christus bekannt machen wird, dessen bin ich mir sicher. Und ich hoffe inständig, dass Mickeys Geschichte Ihnen ebenso viel Segen schenkt wie mir.

Don Piper,
Autor des Bestsellers *„90 Minuten im Himmel"*

Einleitung

Dieses Buch erzählt vom Leben, und zwar vom Leben eines jungen Mannes, der in der zweiten Hälfte des zwanzigsten Jahrhunderts geboren wurde. In einer Zeit, die mehr Veränderungen mit sich gebracht hat als all die Jahrhunderte zuvor. Die Bevölkerung hat sich mehr als verdoppelt, der technische Fortschritt sowie die Wissensvermittlung und Informationsübertragung nahmen bedeutend zu und die Zeit nach dem Zweiten Weltkrieg bescherte der amerikanischen Gesellschaft ein neues Freiheitsgefühl, wachsenden Wohlstand sowie eine noch nie da gewesene politische Vormachtstellung in der Welt.

Dem jungen Mann, von dem hier die Rede ist, stand die Erfüllung des amerikanischen Traums greifbar vor Augen – schließlich wurde dieser ihm mit viel Glamour überall präsentiert: im Kino, im Fernsehen, im Sport und in den Reden eines jungen Präsidenten der Vereinigten Staaten. Allerdings wurde dieses Leben auch überschattet, und zwar vom Kalten Krieg – der Bedrohung einer nuklearen Auslöschung der gesamten Menschheit und dem Zusammenbruch traditioneller Werte, die bisher Stabilität gegeben hatten. Hinzu kamen die Revoluzzer der späten 1960er-Jahre, die lauthals die Vorzüge der freien Liebe und des Drogenkonsums propagierten. Es herrschte eine allgemeine Aufmüpfigkeit und es wurden Parolen laut wie „Gott ist tot" oder „Gott ist was immer du dafür hältst".

Der Mann, von dem ich hier erzähle, wuchs also mit denselben Träumen und Idealen auf, die damals den meisten Amerikanern in den Mittelklassevororten der großen Metropolen bestens vertraut waren. Doch in seinem Leben gab es auch die unschönen Dinge: Stress in der Familie, Alkoholismus und Streitereien. Zu jener Zeit war das nicht ungewöhnlich. Nur für gewöhnlich versteckte man all das und sprach einfach nicht darüber.

Folglich hielt der junge Mann nach Vorbildern außerhalb seiner Familie Ausschau. Er neigte zu Abenteuern und suchte nach schnellen Vergnügungen – bis ein tragisches Ereignis seine Welt bis in die Grundfesten erschütterte. Von jetzt auf gleich wurde er mit seiner eigenen menschlichen Sterblichkeit konfrontiert.

Und am Punkt tiefster Hoffnungslosigkeit verließ er diese Welt und trat in die übernatürliche Welt des Himmels ein. Diese Erfahrung setzte Zeit und Raum außer Kraft und er erlebte durch Gottes königliche Allmacht eine Verwandlung.

Anschließend kehrte er zur Erde zurück, wobei er körperlich und emotional unglaubliche Hindernisse zu überwinden hatte. Nur durch zahlreiche Heilungen, Wunder und übernatürlichen Beistand war dies überhaupt möglich. Letzten Endes fand er aber auf seiner langwierigen Reise dank der fortwährenden und unerschütterlichen Liebe Gottes den richtigen Weg, inmitten einer sich schnell wandelnden Gesellschaft. Und genau dorthin kehrte er mit einem Auftrag zurück – nämlich allen Menschen Leben und Hoffnung zu verkünden.

Dieser junge Mann bin ich. Und das ist meine Geschichte.

„Ich habe die sicheren, irdischen Gefilde verlassen…
und dabei Gottes Antlitz berührt.“[1]

Kapitel 1

Den Himmel im Herzen

Die Fabrikmauern glühten in der Sommerhitze. Die hohe Luftfeuchtigkeit hatte die Lagerhalle unserer Firma Otis Elevator, die Aufzüge und Fahrtreppen herstellt, in ein Dampfbad verwandelt. Und die Arbeiter bewegten sich darin fort wie Ameisen in einer Siruppfütze.

Mit Ausnahme von mir.

Ich war neunzehn Jahre alt und selbst acht Stunden harte körperliche Arbeit konnten mich einfach nicht bremsen. Ich powerte unvermindert weiter, bis Punkt 16 Uhr die Pfeife in der Lagerhalle ertönte. Und dann düste ich auch schon ab.

Als ich an diesem Feierabend gerade den Zündschlüssel in meinem '63er-Ford herumdrehte, hörte ich von draußen eine Stimme hinter mir herrufen:

„Hey, Mickey, kommst du noch mit auf ein Bier?"

„Nein. Ich muss zum Flugplatz", antwortete ich. „Ein anderes Mal vielleicht."

Ich sah nicht einmal nach, wer das hinter mir war, stellte das Radio an und griff nach einer Zigarette. Während das schrille Aufjaulen einer elektrischen Gitarre die Luft zerriss, düste ich vom

Parkplatz und dann schnell über alle möglichen Abkürzungen nach Hause.

Steppenwolfs *Born to Be Wild* dröhnte mir in den Ohren und bei Tempo 140 nahm ich die Landschaft nur noch als verschwommenes Grün wahr. Die Straße vor mir lag da wie ein magischer Teppich. Ich warf mir selbst einen kurzen Blick im Rückspiegel zu. Es war Sommer und ich war braun gebrannt, durchtrainiert, hoch konzentriert und von einem Gedanken beseelt: Eine meiner Lehrerinnen hatte mir eine Karriere als Schauspieler nahegelegt und behauptet, die Welt würde auf jemanden wie mich nur warten. Doch damals war mir die Welt relativ egal.

Mein Herz gehörte dem Himmel.

Vor fünf Monaten war ich das erste Mal aus einem Flugzeug gesprungen und unter einem alten dunkelgrünen Militärfallschirm zur Erde zurückgeschwebt. Der Sprung war alles andere als spektakulär gewesen, dennoch passierte an diesem Tag etwas Überwältigendes. Es war, als hätte eine unsichtbare Hand einen Knopf in meiner Seele gedrückt, der alles andere auslöschte. Von diesem Augenblick an existierte nur noch der Wunsch, wieder zu springen. Noch einmal in den Himmel hinaufzufliegen, noch einmal dieses intensive Gefühl zu erleben und noch einmal und noch mehr von dieser Geschwindigkeit zu spüren.

Der freie Fall, wenn ich mit 225 Stundenkilometern durch die Atmosphäre raste, verschaffte mir ein Lebens- und Freiheitsgefühl, das ich bislang nicht gekannt hatte. Frei aus dem Himmel zu fallen, war meine neue Sehnsucht und ich stürzte mich jedes Mal mit ganzer Leidenschaft in diesen Freiheitsrausch. In den wenigen Sekunden, ehe mein Fallschirm sich öffnete, verlor ich jegliches Zeitgefühl. Es gab dann nichts anderes mehr. Keinen Einberufungsbescheid zur Armee. Keinen Vietnamkrieg. Keine Uhrzeit. Keine Langeweile. Keine Grenzen. Hätte es die Möglichkeit gegeben, das Gefühl des freien Falls direkt in die Venen zu injizieren, ich hätte keinen Moment gezögert.

Als ich in die Einfahrt unseres Hauses einbog, war ich noch ganz in Gedanken. Ich zog ein letztes Mal an meiner Zigarette, ehe ich sie über meine Schulter schnippte. Mein vierzehnjähriger Bruder lehnte an der Wand vor unserer Haustür und wartete ungeduldig auf mich. Neben ihm lag das Bündel mit meinem Fallschirm.

In meinem Zimmer schälte ich mich aus meiner Arbeitskleidung und stieg in meinen sauberen weißen Overall, der nach Himmel roch. Ich schnappte meine Fallschirmstiefel und rannte wieder nach unten. Durch die leicht geöffnete Küchentür erhaschte ich einen kurzen Blick auf meine Mutter. Sie drehte sich nicht um und ich hielt nicht an. Sie wusste, dass ich es eilig hatte. Ich hatte es immer eilig.

Mein Bruder und ich warfen die Fallschirmausrüstung in den Kofferraum und brausten eine Staubwolke hinter uns lassend Richtung Flugplatz. Während der Tacho nach oben schnellte, drehte ich mich zu ihm um und sagte: „Du bleibst heute also unten …"

„Reite nicht auch noch darauf herum", murmelte er mit gequältem Gesicht. „Es ist absolut unfair, dass ich nicht mehr springen darf."

„Reg dich nicht drüber auf", versuchte ich ihn zu trösten. „Du hast doch noch alle Zeit der Welt. Klar, es ist momentan blöd, aber vielleicht finden wir ja irgendeine Lösung."

Mein Bruder liebte das Fallschirmspringen genauso sehr wie ich, aber er war noch nicht volljährig. Erst vor einer Woche hatten die Leute von der Luftverkehrskontrolle spitzbekommen, dass mein

Bruder bereits Sprünge absolvierte. Seine junge Fallschirmspringer-karriere hatte damit ein abruptes und vorläufiges Ende gefunden.

Als wir zum Flugplatz von Brunswick kamen, sah ich schon die Piper Cherokee 6 bereitstehen – fertig zum Abflug. Der Flugplatz war klein, aber absolut ausreichend, um meinem Hobby nachzuge-hen. Dort gab es alles, was ich brauchte – eine Start- und Landebahn sowie ein Flugzeug. Und ich war dort in einer Fallschirmspringer-gruppe, die sich gerade erst gefunden hatte, als neuer Sprungpart-ner aufgenommen worden.

Alle sahen, wie ich ankam und von meinem Auto zur Startbahn lief. Ich genoss die Aufmerksamkeit. Noch vor ein paar Minuten, in meinem Job, war ich nichts weiter gewesen als ein Name auf einer Stempelkarte, doch hier gehörte ich zu einer elitären Gruppe von Auserwählten. Außerdem waren die anwesenden Flugplatzgäste jedes Mal wie eine Art Fanklub für uns Fallschirmspringer und ich war einer dieser Stars.

Wie bei jedem anderen Sport versammelten sich Menschen, um denjenigen zuzusehen, die „das richtige Zeug dazu hatten, etwas Besonderes zu leisten". Und ich hatte nun mal das Talent zum Fall-schirmspringen. Es war ein unglaublich cooles Gefühl.

„He, da kommt unser Superstar!"

Das grinsende Gesicht meines Freundes und Mentors Dan schob sich in mein Blickfeld. Er war nach dem Zweiten Weltkrieg einer der ersten Amerikaner gewesen, die eine D-Lizenz zum Fallschirm-springen bekommen hatten. Dan war in diesem Sport sozusagen eine lebende Legende, den jetzt eine Reihe von Extremsport-Pio-nieren für sich entdeckten.

Vor Kurzem hatte er mich in die Kunst des *Formationsspringen* eingeführt – aufs Feinste abgestimmte Manöver mehrerer

Fallschirmspringer bei gleichbleibender Geschwindigkeit. Für den heutigen Abend hatten Dan, Steve und ich einen Sprung aus 4000 Metern Höhe geplant, wovon sechsundsechzig Sekunden im freien Fall geschehen sollten.

Auf dem Flug sollten uns noch zwei Springschüler begleiten. Der Flugplan sah vor, dass unser Pilot Walt den ersten in einer Höhe von 800 Metern herauslassen und dann auf 1200 Meter steigen würde, damit der andere einen zehn Sekunden dauernden freien Fall hatte.

Wir alle freuten uns darauf, Walts neues Flugzeug kennenzulernen. Die Piper Cherokee 6 schien sich ausgezeichnet fürs Fallschirmspringen zu eignen. Vor allen Dingen besaß sie einen starken Motor, der uns schnell nach oben bringen würde.

Als wir uns an diesem heißen Augustabend im Schatten des Flugzeugs versammelten, erschienen mir die Felder von Ohio um uns herum wie eine ausgebreitete goldene Patchworkdecke. Ich atmete den würzigen Geruch des Sommerheus ein, während die untergehende Sonne die Welt in allen Farben aufflammen ließ.

Dann gab Walt das Signal, dass wir unsere Sachen ins Flugzeug einladen sollten.

Er hatte alle Sitze außer seinem Pilotensitz ausgebaut, damit genug Platz für fünf Fallschirmspringer mitsamt ihrer Ausrüstung war. Einer nach dem anderen kletterte ins Flugzeug. Ich suchte mir einen Platz im hinteren Bereich der Maschine. Als ich mich gerade niedergelassen hatte, rief Steve: „He, Mickey, können wir vielleicht den Platz tauschen?"

Ich wechselte nach vorne und hockte mich auf den Boden neben Walt, der bereits Schalter betätigte und den Flugzeugcheck durchführte. Kurz darauf gab er Gas und wir düsten die Startbahn entlang. Als ich meinen Bruder unter den Zuschauern entdeckte, hielt ich grinsend den Daumen hoch, während das Flugzeug an ihm vorbeizog.

Dann hörte ich plötzlich ein merkwürdiges Geräusch. Stotterte der Motor oder bildete ich mir das nur ein? Ich horchte genauer hin. Der Motor surrte laut. Wahrscheinlich hatte ich mich nur getäuscht. Ich lehnte mich mit dem Rücken gegen einen der anderen Fallschirmspringer, ließ meinen Kopf gegen die Flugzeugwand sinken und schloss einen Moment lang die Augen. Es würde eine Weile dauern, ehe wir die 4000 Meter erreichten, also beschloss ich, ein kleines Nickerchen zu machen. Aufregung vor einem Sprung kannte ich nicht. Im Gegenteil. Je näher der Moment kam, desto mehr entspannte ich mich.

Das sonore Dröhnen des Motors und die extreme Sommerhitze lullten mich ein und ich sank schlagartig in eine Art Dämmerschlaf. Während ich wegdöste, erinnerte ich mich an ein nur wenige Tage zurückliegendes Ereignis, als ich eine Freundin im Krankenhaus besucht hatte.

Bisher hatte ich mit Krankenhäusern nur wenige Berührungspunkte gehabt. Für mich waren es abscheuliche Orte voller kranker Leute und ich wollte das Gebäude so schnell wie möglich wieder verlassen. Vielleicht war es das Gefühl des Eingesperrtseins, das mir so bedrückend schien. Jedenfalls, als ich dem Ausgang entgegenstrebte, kam ich an einem alten Mann vorbei, der langsam die Eingangshalle durchquerte. „Junger Mann", rief er mit einem starken Akzent aus dem Mittleren Osten.

Ich hielt an und drehte mich zögernd um.

„Du bist ein gut aussehender Junge."

„Danke", stammelte ich etwas verlegen.

„Du hast eine schöne Haut."

Ohne ein weiteres Wort zu sagen, kehrte er um und setzte seinen Weg durch die Halle fort. Ich lächelte und warf einen verstohlenen Blick auf meinen gebräunten Unterarm. Im Sommer sah ich immer aus wie ein Surfertyp, der den ganzen Tag nur am Strand verbringt. Ich wurde wachgerüttelt, als Walt für den Start das Gas voll durchtrat. Mein Körper drückte sich wie ein Sack Zement gegen den Rücken des neben mir kauernden Fallschirmspringers.

Ich schüttelte einige Male den Kopf, um die Erinnerung an den alten Mann loszuwerden. Dann holte ich tief Luft und sah mich um. Ich war erleichtert, dass ich mich im Cockpit eines Flugzeugs befand und nicht in der Eingangshalle eines Krankenhauses. Eine gruselige Vorstellung, auch nur einen Tag an einem solchen Ort verbringen zu müssen.

Das Flugzeug nahm Tempo auf und kurz darauf spürte ich, wie die Räder vom Asphalt abhoben. Obwohl ich immer noch schläfrig war, merkte ich, dass Walt den Gashebel noch weiter anzog und dadurch ungewöhnlich steil aufstieg. Vermutlich war er von der Leistung seines erst eine Woche alten Flugzeugs beeindruckt und genoss es, so schnell und effizient durchstarten zu können.

Doch dann, wir hatten noch kaum an Höhe erreicht, gab es ein seltsames Geräusch.

Und plötzlich wurde es ganz still.

Der Motor war ausgegangen. Wir verloren abrupt jeglichen Auftrieb und stürzten in entsetzlicher Geschwindigkeit nach unten. Walt versuchte wie wild wieder Gas zu geben – vergeblich. Nichts zu machen. Der Motor blieb aus.

„Das war's, Leute!", schrie er. „Wir stürzen ab!"

Durch den steilen Start gab es weder die Möglichkeit, in einen Gleitflug überzugehen, noch die Chance auf eine irgendwie geratene

Bruchlandung. Als dann die Nase des Flugzeugs nach vorne kippte, fielen wir in Richtung Erde wie ein kaputtes Spielzeug. Urplötzlich zeichneten sich die Umrisse eines riesigen Baums vor dem Cockpitfenster ab. Ich konnte nicht einmal mehr schlucken oder mich irgendwie auf den Aufprall vorbereiten, ehe unser Flugzeug mit voller Wucht auf eines seiner beiden Flügel stürzte und dann mit dem Rumpf gegen einen Baum krachte. Ich wurde nach vorne katapultiert und knallte mit dem Gesicht auf das Armaturenbrett. Dann überschlug sich das Flugzeug und Benzin spritzte aus dem beschädigten Tank durch das ganze Cockpit, ehe es schlitternd zum Stehen kam.

Einen kurzen Moment lang war ich so gut wie bewusstlos, bis das verspritzte Benzin sich entzündete. Dunkel und nebulös, so als ob ich träumte, spürte ich, wie Teile eines brennenden, schmelzenden Materials anfingen, auf mich niederzutropfen. Ich wedelte mit den Armen vor und zurück, mit dem Versuch, das heiße und klebrige Zeug irgendwie wegzuwischen.

Ich wusste nicht, wo oben oder unten war. Ich war wie benebelt. Allerdings spürte ich in mir den ungeheuren Impuls zu fliehen. Und eine Stimme in meinem Kopf schrie: *„Raus hier!"*, aber mein Körper reagierte nicht.

Als ich irgendwo durch die kaputte Flugzeugwand Licht schimmern sah, versuchte ich wie wild, ein Bein durch das Loch zu schieben, um aus dem Flugzeug herauszukommen, aber meine Fallschirmausrüstung hatte sich hinter mir irgendwie verhakt. Egal, wie sehr ich mich wand oder stemmte, ich kam einfach nicht vorwärts.

Ich steckte fest wie eine Fliege in einem Netz aus brennendem Metall, bis das Adrenalin schließlich meine Kehle erreicht hatte und einen Laut aus dem einzigen Körperteil zwang, der nicht vollständig taub war. Hätte ich nicht geschrien, wäre ich wohl bei lebendigem Leib verbrannt. Denn bis dahin hatte niemand bemerkt, dass der Pilot und ich im Cockpit gefangen waren. Die anderen vier Fallschirmspringer hatten das Flugzeug direkt nach dem Aufprall geringfügig verletzt verlassen können. Nur Dan stoppte für den Bruchteil einer Sekunde in der Nähe des Cockpits, als er hinauskletterte. Er sah, wie Walt sich bewegte, hörte aber keine Hilferufe und nahm deshalb an, dass mit uns auch alles in Ordnung sei und wir ihm sofort folgen würden.

Wegen dieses kurzen Augenblicks war Dan erst ein paar Meter vom Wrack entfernt, als ein gewaltiges Zischen ertönte, gefolgt von dem grauenhaften Schrei eines Menschen, der anfing, in Flammen zu stehen. In diesem Moment zurück zum Flugzeug zu laufen war so, als liefe man einer tickenden Bombe entgegen, wenige Sekunden vor der Zündung. Trotzdem rannte Dan los, als er meine Stimme hörte.

Der Sitz des Piloten war durch den Aufprall nach vorne gedrückt worden und klemmte unter dem Armaturenbrett. Walt stöhnte vor Schmerzen, während ich um Hilfe schrie, doch wir beide wussten nichts von der entsetzlichen Lage des jeweils anderen.

Ich konnte nicht sehen, wie Dan das Cockpit betrat. Mein Anzug und meine Ausrüstung waren mit Benzin durchtränkt und brannten lichterloh, als ich seine vertraute Stimme hörte: „Hilf mir, Mickey. Hilf mir!" Ich zuckte mit dem letzten bisschen Kraft, das noch in mir steckte, als mich zwei übermenschlich starke Arme aus dem Wrack zerrten. Mit seinen bloßen Händen schlug Dan die Flammen auf meinen Kopf und Hals aus, während er über seine Schulter schrie: „Ich komme gleich zu dir, Walt! Mach schon mal deinen Gurt auf!"

Dan ließ mich draußen liegen und rannte zurück. In dieser Sekunde explodierte der linke Flügel der Maschine.

Irgendwie gelang es mir, ein paar Meter weiterzustolpern, doch dann fing mein benzingetränkter Anzug erneut Feuer. Ich stürzte zu Boden. Sofort war Dan bei mir. Er rollte mich hin und her, bis die letzte Flamme erstickt war.

Ich lag neben dem brennenden Flugzeug und qualmte wie ein Stück Kohle, das gerade aus dem Ofen geholt worden war. „Sieht es sehr schlimm aus?", fragte ich flüsternd. „Werde ich überleben?" Rau drangen die Worte aus meiner Kehle, denn die rechte Hälfte meines Gesichts hatte erhebliche Verbrennungen erlitten.

„Keine Ahnung, Mickey", antwortete Dan. „Hör auf zu reden. Bleib ganz still liegen."

Ich hörte Sirenen, schnelle Schritte und ein lautes Prasseln, wie ich es von einem Lagerfeuer kenne. Über mir der Himmel. Doch die Luft war verpestet von Benzin, verbranntem Metall und Plastik. Verschwommen sah ich, wie schwarze Rauchschwaden sich emporschlängelten und Gesichter wolkengleich an mir vorüberzogen.

Trotzdem… irgendetwas linderte in diesem Moment meine Angst und betäubte die Schmerzen. Ich sank in den nahezu friedlichen Zustand des erlittenen Schocks, und mir war so, als würde mich eine barmherzige Hand aus meinem schlimm zugerichteten Körper herausheben.

Als mir kurz darauf weiße Finger eine Sauerstoffmaske über das Gesicht streiften, fiel ein Stück des geschwärzten Fleisches wie eine Schale von meinem Gesicht zu Boden. Ich spürte, wie ich durch blinkende Lichter und schlagende Türen hindurchgetragen wurde, bis ich keinen Himmel mehr über mir erblicken konnte.

Als das Geheul einer Krankenwagensirene die Luft zerriss, schlugen Bilder gegen meine Schädelwand wie Vögel, die aus einem Käfig flüchten wollen. Das Gesicht meines Vaters, als er den größten Fisch seines Lebens gefangen hatte ... die kleinen Hände meiner Mutter, wie sie die Perlen des Rosenkranzes umklammerten ... der Baseballspieler Mickey Mantle, der einen Ball aus dem Stadion herausschlug, hoch hinauf bis zu den Sternen.

Und dann sah ich einen Jungen, der auf einem Hügel stand, mitten im Wind. Das war ich. Doch meine Liebe zum Himmel und dem freien Fall endete abrupt durch diesen Absturz.

Es fühlte sich an, als wäre es das Ende.

Ich hatte ja damals keine Ahnung, dass es für mich erst der Anfang sein sollte.

Kapitel 2

Ein Schatten seiner Selbst

Furchtlos stand ich am oberen Ende unserer Straße, dem Midland Boulevard. Ich hatte Rollschuhe an meine Füße geschnallt und hielt eine zerfetzte Gardine in der Hand, bereit zum Abheben. Ich war zwar erst sieben Jahre alt, aber ich war mir sicher, in ein paar Sekunden würde ich hoch über den Häusern unserer Nachbarn schweben. Ich blickte den Hügel hinunter und nahm all meinen Mut zusammen, um inmitten des stürmischen Windes mein erstes Flugabenteuer zu bestehen.

Zehn… neun… acht… sieben…

Während ich die Sekunden bis zum Start zählte, hoffte ich ein wenig, dass jemand auftauchen und mir bei meinem ersten Flug zujubeln würde. Aber ich war ganz allein, als ich meinen „Gleitschirm" entfaltete und mich dem Wind überließ.

Das Geratter der Rollschuhe auf dem Asphalt betäubte meine Ohren und ließ sogar meine Zähne aufeinanderschlagen, während ich immer schneller den Hügel hinuntersauste. Die Gardine blähte sich auf und fing an, im Wind zu wedeln, bis ich meine Rollschuhe plötzlich nicht mehr hören konnte. War ich…? Tatsächlich… ja! Ich befand mich in der Luft! Los, weiter! Höher! Immer höher hinauf!

Plötzlich sah ich weißes Licht vor mir – wie einen Blitz. War ich etwa schon in den Wolken?

Das Nächste, woran ich mich erinnern kann, war, dass ich der Länge nach auf dem Asphalt lag. Blinzelnd befühlte ich meinen Hinterkopf, wo eine golfballgroße, schmerzende Beule wuchs.

Ohne einen Laut von mir zu geben, öffnete ich die Schnallen meiner Rollschuhe, schluckte einmal und trottete niedergeschlagen den Hügel wieder hinauf – so wie der berühmte Flieger Orville Wright an einem windstillen Tag. Kurz bevor ich unser Haus erreichte, warf ich den durchlöcherten Fetzen Stoff in die Mülltonne.

Doch meinen Traum vom Fliegen habe ich niemals aufgegeben. Und ich glaubte weiter daran, dass Albert Einstein vielleicht eines Tages eine Formel zur Aufhebung der Schwerkraft finden würde. Vielleicht so ähnlich wie diese kleine weiße Tablette, die Rauch erzeugte, wenn ich sie in meine elektrische Eisenbahn warf.

Schließlich schrieben wir das Jahr 1956.

Das Fernsehen fütterte mich mit seinen vielfältigen Werbeversprechen und ich wartete sehnsüchtig auf den Anbeginn der schönen, neuen Welt. Es würde bestimmt nicht mehr lange dauern, bis ich all das, was uns da versprochen wurde, selbst erleben durfte! Und ich war zuversichtlich, dass meine Füße, die heute noch auf dem Gehweg entlangschritten, morgen schon über den Mond laufen würden.

Während ich gedanklich schon meinen nächsten Flugversuch plante, stieß ich unsere Küchentür auf und genehmigte mir eine Flasche Cola. Dann hockte ich mich vor den Fernseher, dessen Bildschirm zunächst sumpfgrün aufglimmte und dann ein schwarzweißes Bild erscheinen ließ.

Und plötzlich war er da – der Mann aus Stahl, „Superman".

Er konnte von jetzt auf gleich die höchsten Gebäude erklimmen, war schneller als eine Revolverkugel, stärker als eine Lokomotive. Superman war damals in Amerika der Held aller Siebenjährigen. Ich konnte kaum still sitzen, wenn ich zusah, wie er durch die Luft flog. Flugs holte ich ein Handtuch, knotete es mir um den Hals, hüpfte auf die Armlehne unseres Wohnzimmersofas und sprang von dort immer wieder herunter.

„Mickey!"

Oh … oh! Es hörte sich wie eine tödliche Dosis „Kryptonit", in Person meiner Mutter, an!

„Komm da runter! Wie oft muss ich dir noch sagen, dass du nicht auf den Möbeln herumturnen sollst? Und lass meine sauberen Handtücher liegen. Hast du mich verstanden? Das nächste Mal, wenn du dich daran vergreifst, bekommst du Superman-Verbot!"

Während sie sich schon wieder umdrehte und wegging, fügte sie noch hinzu: „Dein Vater geht heute Nachmittag in die Kneipe. Er will dich mitnehmen."

Einen Nachmittag mit meinem Vater zu verbringen, war schlimmer als der Tod, vor allem im Sommer. Die meisten Väter gingen mit ihren Kindern zu Baseballspielen oder zumindest zum Bowlen. Meiner aber nicht. Er ließ mich einfach neben sich sitzen, während er in irgendeiner schmuddeligen Kneipe Whisky trank und Karten spielte.

Ich hatte absolut keine Ahnung, warum er mich so gerne auf diese kleinen „Ausflüge" mitnahm. Vielleicht war es das Einzige, was ihm einfiel, wie er mir ein Vater sein konnte.

Während ich also meinen gewohnten Platz auf dem Barhocker einnahm, eine Tüte Kartoffelchips und ein Schnapsglas voller Kirschen vor mir, beobachtete ich den Mann, der in meinem Haus wohnte und sich Mike Robinson nannte. Meinen Vater.

Er war der jüngste von sechs Söhnen des Ehepaars Michael und Eva Rochovitz, geboren 1912 in St. Petersburg, im amerikanischen Florida.

Mein Vater hatte seinen Namen bewusst von Rochovitz zu Robinson ändern lassen, um sich möglichst unauffällig in den ethnischen Mix einzufügen, aus dem sich die amerikanische Bevölkerung zusammensetzte.

Sein Wunsch ging in Erfüllung, er kam in der Mittelklasse an. Als Maschinist mit vier Kindern und einer Hypothek auf dem Haus war er der ganz normale Typ von nebenan, der viel und lange arbeitete und etwas zu viel trank. Dass mein Vater ein intelligenter Mann war, wusste ich – auch wenn er oft mit all seinem Wissen über Geschichte und Weltpolitik angab. Er klopfte halt gerne Sprüche und verteilte politische Seitenhiebe.

Der wahre Mike Robinson aber versteckte sich irgendwo, wo keiner ihm etwas anhaben konnte. Ich selbst war schon erwachsen, als ich eines seiner sorgsam gehüteten persönlichen Geheimnisse entdeckte. Mit achtzehn, während der wirtschaftlichen Depression, hatte mein Vater einen furchtbaren Fehler begangen. Weil er 2,50 Dollar aus einer Kasse genommen hatte, wurde er zu elf Jahren Gefängnisstrafe verurteilt. Und das versetzte seinem Leben einen vernichtenden Schlag. Egal, wie viel er trank oder wie hart er arbeitete, die Schande, die er in diesen Depressionsjahren auf sich geladen hatte, konnte er nie überwinden.

Außerdem wurde er, wie viele Amerikaner in den 1950er-Jahren, verfolgt von Erinnerungen an den Krieg und von der Angst vor Verlusten. Er war immer irgendwie davor auf der Flucht. Und weil er all seinen Fehlern und Ängsten davonlaufen wollte, wurde er zum Workaholic. Seinen familiären Wurzeln entkam er zwar, indem er sich von Michael Rochovitz in Mike Robinson verwandelte. Und um seine Vergangenheit zu vergessen, wurde er ein Alkoholiker. Doch letzten Endes flüchtete er die ganze Zeit nur vor sich selbst. Er war nur noch ein Schatten seiner Selbst.

Ich schämte mich für ihn.

Eigentlich wollte ich auf meinen Vater stolz sein, aber ich hasste seinen derben Humor und seine schlechten Manieren. Wenn ich ihn dort in der dunklen Bar hocken sah, wie er nach Zigaretten und Whisky stank, wusste ich, dass ich selbst nie so werden wollte.

Mike Robinson war das Gegenteil von König Midas, jenem König aus der griechischen Sagenwelt, der alles, was er berührte, in Gold verwandeln konnte. Was mein Vater allerdings anpackte, wurde lediglich zu Blech. So sehr er sich auch bemühte, er schaffte es einfach nicht, die Punkte wie bei einem Malen-nach-Zahlen-Bild zu einem harmonischen Familienleben zusammenzufügen.

Obwohl er und meine Mutter unter einem Dach lebten, war es, als bewohnten sie unterschiedliche Planeten. Sie weigerte sich vehement, an irgendeinem anderen Ort als in Florida zu leben, während er dauernd darüber sprach, dass er fort wollte. Sie war eine Realistin, die sonntags die Kirche besuchte, er hingegen ein Träumer, der lieber fischen ging.

Mit den Jahren brachte meine frustrierte Mutter die schwelende Unzufriedenheit in meinem Vater immer häufiger zur Explosion. Irgendwann vermied ich es einfach, Freunde mit nach Hause zu bringen, weil ich nie wusste, wann dort wieder die Fetzen fliegen würden.

Ich beobachtete nur, wie mein Vater sich auf einem immer dünner werdenden Grat zwischen Schweigen und Wut bewegte. Besonders wurde das deutlich, als er mir einmal zu Weihnachten einen

Wunschtraum erfüllte: ein Luftgewehr. Ich konnte mein Glück kaum fassen, nachdem ich gierig das schmale Paket aufgerissen hatte. Meine Augen müssen bestimmt so groß wie Basketbälle gewesen sein, als ich das heiß ersehnte Geschenk in den Händen hielt.

„Vielen Dank, Papa!"

Er beugte sich zu mir, um mir zu helfen. Er sorgte dafür, dass ich den Lauf einsetzte, mit dem man nur Korken schießen konnte und keine Metallgeschosse.

„Wenn du alt und verantwortungsbewusst genug bist, lasse ich dich auch mit anderer Munition schießen", sagte er mit dieser väterlichen Ich-weiß-was-das-Beste-für-dich-ist-Stimme.

Leider war die ganze Anspannung und Aufregung am Weihnachtstag zu viel für mich kleinen Kerl gewesen und ich drückte so oft den Abzug, dass das Unvermeidliche geschah. Ich traf mit einem Korken versehentlich meinen Bruder, der sofort losheulte, als wäre es eine Kanonenkugel gewesen.

Ich wusste, dass mein Vater wütend sein würde, aber was nun passierte, hatte ich nicht erwartet. Ich konnte seine Wut förmlich in der Luft spüren, als er mir das Gewehr abnahm und es über der Sofalehne zu einem Hufeisen verbog. Ich brachte kein Wort heraus, während ich hilflos zusehen musste, wie das beste Weihnachtsgeschenk, das ich je bekommen hatte, sich in ein unbrauchbares Stück Schrott verwandelte.

Später tat es ihm leid, dass er die Beherrschung verloren hatte, aber es war zu spät. Irgendetwas in meinem Inneren war mit dem Gewehr zerbrochen.

Als meine Freunde mich fragten, was ich denn zu Weihnachten bekommen hatte, tat ich gegenüber ihnen so, als hätte ich nichts geschenkt bekommen.

Ziemlich bald entwickelte ich meisterliche Fähigkeiten darin, so zu tun, als sei nichts gewesen. Ich stellte mich taub, wenn meine Eltern stritten. Ich ignorierte kaputte Fensterscheiben und nicht gehaltene Versprechen. Ich ließ all die Leichen ruhen, die bei uns zu Hause im Keller lagen, und vergnügte mich lieber anderswo.

Unser Haus war irgendwann für mich nichts weiter als ein „Boxenstopp", wo ich aß, schlief und meine Kleider wechselte. In diesen Wänden lauerten zu viele Verletzungen, also kapselte ich mich von meiner Familie ab, wendete mich der sorgenfreieren Welt meiner Freunde zu und suchte dort das Abenteuer.

Am liebsten verbrachte ich mit den Jungs aus der Nachbarschaft Zeit in den Ahornplantagen von Ohio. Wir fanden den höchsten Baum des Waldes und bauten darin eine dreistöckige Festung, die eines Robin Hood würdig gewesen wäre. In den oberen Ästen befestigten wir eine gigantische Steinschleuder, die aus einem alten Fahrradmantel bestand, um uns vor kleinen Schwestern, neugierigen Müttern und feindlichen Stämmen zu schützen. Gab jemand Alarm, jagten wir allesamt in die Baumkrone und ließen von dort Johannisäpfel auf die Eindringlinge herabregnen.

So zu leben, machte mir Spaß. Es gab niemanden, der mir im Weg stand, und kein Hindernis, über das ich nicht hinwegklettern, vor dem ich nicht weglaufen oder das ich irgendwie austricksen konnte. Der Beobachtungsposten auf unserem Baumhaus war der höchste Ort, den ich kannte. Jedes Mal, wenn ich dort oben saß, überkam mich ein berauschendes Freiheitsgefühl. Aus fünfzehn Metern Höhe sah die Welt einfach vollkommen anders aus. Am liebsten wäre ich nie wieder hinabgestiegen.

Ich gehörte zu der Generation, die große Hoffnungen hegte. Meine Eltern hingegen hatten schlimme Zeiten durchmachen müssen.

Sie hatten die harte Realität der wirtschaftlichen Depression überlebt und waren aus ihr merklich geschwächt hervorgegangen. Als
ein Kind der 1950er-Jahre verstand ich die Härten ihres Schicksals nicht mehr, die ihnen jegliche Hoffnung genommen hatten. Ich
dachte, sie wüssten einfach nicht, wie man Spaß im Leben haben
konnte.

Obwohl in der Familie Robinson nicht viele Momente für ein Bilderbuch taugten, gab es dennoch für mich und meinen Vater ein
besonderes und nahezu heiliges Vergnügen. Jeden Sommer fuhr er
mit uns allen an einen See in Kanada, damit wir einmal etwas gemeinsam als Familie machten. Dort gingen wir fischen. Angeln war
für ihn so etwas wie eine Religion und diese Leidenschaft teilte er
mit mir.

Jeden Morgen gingen wir schweigend von unserer Hütte durch
den kühlen grauen Nebel ans Wasser. Dort vollzogen wir das immer gleiche Ritual, die Angelruten, Netze und Kisten in ein altes,
mit Ködern bestücktes Motorboot zu laden. Hatte mein Vater dem
Außenbordmotor schließlich ein Knattern entlockt, stieß ich uns
vom Anleger ab und wir befanden uns in einer Welt, in der wir
nicht länger Vater und Sohn waren.

Auf dem See war mein Vater nicht mehr alt und ich nicht mehr
jung. Er war mir nicht mehr fremd und ich schämte mich nicht
mehr für ihn. An diesem zeitlosen Ort waren wir einfach zwei Angler, die darauf warteten, dass silberne Kreaturen durch das dunkle
Wasser zu uns heraufgeschwommen kamen wie Manna aus der
Tiefe.

Geredet wurde dabei nicht viel, das war auch nicht nötig. Wir
saßen einfach nur schweigend beisammen. So harrten wir an den
gegenüberliegenden Seiten des Boots von der Morgendämmerung

bis in den Abend hinein aus, mein Vater fieberhaft vertieft in seine Suche nach einem riesigen Hecht, während ich eher auf das Anbeißen eines Zanders oder Barschs hoffte.

Ich glaube, dass mein Vater seinen inneren Frieden am ehesten in diesem Boot fand. Es ist jedenfalls die glücklichste Erinnerung, die ich an ihn habe. Ob er während dieser vielen Stunden auch über Gott nachgedacht hat? Wir haben nie darüber gesprochen. Keine Ahnung, ob ihn das Leben nach dem Tod überhaupt interessiert hat. Aber wenn, dann muss seine Vorstellung vom Himmel einem kalten Bergsee geglichen haben, in dem es vor Fischen nur so wimmelte.

Auf diesem See in Kanada verwandelte sich alles, was er berührte, in Gold. Er fing dort einmal den größten Hecht der ganzen Gegend und kam mit diesem Rekord sogar in die Zeitung. Auf seinen Erfolg als Angler war ich stolz, obwohl er dadurch kein besserer Familienvater wurde. Vielleicht war es ein Fehler gewesen, dass er als Träumer eine so bodenständige Realistin wie meine Mutter geheiratet hatte, deren Leidenschaft für den Himmel nicht das Geringste mit dem Fischen zu tun hatte.

Kapitel 3

Die Glocken von St. Michael

In der Vorstellung meiner Mutter war der Himmel so etwas wie ein Altar, vor dem ihre vier Kinder in steif gebügelten Kleidern und mit perfekt polierten Schuhe zu stehen hatten. Als gute Katholikin glaubte sie, dass ihr Auftrag darin bestand, gottesfürchtige Kinder großzuziehen, die eines Tages möglichst viele gottesfürchtige Enkelkinder produzieren würden. Also besuchten mein Bruder, meine beiden Schwestern und ich ab dem zarten Alter von sechs Jahren pflichtbewusst die Sonntagsschule.

In der Kirche von St. Michael in Independence, Ohio, begegnete ich einem Gott, der einerseits sachte dahinschritt und einen großen Stock trug, andererseits mein Kinderherz aber auch mit Ehrfurcht und Staunen erfüllte. Jeden Sonntagmorgen, an dem ich meiner Mutter diese gewaltigen Steinstufen hinauffolgte, fühlte ich mich wie eine kleine Ameise, die in ein riesiges Stadion krabbelt. Alles war überdimensional groß und strahlte einen heiligen Glanz aus. Und jedes Mal wenn ich in die Nähe der beeindruckend großen Statue des Erzengels Michael kam, die neben dem gotischen Haupteingang unserer Kirche Wache hielt, schauderte es mich ein bisschen. Ich hatte sogar etwas Angst davor, dass wenn ich den Fuß der Statue streifte, der Erzengel seinen leblosen Kopf vielleicht zu mir herumdrehen und direkt in meine dunkle kleine Seele blicken würde.

Mit viel Pomade im Haar, dazu ein weißes Hemd, das fast bis zu meinen Augäpfeln zugeknöpft war, tauchte ich meine Finger in das Weihwasser und blickte dabei schmerzerfüllt zu meiner Schwester Marilyn hinüber. Sie hielt anmutig einen pinkfarbenen Rosenkranz in ihrer weiß behandschuhten Hand und sah aus wie eine kleine Erwachsene. Und so hatten wir uns auch zu benehmen, bis die Messe vorüber war. Erst wenn wir die Steinstufen wieder hinunterstiegen, durften wir flüstern, kneifen und kichern – vorher hatte fromme Stille zu herrschen.

Mit sieben Jahren fällt das Frommsein den meisten Kindern noch etwas schwer, doch ich fühlte mich gar nicht als Kind, wenn ich den leidenden Jesus auf seinen Stationen bis zum Kreuz betrachtete. Diese Bilder erinnerten mich irgendwie an einen Unfall, den man aus dem Autofenster heraus im Vorbeifahren sieht. Dennoch – das Leiden Jesu hinterließ einen bleibenden Eindruck bei mir.

Die Messe war die einzige Gelegenheit, wo sich meine viel beschäftigte Mutter jemals hinsetzte, um der Gottesdienstordnung mit ihren Ritualen zu folgen. Und ich war davon überzeugt, dass sie die einzige Frau auf Erden war, die gleichzeitig meinen Kragen glätten, Fusseln vom Kleid meiner Schwester zupfen und sich bekreuzigen konnte. Meine Mutter war wild entschlossen, ihre Kinder ohne Fehl und Tadel zu präsentieren.

Sie war ansonsten nicht übertrieben fürsorglich, allerdings hielt sie unsere Familie mit Blut, Schweiß und Tränen zusammen. Da sie nur wenig bis gar keinen Einfluss auf die Abwärtsspirale hatte, in der mein Vater sich befand, steckte sie jeden Funken ihrer bemerkenswerten

Energie in die Aufgabe, Böden zu bohnern und uns Kinder zurechtzumachen.

Wenn ich sie im Halbdunkel des Altarraums heimlich beobachtete, sah ich, wie angespannt ihr Gesicht war. Sie war gerade erst vierzig, aber in den Zügen meiner Mutter zeichnete sich ab, wie sehr ihre schwierige Ehe sie belastete. Dennoch blieb Jean Gillombardo Robinson als Tochter sizilianischer Katholiken ihren Prinzipien treu und nichts konnte sie vom regelmäßigen Gottesdienstbesuch abhalten. Auch wenn mein Vater uns nur selten begleitete, an Weihnachten und Ostern, hat meine Mutter nie eine Sonntagsmesse versäumt.

Unsere kleine Familie saß dann ruhig in dem rubinroten und smaragdgrünen Licht, das durch die bunten Glasfenster auf uns herabschien, und in mir herrschte eine ganz heilige Stille.

Ich hatte keine Mühe, mir vorzustellen, dass ich mich in einem Haus Gottes befand; nur zu dieser Person, die Gott sein sollte, bekam ich kein rechtes Bild in den Kopf. Mit ihm sprechen konnte ich nicht, außer durch einen Priester. Ich war mir auch sicher, Gott würde sich nicht für Baseball oder Superman interessieren, denn die Priester wollten immer nur über meine Sünden reden.

Außerdem konnte ich Gott sowieso nicht verstehen, da er nur Latein sprach. Und auch glaubte ich, meine Träume vom Fliegen ihm nicht anvertrauen zu können, da Kinder bei ihm nur still sitzen und ruhig zu sein hatten.

Auch anfassen konnte ich ihn nicht, obwohl mir bereits in jungen Jahren beigebracht wurde, dass er mir seinen Körper zum Essen und sein Blut zum Trinken darbot. Das klang ziemlich eigenartig, aber irgendwie fand ich all das im Alter von sieben Jahren auch spannend.

Im Katechismusunterricht verbrachte ich ein Jahr damit, mich auf die erste Begegnung mit Gott vorzubereiten. Es handelte sich um eine Art katholisches Ausbildungscamp, wo Nonnen uns mit einem rigorosen Training fit machten für unsere erste Beichte und die Erstkommunion. Es klang eigentlich ganz simpel. Zuerst würden wir unsere Sünden bekennen und anschließend käme Gott hernieder und erfüllte uns mit „seiner heiligen Gnade". Die Nonnen brachten uns bei, dass wir dann im Falle unseres Todes in einem Zustand heiliger Gnade direkt in den Himmel kommen würden.

Wie das funktionieren sollte, wusste ich nicht, aber ich war bereit dafür. Die Kommunion stellte ich mir so ähnlich vor, wie als mein Freund Jimmy und ich uns in die Finger gepikst und unser Blut vereinigt hatten, nur dass die heilige Gnade diesmal Gott und mich zu Blutsbrüdern machen würde.

Als der große Tag schließlich kam, war mein Kragen so eng geknöpft, dass mein weißer Kommunionsanzug einem kleinen Smoking glich. Während ich im Gänsemarsch hinter den anderen Kindern den Gang zum Altar nach vorne lief, packte mich eine furchtbare Angst. Denn plötzlich wurde mir klar, dass ich das nicht tun konnte. Ein einziger kleiner Streit mit meiner Schwester und meine Erstkommunion wäre im Handumdrehen wieder zunichte. Ich wusste genau, dass ich wieder sündigen und meine heilige Gnade verlieren würde.

Was sollte ich bloß tun?

Mir fiel ein perfekter Plan ein. Während ich so tat, als wollte ich mich nach der Kommunion wieder auf meinen Platz setzen, würde ich schnurstracks aus der Kirche heraus und direkt auf die nahe liegende Autobahn rennen. Dort würde mich das nächste Auto überfahren und in den Himmel befördern, bevor ich auch nur den Hauch einer Chance hätte, meine heilige Gnade zu verlieren.

Ich atmete erleichtert auf. Das war der einzige Weg, das ewige Leben zu erlangen, ohne die Zeit im Fegefeuer absitzen zu müssen. So wollte ich es machen. Die heilige Gnade war mein! Irgendwie hatte ich den leisen Verdacht, dass das Fegefeuer sich so ähnlich anfühlen würde wie ein Zahnarztbesuch – ein merkwürdiges weißes Wartezimmer, wo einem der Schweiß über die Stirn lief, weil aus dem Behandlungsraum ein anderes Kind um Hilfe rief. Aber als ich mein heroisches Selbstopfer in die Tat umsetzen wollte, kriegte ich es doch mit der Angst zu tun. Also kehrte ich gehorsam zurück in die Kirchenbank und wurde einfach ein weiteres Kind der Kirche, das wusste, was es zu tun und lassen hatte. Nur Gott kannte ich deshalb noch lange nicht – jedenfalls nicht so, wie ich Mickey Mantle kannte, einen Gott aus Fleisch und Blut, dessen durchschnittliche Schlagleistung beim Baseball sich für immer in mein Herz eingebrannt hatte.

Im Sport wusste ich, wie man zum Aufsteiger wird, aber meine katholische Laufbahn verlief ganz anders. Meine eigene Vorstellungskraft stand mir da im Weg. Denn immer, wenn ich log oder einen unreinen Gedanken hatte oder einen Fehler machte, der in die Kategorie Sünde fiel, fühlte ich mich hilflos.

Jedes Mal, wenn ich die in Wein getauchte Kommunionsoblate empfing, saß ich anschließend in der Kirchenbank und presste meine Finger mit aller Kraft gegen meine Augäpfel, bis farbige Blitze durch die Dunkelheit drangen. Sah ich mir dann diese bunten Kaleidoskope an, waren immer blaue Punkte in den anderen Farben enthalten, und diese bedeuteten für mich Sünde. Und je mehr blaue Punkte ich sah, desto mehr Sünde befleckte mein Leben.

Vermutlich sah ich deshalb immer mehr blaue Punkte, weil meine innere Stimme einfach keine Ruhe gab. Jeden Sonntagmorgen tippte sie mir auf die Schulter und flüsterte: *Ich bin hungrig.*

Denn vor dem Empfang der Kommunion war jeder verpflichtet zu fasten, sobald aber die Messe zu Ende war, flitzte ich mit halsbrecherischer Geschwindigkeit aus der Kirche heraus und direkt in den nächsten Schnellimbiss. Dort stopfte ich mir Brezeln in den Mund, die ich mit Vanille-Cola herunterspülte.

Aber ganz gleich, wie viele Gebete ich sprach oder wie viele Beichten ich ablegte – ich konnte Gott nicht auf dieselbe Art hintergehen, wie ich mich um so viele andere Dinge herumdrückte. Ich war witzig und selbstbewusst, ein *cooler* Typ in den Augen der Nachbarskinder, aber Gott ließ sich von meinen Eigenschaften nicht so leicht beeindrucken.

Also tat ich so als ob, und niemand schien etwas zu merken. Zumindest nicht bis zu dem Tag, als ich in der vierten Klasse war und einen unheimlichen Zusammenstoß mit Bruder Johannes hatte.

Er war ein polnischer Priester und neben ihm sah Superman aus wie ein Schlappschwanz. Dieser Mann war 1,90 Meter groß, 100 Kilogramm schwer und seine Stimme schien direkt aus dem Neuen Testament zu stammen. Nicht gerade die Art Priester, den man als Kind im dunklen Beichtstuhl gerne antreffen möchte.

Wenn das kleine Fenster aufgeschoben wurde, fröstelte mein Herz. Aber im nächsten Augenblick riss ich mich zusammen, um der Herausforderung zu begegnen. Ich mogelte mich immer durch die Beichte, indem ich eine Liste an Sünden aufzählte, die ich mir vorher in der Warteschlange ausgedacht hatte – natürlich nichts Schlimmeres als Gemeinheiten gegenüber meinem kleinen Bruder oder eine Widerrede gegenüber meinen Eltern.

„Segne mich, Vater, denn ich habe gesündigt."

„Wann hast du zuletzt gebeichtet?"

„Am letzten Mittwoch, glaube ich."

„Was willst du mir sagen, mein Sohn?"

„Äh, ich … ich war ungehorsam gegen meine Mutter."

So weit, so gut. Ich brachte die wesentlichen Dinge schnell hinter mich und ging dann direkt zu dem Gebet über, das als Akt der Reue bezeichnet wird. Ich hatte es fast geschafft. Dieses Gebet hatte ich so viele Male aufgesagt, dass ich gleichzeitig in meinem Kopf Karten mischen konnte.

„Ich … "

Puh! Mein Hirn verwandelte sich in Wackelpudding und mir fiel nichts mehr ein. Wie sollte ich den Akt der Reue vor einem Priester heucheln, der 100 Kilo wog? Die nächsten Sekunden kamen mir vor wie Stunden. Ich presste beide Hände vor meinen Mund, schloss meine Augen und wiegte mich vor und zurück, während ich leise den Text meines Lieblingssongs vor mich hin murmelte.

Langsam setzte sich die riesige, schattenhafte Gestalt auf der anderen Seite des Beichtstuhls auf und unterbrach mein verzweifeltes Geplapper.

„Junger Mann!", bellte er.

Oh mein Gott, bitte töte mich! „Ja, Vater?"

„Weißt du eigentlich, warum du das beten sollst?"

„Äh … "

„Ist dir bewusst, dass du mit *Gott* sprichst?"

Und als er das Wort *Gott* sagte, klang es so, als würde Schauspieler Charlton Heston wie in seiner Rolle als Mose direkt vor dem Beichtstuhl stehen, bereit, mir augenblicklich eine Steintafel über den Kopf zu ziehen.

„Ohne den Akt der Buße wird deine Sünde dir nicht vergeben. Verstehst du, was das bedeutet, junger Mann?"

Allerdings, das verstand ich.

„Und vergiss es nicht, dein ganzes Leben nicht!"

„Nein, Vater. Ich werde es nicht vergessen." Ich würgte die Worte nur noch an dem entsetzlichen Klumpen vorbei, der mir in der Kehle steckte.

Irgendwie brachte ich die Beichte zu Ende, aber sobald ich wieder draußen war, brach ich vor Scham in Tränen aus. Von diesem Tag an tat ich alles, um Bruder Johannes aus dem Weg zu gehen. Dennoch hatte er einen bleibenden Eindruck bei mir hinterlassen, denn Gebet als einen Akt der Reue zu verstehen, habe ich jedenfalls nie mehr vergessen.

Einige Monate später sprach mich Schwester Teresa an, ob ich nicht Messdiener werden wollte. Die Lehrer befreiten mich sogar vom Unterricht, damit ich mit den anderen Jungen üben konnte. Neulinge trugen während der Messe nur sehr wenig Verantwortung. Ich bekam allerdings meine eigene Amtskleidung: einen Umhang, der bis auf die Füße herunterhing. Ich nahm ihn mit nach Hause und zeigte ihn meiner Mutter. Sie war begeistert von meiner neuen Aufgabe.

Am nächsten Tag kam die schlechte Nachricht: die Messe würde von Bruder Johannes – „dem Schrecklichen" – gehalten!

Meine Nervosität hielt die ganze Woche an, und als ich zur Messe erschien, umklammerten meine Finger die Glocke. Meine Aufgabe bestand darin, in den richtigen Momenten zu läuten, wenn der Priester im Gebet eine längere Pause machte. Das sollte nur wenige Male geschehen – eine einfache Aufgabe, wenn man nicht gerade in einem Meer von Adrenalin zu ertrinken drohte.

Ich stand ganz ruhig da, als Bruder Johannes zum Altar schritt. Dort wartete ich geduldig, bis er sein Latein gesprochen hatte. Aber sobald er Luft holte, läutete ich die Glocke, als wäre ich Mickey Mantle bei einem Bonusschlag! Bruder Johannes starrte mich missbilligend an. Ich dachte, ich hätte nicht laut genug geläutet und gab noch einmal mein Bestes.

Bei jedem Schlag zuckten seine Augen. Ich läutete weiter. Es muss geklungen haben, als wäre der Weihnachtsmann in den Schleudergang einer Waschmaschine geraten, aber das war mir egal. Mit verzerrtem Gesicht machte ich weiter, so als ob es um mein Leben ginge. Gegen Ende der Messe sah selbst Bruder Johannes so aus, als ob er sich ein wenig fürchtete.

Und so stolperte ich mit ein bisschen Gnade und viel Entschlossenheit durch meine katholische Kindheit. Das Überleben hatte ich schon trainiert, also ging ich aus Spielplatzraufereien mit gekämmten Haaren und vorbildlich zugeknöpftem Kragen hervor. Bevor ich elf Jahre alt war, begegnete mir nichts, was ich nicht mit Intelligenz, Glück oder Charme hätte meistern können. Doch dann entwendete einer meiner Freunde von seinem Vater ein *Playboy*-Heft und brachte es mit in die Schule. Er riskierte damit den sicher geglaubten Tod, aber die Nonnen erwischten ihn nicht. Nach Schulschluss versammelten wir uns in der hintersten Ecke des Parkplatzes. Dort wanderte das Magazin in einem engen Kreis von Komplizen von einer schwitzigen Hand in die nächste. Als ich an der Reihe war, schlug ich es auf und starrte auf eine nackte Frau.

Die Bilder waren aufregend und gleichzeitig Furcht einflößend, so als würde man in einem aufregenden Film sitzen, ein Auge öffnen und eines schließen. Ich wollte die Frauen zwar sehen, aber gleichzeitig wollte ich vor ihnen weglaufen.

An diesem Tag drang etwas Seltsames in meine Seele ein. Ich spürte eine große, gewaltige Erregung, die einherging mit der Furcht, erwischt zu werden. Ich wusste, dass ich etwas Verbotenes tat, es fühlte sich nur so verdammt gut an. Hoffnung auf Vergebung hatte ich nicht, denn ich wäre lieber mausetot gewesen, als einem Priester davon zu erzählen. Eine Lösung schien es nicht zu geben. Mit dem, was ich getan hatte, musste ich irgendwie klarkommen.

Monate vergingen, ohne dass ich diese Sünde irgendjemandem gegenüber erwähnte – bis eines Tages ein junger Priester, der sich auf seinem Weg nach Afrika in die Mission befand, unsere Gemeinde besuchte.

In der Pause kam er auf den Spielplatz, um sich mit uns zu unterhalten. Er war ganz anders als Bruder Johannes. Er war keine Stimme hinter einem dunklen Schirm, sondern ein wirklicher Mensch, der sich neben mich auf die Treppenstufen setzte. Er blickte auch nicht auf mich herab, sondern geradewegs in meine Augen. Er nannte mich auch nicht *mein Sohn*, sondern sprach mich mit meinem Namen an: Mickey.

Wir schlossen bald Freundschaft und ich begann ihm Dinge zu erzählen, die wir vor Erwachsenen normalerweise immer geheim hielten. Merkwürdigerweise sagte er gar nichts dazu. Er hörte einfach nur zu. Und bevor ich es merkte, hatte ich die Katze auch schon aus dem Sack gelassen.

„Ich habe ein *Playboy*-Heft angesehen."

Was auch immer ich daraufhin erwartet hatte – dramatische Klavierakkorde oder Züge, die durch einen Tunnel rauschten, zumindest einen heftigen Donnerschlag –, nichts davon passierte. Stattdessen fühlte ich eine unglaublich sanfte Hand, die über meinen Kopf strich, während der junge Priester das Zeichen des Kreuzes über mir machte. Er schloss dabei die Augen und sprach ein lateinisches Gebet. Ich wusste zwar nicht, was er sagte, aber dieser Moment veränderte etwas in mir. Die Scham schmolz nur so dahin, wie wenn die Sonne an einem Wintertag ungewohnt warm scheint. Alle Freunde, die mit ihm sprachen, sagten anschließend: „Er gibt einem irgendwie ein gutes Gefühl, oder?" Niemand hatte schon einmal erlebt, dass wir über so ein schwieriges Thema mit jemandem reden und uns dabei wohlfühlen konnten.

Ich habe diesen Tag nie vergessen. Es war das erste Mal, dass ich durch die strengen Regeln und Rituale hindurch eine Art von Freiheit schimmern sah.

Obwohl es immer noch so schien, als ob Gott in einem anderen Universum existierte, fühlte es sich mit einem Mal so an, als hätte er mir auf dem Spielplatz einen kleinen Besuch abgestattet.

Kapitel 4

Geschwindigkeitsbedarf

An einem kalten Januartag 1961 sah ich gebannt zu, wie unser neuer, junger Präsident seinen Amtseid ablegte. Durch sein perfektes Lächeln und seine vielen Haare hatte JFK seinem Vorgänger Eisenhower bereits einiges voraus. Doch als ich ihn zu Beginn seiner Amtszeit sagen hörte, dass Amerika in wenigen Jahren einen Mann auf den Mond schicken würde, wurde er zu meinem persönlichen Held.

John Fitzgerald Kennedy stellte so ziemlich alles dar, was ich gerne werden wollte: ein wichtiger Typ, der gut Fußball spielte, aussah wie ein Filmstar und über den Weltraum redete. Ich studierte bis ins Detail das amerikanische Programm zur Raumfahrtentwicklung. Bald wusste ich alles über die sieben Mercury-Astronauten und die Hardware des NASA-Weltraumprogramms. Ich verfolgte genauestens Alan Shepards fünfzehnminütigen suborbitalen Flug sowie Gus Grissoms Flug, bei dem die Landekapsel versank. In der Schule wusste ich die Einzelheiten des Mercury-Programms zu erklären und führte die Gespräche an, als wir im Fernsehen den aus Ohio stammenden John Glenn die Erde umkreisen sahen. Ich aalte mich in der Macht und im Glanz des Weltraumprogramms.

Ich saugte alle Informationen darüber in mir auf wie andere Kinder Erdnüsse knabbern. Meine Zimmerwände waren bedeckt mit ausgeschnittenen Fotos von Astronauten, Mondphasen und Raketenstarts. Um meinem Wissensdurst genüge zu tun, abonnierte mein Vater das *National Geographic*-Magazin und ich sog alles in mich auf, was mit dem Weltraum zu tun hatte.

Hätte ich hundert Jahre früher gelebt, hätte ich vermutlich mein Bündel gepackt und wäre Richtung Westen gewandert, auf der Suche nach Abenteuern. Aber der Westen erschien mir heute gar nicht mehr so wild und aufregend. Es war vielmehr das Weltall, das wirklich *unermesslich* war; und für mich stellte es den *einzigen* Raum dar, in dem es noch etwas zu erkunden gab.

Die 1960er-Jahre waren eine tolle Zeit für einen Teenager, um erwachsen zu werden. Tausende von Möglichkeiten schwebten mir vor, auch wenn sich das mit der Astronautenkarriere zerschlagen sollte und eines der vertrautesten Geräusche dieser Zeit noch gar nicht erklungen war. Denn erst ein Jahr später, als eines Abends mein Bruder und ich vor dem Fernseher saßen, flimmerte das graue Gesicht des Nachrichtensprechers Walter Cronkite über den Bildschirm mit den Worten: „Wir unterbrechen diese Sendung für eine wichtige Meldung."

Ich drehte die Lautstärke auf und rief meinen Vater. Solch wichtige Meldungen gab es nur sehr selten, und wenn, dann saß ganz Amerika wie gebannt vor dem Bildschirm. Wir hielten alle den Atem an, als der Nachrichtensprecher fortfuhr.

„Heute hat Präsident Kennedy den russischen Parteisekretär Nikita Chruschtschow dazu aufgefordert, alle nuklearen Raketen aus Kuba abzuziehen. Bis dahin hat der Präsident eine Seeblockade dieser Insel angekündigt."

Das Wort „nuklear" reichte aus, um mich wild spekulieren zu lassen und mir mögliche Szenarien vorzustellen. Ich war von Natur aus ein sehr neugieriges Kind und hatte alles über einen möglichen Atomkrieg gelesen. Ich hatte sogar in unserem Keller einen kleinen Notvorrat angelegt, damit wir uns von Nudelsuppe ernähren konnten – für den Fall, dass die Zivilisation draußen dahinschmelzen sollte.

Im Gegensatz zu den meisten anderen Kindern in meinem Alter wusste ich auch, was das Wort „Feuersturm" bedeutete. Am nächsten Tag traf ich mich mit meinen drei besten Freunden auf dem Spielplatz. Wir hatten uns den Namen „Die vier Asse" gegeben, vielleicht, weil wir uns für einen verschworenen Haufen Jungs hielten; vermutlich hatte uns damals die West Side Story dazu inspiriert.

Jeder von uns hatte aus einem Kartenspiel ein Ass gewählt und dreist auf den Rücken eines seiner Schulhefte geklebt. Mir gehörte das Karo-Ass und irgendwie fühlte ich mich dadurch für das Wohlbefinden aller Schulkinder verantwortlich. In Krisenzeiten musste ich sie führen – und nun war dieser Fall definitiv eingetreten. Ich wusste, die Russen konnten mit einem einzigen Knopfdruck in einer halben Stunde mehr als 100 Millionen Menschen töten.

„Was sollen wir machen, Mickey?", fragte mein Freund Chuck, alias Herz-Ass. „Vielleicht unser ganzes Zeug in den Keller bringen?"

Ich starrte ihn ungläubig an. Offensichtlich hatte dieser Knirps keine Vorstellung davon, was eine 50-Megatonnen-Bombe, gefolgt von einem 250 km/h schnellen Feuersturm, in unserem beschaulichen Wohnviertel anrichten würde. Ich wollte gerade mit einem spitzen Spruch kontern, als mir eine Idee kam.

„Hey, wäre es nicht cool, wenn wir noch einmal beichten, bevor es zu spät ist?"

Meine Freunde sahen mich an, als hätte ich vorgeschlagen, Leber und Rosenkohl zum Mittag zu essen.

„Wieso denn das, Mickey?"

„Ich will nicht mit Sünde auf dem Gewissen sterben. Du etwa?"

„Ich glaube nicht."

Also marschierten „Die vier Asse" mit einem an Märtyrer erinnernden Eifer ins Pfarrhaus. Normalerweise hätte ich es nie im Leben freiwillig betreten. Das Pfarrhaus war ein unheimlicher Ort, ein Tabu für Kinder – es war die Behausung wirklich ernster, schwarz bekleideter Priester. Aber heute führte kein Weg daran vorbei. Die Bedrohung durch einen nuklearen Krieg war so immens, dass man seine Dinge mit Gott besser geregelt hatte.

Als ich an die große Holztür klopfte, öffnete sie sich knarzend und ganz langsam. Der Monsignore hörte sich unser dringendes Anliegen ruhig an, ehe er uns wortlos in die Beichte geleitete.

Dieses Mal war es mir todernst. Mir kam in den Sinn, was die Nonnen im Unterricht gesagt hatten: Entweder musste ich vor einem Priester beichten oder würde vor das Jüngste Gericht treten. Sollte Chruschtschow also diesen Knopf drücken, dann würde es nur Augenblicke dauern, bis ich Gott von meinen tiefsten, dunkelsten Geheimnissen erzählen musste. Als ich an der Reihe war, war ich erleichtert, dem Priester gegenüber mein Herz zu öffnen.

Als wir wieder nach draußen traten, fühlte sich die Welt gleich viel sicherer an. Sie roch sogar besser. Alle Ängste und Sorgen waren von mir abgefallen, obwohl in Amerika weiterhin Alarmstufe Rot galt. Jahre später habe ich gelesen, dass Kennedy an diesem Tag aus einem Fenster des Weißen Hauses geblickt und dabei gedacht haben soll: *Morgen wird das alles nicht mehr da sein.* So nah stand die Welt an einem atomaren Krieg.

Nachdem die Kubakrise vorüber war, nahm für mich mit meinen dreizehn Jahren das Erwachsenwerden wieder meine volle Aufmerksamkeit in Anspruch. Und bereits sechs Monate später ging meine katholische Schulzeit zu Ende. An einem Junitag 1963 stand ich in meiner Schuluniform vor dem Spiegel wie ein Soldat, der ehrenhaft vom Dienst befreit wird. Ich konnte es kaum abwarten, den dämlichen grünen Schlips und die grauen Hosen gegen zivile Kleider einzutauschen. Meine Zeit in St. Michael war zu Ende und ich wurde nun zum Teenager befördert.

In dem Sommer verdiente ich mit einem Job in einer Eisdiele auch mein erstes Geld. Ich kassierte 90 Cent pro Stunde. Außerdem freute ich mich, die verunglückten Portionen gleich selbst aufzuessen zu dürfen und jedes Mal das verdiente Geld gleich schnurstracks zur Bank zu bringen.

An der Highschool gab es zum Glück keine katholischen Schuluniformen mehr, sodass ich anfing, mir von meinem eigenen Geld Kleider zu kaufen. Denn für mein Image erschien es mir sehr wichtig, die richtigen Klamotten anzuhaben. Eines der Kleidungsstücke, die ich kaufte, war ein Kapuzenparka mit Pelzbesatz, in dem ich aussah wie ein italienischer Eskimo. Es handelte sich definitiv um ein Einzelstück und bestand aus einem seltsamen Polyesterstoff, der sich anfühlte wie das Fell einer Maus, die sich zuvor einer chemischen Behandlung unterzogen hatte. Ich war sehr stolz auf diese Jacke, doch mein Vater nahm sie zum Anlass zu sticheln, und zwar gegen mich und mein Äußeres. Er ließ keine Gelegenheit aus, sich über meinen Wunsch, gut auszusehen, lustig zu machen.

„He, du Hübscher, sieh mal in den Spiegel. Ich glaube, bei dir ist ein Haar verrutscht."

Nach außen tat ich so, als interessierten mich seine Kommentare nicht, aber innerlich zählte ich schon die Tage, die ich noch mit ihm unter einem Dach leben musste. Ich konnte es kaum abwarten, mein eigener Herr zu sein.

Immer noch besuchte ich die Messe, aber es war nichts weiter als eine lästige Pflicht. Die Kirche hatte für mich ihre Aura von Ehrfurcht und Heiligtum längst verloren. Was mich betraf, war der Kirchgang nichts weiter als eine familiäre Auflage – und die meisten Menschen um mich herum schienen das genauso zu sehen.

Am 22. November 1963 jedoch wurde mein hübsches kleines Lebensgebilde, das sich gerade im Aufbau befand, heftig erschüttert. Ich kann mich noch ganz genau daran erinnern, wie es war: Ein Lehrer hatte mich damit beauftragt, einige Unterlagen zum Schulleiter zu bringen. Als ich dort zur Tür hereinkam, erblickte ich unsere Schulsekretärin, die aussah, als wäre ihr gerade ein Geist erschienen. Sie rief:

„Präsident Kennedy ist erschossen worden!"

Ich konnte es erst nicht glauben. So etwas passierte doch nicht einfach so in meinem Amerika! Ich rannte zurück in den Klassenraum und erzählte es meinem Lehrer, der die Nachricht prompt an ein paar verwirrte Neuntklässler weitergab. Ich saß dann zwischen all den anderen, und während jeder eine andere Theorie äußerte und die Mädchen weinten, wiederholte ich nur immer wieder: „Das gibt's doch nicht!"

JFK war einer, der alles richtig gemacht hatte. Wie konnte jemand, der so clever und gut aussehend und reich und amerikanisch und katholisch und außerdem Präsident der Vereinigten Staaten war, im Alter von sechsundvierzig Jahren mit einer Kugel im Kopf enden? Das ergab doch alles gar keinen Sinn. Und wie konnte Gott so etwas zulassen?

Die ganze Situation wurde noch eigenartiger. Am darauffolgenden Sonntagmorgen, noch vor der Messe, sah ich mit Millionen anderer Fernsehzuschauer, wie der des Mordes angeklagte Lee Harvey Oswald in der Polizeistation von Dallas niedergeschossen wurde. Skeptisch und verwirrt saß ich anschließend in der Kirche und fragte mich, was es wohl bringen sollte, jetzt noch zu beten. Wenn Gott es nicht einmal schaffte, Kennedy zu beschützen, wie sollte es uns Normalsterblichen dann ergehen?

Jedes Mal, wenn in diesen Tagen irgendein Mädchen sagte: „Ist Jackie nicht tapfer?", beschlich mich ein leeres Gefühl. Die Fernsehkommentatoren redeten über nichts anderes als den *Tatort Dallas* sowie den mutmaßlichen Mörder *Oswald*. War das etwa der Beginn des Reality-TV?

Der Schatten der nationalen Trauer machte mich fast verrückt. Die Vereinigten Staaten hatten nicht nur ihren Präsidenten verloren, sondern auch ihre Unschuld. Das Blut, das in Dallas geflossen war, befleckte unsere Herzen und unsere auf Halbmast hängende Flagge. Irgendwann merkte ich, dass ich mich mit irgendetwas beschäftigen musste, um mit der Verwirrung, die mich als Vierzehnjährigen niederdrückte, fertigzuwerden, und so plante ich für die Weihnachtsferien einen Skiurlaub.

Obwohl ich schon immer ohne Rücksicht auf Verluste die Hügel in unserer Gegend heruntergeschlittert war, hatte meine Heimat Ohio mich bisher um meinen rechtmäßigen Platz in der amerikanischen Heldengalerie des Skisports gebracht. Wäre ich im gebirgigen Colorado aufgewachsen, dann hätte sicher mancher Skirennläufer vor dem Namen Mickey Robinson gezittert.

Als ich mit meinem Kaninchenfell-Parka und in Cordhose gekleidet den Laden für Skiausrüstung betrat, sah ich aus wie ein waschechter Eskimo. Ich investierte mein hart verdientes Geld in das Ausleihen von Skiern, Stiefeln und Stöcken, dann eilte ich zum Skilift.

Gerade als ich einsteigen wollte, hörte ich eine mir bekannte Stimme, die meinen Namen rief. Ich drehte mich um und da war Val, eine alte Klassenkameradin von St. Michael. Sie stammte aus einer ziemlich wohlhabenden Familie und kannte sich offenbar auf der Skipiste aus. Zumindest machte sie in ihren eng anliegenden Hosen und einem babyblauen Anorak eine wesentlich bessere Figur als ich, aber ich war viel zu aufgeregt und hatte nichts anderes im Kopf, als endlich nach oben auf den Hügel zu kommen.

„Hallo, Val! Wie geht's?"

„Stehst du zum ersten Mal auf Skiern?"

Die Leihnummer auf meinen Stiefeln hatte mich wohl verraten.

„Ja, ich will gerade zum Anfängerhügel. Und du?"

Sie lächelte. „Darüber bin ich schon hinaus. Warum kommst du nicht mit mir? Ich bringe dir alles bei, was du brauchst."

Mehr Überzeugungsarbeit war gar nicht nötig. Wir fuhren mit dem Lift ein Stück hinauf zu einer mittelschweren Piste und Val half mir von dort den ersten Teil hinunter. Sie fuhr langsam vor mir hin und her, während sie mir Anweisungen zurief, dass ich mich wie ein Schneepflug vorwärtsbewegen sollte.

„Du machst das großartig, Mickey! Von hier aus schaffst du es alleine! Wir treffen uns dann unten."

Als Val verschwand, versuchte ich weiterhin ihren Anweisungen zu folgen und dachte dabei: Das geht ganz einfach. Aber gerade, als ich mich einigermaßen sicher fühlte, fuhr ich über einen kleinen

Hügel und kam mit den Skiern nicht wieder richtig auf. Val hatte mich in den drei Minuten Abfahrtsunterricht leider nicht darauf vorbereitet, dass man auf dieser buckligen Piste ausrutschen konnte wie auf einer Bananenschale.

Meine Stöcke machten ein Kreuzzeichen, während ich in rasender Geschwindigkeit auf dem Po abwärts schlitterte. Leider ist dieser Körperteil nicht in der Lage, einen Schneepflug nachzubilden. Aber nachdem ich zum Stillstand gekommen war, dauerte es nur wenige Sekunden, bis Rumpf und Beine wieder miteinander harmonierten.

Schneeverkrustet und von einem Ohr bis zum anderen grinsend konnte ich es nicht abwarten, es noch einmal zu versuchen. Wieder und wieder rutschte ich den Berg hinunter, bis ich mich schließlich in ein sehr seltenes Wesen verwandelt hatte: in einen Abfahrtskünstler aus dem Vorort von Cleveland.

Skifahren war für mich nicht nur eine coole Wochenendbeschäftigung, es war auch unglaublich befreiend. Anstatt zu Hause herumzuhängen, fuhr ich nun in jeder freien Minute Ski. Ich hatte nur wenig Geld, aber ich kaufte mir eine gebrauchte Ausrüstung sowie Liftkarten von Leuten, die früh wieder nach Hause mussten. Als die Saison am 15. März endete, war ich einer der Letzten, die versuchten, noch einmal den matschig schmelzenden Abhang herunterzukommen.

Das Skifahren war zu einer echten Konkurrenz geworden für meine bisherige Lieblingssportart Football. Obwohl ich in St. Michael seit der zweiten Klasse gespielt hatte, hatte ich an der weiterführenden Schule erst eine Footballsaison hinter mir. Die katholischen Schulen steckten immer viel Geld in ihre Sportprogramme und ich war an erstklassige Trikots und schicke Ausrüstung gewöhnt. Die

Neuntklässler in der Highschool dagegen waren nur eine Nachwuchsmannschaft. Wir trainierten auf einem Übungsplatz, auf dem kein Mensch zusah, wenn wir spielten. Es fühlte sich an, als wäre ich strafversetzt worden. Glanz und Gloria gehörten der Vergangenheit an. Trotzdem verspürte ich die gewohnte Anspannung, als ich zu meinem ersten Spiel als Neuntklässler fuhr. Als der Trainer unsere kleine Truppe abschritt, blieb er ausgerechnet vor mir stehen. Er legte seine Hand väterlich auf meine Schulter, beugte sich zu mir und sagte: „Robinson, ihr seid heute nur wenige Leute. Ich brauche dich heute als Blocker."

Ich war wie vor den Kopf geschlagen. Bei St. Michael war ich immer Läufer gewesen, und jetzt änderte der Trainer einfach meine Position, eine Stunde vor dem ersten Spiel!

„Aber auf dieser Position habe ich überhaupt keine Erfahrung! Ich kann Läufer sein, meinetwegen auch Fänger..."

„Es geht hier nicht darum, was du persönlich gerne machen willst, Robinson. Wir wollen als Mannschaft gewinnen. Wenn du nicht bereit bist mitzumachen, können wir dich im Team nicht gebrauchen."

„Hab ich verstanden", murmelte ich und fühlte mich dabei, als käme ich von einem anderen Stern, absolut missachtet und zum ersten Mal in meinem Sportlerleben fehl am Platze.

In der zehnten Klasse war ich immer noch Verteidiger, rechts oder links außen. Aber diese Positionswechsel verschafften mir nicht mehr dieselbe Anerkennung, wie ich sie in der achten Klasse erlebt hatte. Etwas von meiner früheren Begeisterung war definitiv auf der Strecke geblieben.

„Blackie, geh mal in die Lücke da", brüllte der Trainer und schlug mir auf den Helm. „Ihr müsst diese Linie schließen!"

Sie riefen mich alle Blackie, weil ich einen dunklen Teint hatte und stark gebräunt war. Eigentlich machte mir das nichts aus. Um ehrlich zu sein, merkte ich gar nicht, wie rassistisch und beleidigend das eigentlich war, ich wollte nur unbedingt dazugehören. Dieser Wunsch zerschlug sich allerdings, als ich auf dem Platz wiederholt Mist gebaut hatte und der Coach brüllte: „Robinson! Schon wieder! Raus mit dir!"

Diese Bemerkung klang fünf Jahre lang in mir nach. Obwohl ich mich beim Football wirklich anstrengte, schien der Erfolg den anderen zu gehören. Der Trainer hatte alle seine erklärten Lieblinge und ich musste irgendwie damit klarkommen. Dabei war ich immer voller Begeisterung sportlich aktiv gewesen, doch jetzt war es einfach nur frustrierend. Zum Glück hatte ich noch das Skifahren.

Doch leider waren die Skipisten nur vier Monate im Jahr geöffnet. Also brauchte ich eine neue Betätigung für meine nach Herausforderungen durstende Seele. Da ich im Sport immer gut gewesen war, versuchte ich mich als Turner, und weil es an unserer Schule kein offizielles Trainingsprogramm gab, fing ich an, ganz für mich alleine zu üben.

Niemand war in der Turnhalle, wenn ich in der Mittagspause ein paar Turnmatten auslegte und anfing, mir darauf selbst das Turnen beizubringen. Tag für Tag arbeitete ich am Reck, am Barren und an den Ringen, übte Aufschwung und Abschwung, Sprünge und Saltos in der Luft.

Die Figuren eignete ich mir selbst aus Büchern an und benutzte lediglich die Geräte in der Schulturnhalle – aber ich versuchte nicht, damit eine Medaille oder eine Meisterschaft zu gewinnen. Ich hatte einfach Freude an den Bewegungen. Zuerst begnügte ich mich mit den Grundlagen, dann wurde ich mutiger und probierte immer schwierigere Sachen aus. Ging es aber irgendwo darum, einen Rekord im Liegestütz oder bei ähnlichen Kraftübungen aufzustellen, war ich dabei.

Es dauerte nicht lange und ich war der erste Schüler an unserer Highschool, der eine Riesenwelle am Reck vorführen konnte. Trotzdem genügte mir das alles nicht. Ganz gleich, wie schnell oder perfekt ich mich bewegte, es war nie gut genug. Ein Gefühl innerer Unruhe blieb und ich konnte dafür einfach nicht das passende Ventil finden. Ich sehnte mich nach etwas, aber wonach?

Kapitel 5

Die erste große Liebe

Ist Ihnen langweilig, Mr Robinson?"

Mrs Mackey stand neben mir in dem Gang zwischen den Tischen im Klassenraum und ihre Körpersprache kommunizierte höfliche Verachtung.

Ich unterbrach meine Kritzelei am Heftrand, blickte auf und antwortete ehrlich: „Ja, allerdings."

„Tja, dann tut es mir leid, dass ich deine kostbare Zeit vergeude, Mickey. Würdest du mir diese Zeichnung bitte aushändigen? Ich werde sie mir mal genau ansehen und dann finden wir vielleicht heraus, warum du dem Unterricht so schlecht folgen kannst."

„Wenn Ihnen das gelingt", antwortete ich ernsthaft, „ lassen Sie es mich bitte wissen." Meine Klassenkameraden kicherten, während Mrs Mackey mir einen bösen Blick zuwarf und zurück zu ihrem Pult ging.

Ich war kein guter Schüler. Bei den meisten Lehrern langweilte ich mich furchtbar, also zeichnete ich während des Unterrichts und bekam mittelmäßige Zensuren. Seltsamerweise waren es aber ausgerechnet die strengen Lehrer, die viel verlangten, bei denen ich mich anstrengte und besser dastand.

Meine durchschnittlichen Schulleistungen hinderten mich allerdings nicht daran, ein aktives Leben mit Freunden und Bekanntschaften zu führen. Schließlich war ich ein Sportler und da war es selbstverständlich, dass ich mich ganz oben auf der Beliebtheitsskala anderer Teenager befand. Denn wer sportlich und außerdem noch cool war, hatte das große Los gezogen, denn diese Kombination verschaffte einem automatisch Zugang zu den richtigen Kreisen. In der Mitte der 1960er-Jahre war man dann beliebt, wenn man gut aussah und gute Stimmung verbreitete. Das war ein sicheres Rezept. Innere Werte wie ein guter Charakter oder das Eintreten für die gute Sache kamen erst danach zum Tragen.

Meine Ziele waren entsprechend simpel: Ich brauchte lediglich gut auszusehen, sportlich fit zu bleiben und schon würde ich irgendwann das richtige Mädchen treffen. Bislang war es mir allerdings nur gelungen, die ersten beiden Voraussetzungen für ein glückliches Leben zu erfüllen. Das Mädchen meiner Träume war noch ein Phantom.

Einen Mangel an Gelegenheiten hatte ich nicht. Mein Soll an Flirts und oberflächlichen Beziehungen erfüllte ich mehr als ausreichend. Ich ging regelmäßig auf Partys, die damit endeten, dass das Licht ausging und man langsam zu Balladen tanzte und schmuste. Doch keins dieser Mädchen war bislang für mich von besonderer Bedeutung gewesen. Jedenfalls nicht bis zu jener Winternacht 1965, als ich mich mit einem Mädchen verabredete, das ich auf der Party eines alten Freundes kennengelernt hatte. Sie hieß Sue.

Ich stieg in den betonierten Kellerraum hinab, der gefüllt war mit Föhnfrisuren und meterhoch gestapelten Schallplatten. Die Party versprach gut zu werden.

„He, weißt du, wo Sue ist?"

„Da drüben! Seid ihr jetzt zusammen, Mickey?"

„Nee, nur befreundet. Mehr nicht." Derartige unverbindliche Beziehungen gab es oft und wir hatten damals ungeschriebene Gesetze, an die wir uns hielten.

Ich entdeckte Sue und winkte ihr zu. Langsam bewegten wir uns durch den Raum hindurch aufeinander zu. Dann stürzten wir uns ins Partygeschehen, indem wir auf gutbürgerliche Art zu tanzen anfingen. Alles ging gut, bis sie sich ein bisschen zu schwungvoll bewegte und versehentlich mit der Hand gegen eine Metallstange schlug. Mehrere Mädchen eskortierten sie nach oben, um die Verletzung mit Eis zu kühlen. Ich folgte dem Tross brav in die Küche. Zum Glück war es nicht so schlimm, sie hatte bloß einen großen Bluterguss an ihrer Hand. Da ihre Freundinnen sich gut um sie kümmerten, verdrückte ich mich wieder.

Auf dem Weg nach unten blieb ich einen Moment lang stehen und ließ meinen Blick über die Menge schweifen. Mein Blick blieb plötzlich an dem Gesicht einer kleinen, hübschen Brünetten hängen. Obwohl ich dieses Mädchen von St. Michael kannte, war es, als würde ich sie zum ersten Mal sehen. Ich ging hinunter und auf sie zu.

Als wir durch all die karierten Hemden und Mohairpullover zueinanderfanden, glänzten ihre braunen Augen wie schmelzende Schokoküsse.

„Hi, Julie", sagte ich zu dem Mädchen meiner Träume. „Lange nicht gesehen."

Sie lächelte. „Wir haben seit der achten Klasse kein Wort mehr miteinander gewechselt. Schön, dass du hier bist."

„Wollen wir tanzen?"

„Gerne." Sie legte den Kopf schief und blinzelte mit den Augen. Ich spürte, dass das hier eine ganz andere Art von Anziehungskraft war als alles, was ich bisher erlebt hatte. Augenblicklich vergaß ich Sue, ihre geschwollene Hand und sah an diesem Abend auch kein anderes Mädchen mehr an.

Als die Party sich dem Ende näherte, berührte ich Julies Nase ganz sanft mit dem Zeigefinger und flüsterte: „Bis bald!"

Wir standen da, als wollten wir uns unsere Namen einander in die Augäpfel einbrennen und warteten darauf, dass der Raum aufhörte, sich um uns zu drehen. Als sie schließlich zur Tür ging, stolperte ich ebenfalls hinaus, um mit meinem alten Freund Chuck eine Zigarette zu rauchen. Dabei grinste ich wie ein Honigkuchenpferd, blies weiße Ringe zum Mond hinauf und zog eine Sondermünze mit der Freiheitsstatue heraus, die ich in meiner Tasche herumtrug, seit ich sieben Jahre alt war.

„Hier, Chuck", sagte ich und warf ihm lässig meinen Glücksbringer zu. „Die kannst du haben. Ich brauche sie nicht mehr."

Jetzt, wo ich Julie getroffen hatte, war mein Glück vollkommen. Sie hatte soeben die letzte Lücke in meiner selbsterstellten Glücksformel geschlossen.

Die geheimnisvolle Schönheit dieser „ersten großen Liebe" nahm mich vollständig in Beschlag. Julie und ich wurden unzertrennlich. Obwohl sie in der Schule ein Jahr über mir war, standen wir oft gegen unsere Schließfächer gelehnt und blickten uns tief in die Augen. Und nach der Schule telefonierten wir, bis uns nichts mehr einfiel, um irgendwann einfach bedeutungsvoll in den Hörer zu seufzen.

Wir verabredeten uns mit niemandem sonst. Wer fest zusammen war, so war es jedenfalls üblich, tauschte die Schulringe aus. Ihrer passte gerade so über meinen kleinen Finger, während mein Ring mit Garn umwickelt werden musste, damit er an ihrem linken Ringfinger hielt.

Es war toll, mit Julie zusammen zu sein und ich schätzte mich glücklich. Sie hatte viele gute Eigenschaften und erschien mir innerlich wie äußerlich schön. Und obwohl die Autoscheiben des Öfteren von innen beschlagen waren, wenn wir an einem schönen Aussichtspunkt standen, überschritten wir nie gewisse Grenzen. Die sexuelle Revolution hatte es noch nicht ganz bis nach Cleveland geschafft, vermutlich weil der mittlere Westen Amerikas immer zuletzt von den Strömungen erfasst wird, die sich von einer Küste zur anderen bewegen. Was auch immer der Grund dafür war, irgendetwas hielt uns davon ab, zu weit zu gehen. Selbstverständlich stritten wir uns auch manchmal. Einmal gab sie mir sogar meinen Ring zurück, woraufhin ich wie wild versuchte, die Garnfäden abzustreifen. Meine Welt drohte einzustürzen, als ich der Möglichkeit ins Auge blickte, zwischen uns könnte wirklich Schluss sein. Sie bedeutete mir mehr, als ich zugeben wollte oder auch nur selbst geahnt hatte. Zum Glück dauerte unsere Trennung nur vierundzwanzig Stunden. Doch obwohl wir uns am nächsten Tag wieder vertrugen, blieb bei mir ein unzufriedenes Gefühl zurück. Ich sehnte mich nach einer hundertprozentigen, bedingungslosen Liebe – mehr, als sie mir bieten konnte. Dass sich diese Leere in mir nicht durch eine menschliche Beziehung füllen ließe, wusste ich damals allerdings noch nicht.

Meine beiden Schwestern heirateten direkt nach der Schule, vermutlich, um unserem familiären Trauma zu entfliehen. Mein Bruder und ich wohnten noch bei unserem alkoholkranken Vater und einer Mutter, die uns verzweifelt zusammenzuhalten versuchte. Aber es fanden immer häufiger Auseinandersetzungen statt und sie nahmen immer heftigere Ausmaße an. Meine Mutter wollte um jeden Preis unseren Alltag stabilisieren, doch es wäre leichter gewesen, die

Deckstühle auf der sinkenden *Titanic* festzubinden. Meine Familie drohte in einem Meer von Ärger, Alkohol und Schmerz zu versinken.

Als ich eines Abends mit Julie telefonierte, hörte ich die vertrauten Geräusche einer heftig geführten Auseinandersetzung aus der Küche dröhnen. Ich legte auf und kam bei meinem Vater direkt unter Beschuss. Er sah mich kalt an und sagte: „Hängst du immer noch mit dieser kleinen Nutte am Telefon?" Dann stieß er ein Küchenmesser ins Brotschneidebrett.

Seine Worte trafen mich wie ein Giftpfeil, und plötzlich reagierte ich so, wie ich es in meinen Albträumen gesehen hatte. Ohne darüber nachzudenken drängte ich ihn gegen die Wand.

„Mickey, tu das nicht", bat meine Mutter. „Er ist doch betrunken! Er weiß gar nicht, was er sagt. Lass ihn los!"

Aber ich konnte ihre Stimme kaum hören, während ich vor Wut fast explodierte. Viele negative Erinnerungen ballten sich plötzlich in meiner Faust zusammen, als ich ihn mitten ins Gesicht schlug, woraufhin er quer durch das Zimmer taumelte.

Heute weiß ich, dass mein Vater meiner Mutter nie körperlich wehgetan hat. Es war nur der Anschein seiner Gewaltbereitschaft, die mich dazu brachte, meinem angestauten Ärger auf diese Weise Luft zu machen.

Als ich von diesem gebrochenen Mann, der mein Vater war, abließ, fühlte ich nichts als Verachtung. Ich stieß die Tür auf, um aus der Küche zu stürmen, als ich ihn noch murmeln hörte: „Danke, mein Sohn."

Etwas in seiner Stimme verursachte mir eine Gänsehaut, doch ich konnte weder ihn noch die Atmosphäre in unserem Haus länger ertragen und zog für einige Wochen zu einem Freund, um mich wieder zu beruhigen. Als ich heimkehrte, vermied mein Vater es, mir in die Augen zu blicken. Wir haben nie darüber gesprochen, was passiert ist, sondern kehrten den Zwischenfall einfach mit all den anderen verkorksten Dingen aus unserem Familienleben unter den Teppich.

Ich hasste mein Zuhause – diesen Teil meines Lebens. Es fühlte sich abscheulich an, und ich zog einen Kreis um mich, den niemand durchdringen konnte. Befand ich mich in dieser Art innerem Schutzraum, konnte mir der quälende Frust von zu Hause nichts anhaben. Meine Freunde, der Sport und Julie wurden meine Sicherheitszone, in der ich mich fast ausschließlich aufhielt, um normal zu bleiben.

Im darauffolgenden Schuljahr spielte ich vor allem Football. Ich musste irgendwohin mit meiner Energie, nahm auch außerhalb der Saison immer am Training teil, verbrachte Stunden mit Gewichtheben und trainierte Geschwindigkeit und Ausdauer beim Laufen. Obwohl es ein brütend heißer Sommer war, verschaffte es mir Erleichterung, den Tag mit zwei Trainingseinheiten vollzupacken. Noch nie hatte ich eine solche Art von Hunger und wilder Entschlossenheit gespürt.

Jedes Mal, wenn ich meinen Körper mit dem des Gegners zusammenrammte, kam etwas tief in mir zum Vorschein. Es war so, als ob die Ungerechtigkeiten des Lebens durch den „gerechten Sport" ausgeglichen wurden. Und der Teamchef bemerkte, dass sich bei mir etwas verändert hatte. „Mickey Robinson ist unser härtester Schläger."

Im Herbst 1966 tauchten mein Name und meine Nummer bei Lautsprecherdurchsagen immer häufiger auf. Ich wurde richtig gut darin, den Quarterback umzuwerfen, bevor er passen konnte, und unser Highschool-Team konnte sein bestes Ergebnis seit dreiundzwanzig Jahren verzeichnen. Endlich fühlte es sich wieder so gut an wie früher in St. Michael Football zu spielen. Mein anstrengender Trainingsplan störte mich nicht. Ich genoss es, körperlich an meine Grenzen zu gehen oder frühmorgens bei Sonnenaufgang aufzustehen. Wenn ich freitagabends auf das Spielfeld hinausging, erschien mir der Kampf in dieser Arena zutiefst sinnvoll: alles zu geben in einem Spiel; nichts auf dem Spielfeld unversucht lassen; sich anschließend nichts vorwerfen zu müssen. Stand ich dem Gegner gegenüber, fühlte ich mich, als ob ich einen ganzen Planeten angreifen und zu Boden zwingen könnte.

Wurde das Spiel angepfiffen, geriet ich in eine Art Ausnahmezustand, in dem ich mit all meiner Leidenschaft voll und ganz aufging. Außerdem stimmte in unserem Team die Chemie, woran ich viel Anteil hatte. Es machte einfach Spaß, immer öfter Siege zu feiern, waren wir doch vorher immer nur als Außenseiter gehandelt worden.

Im Herbst 1965 absolvierte Julie die Schule und stand als Abschlussballkönigin zur Wahl, wurde aber letztlich nur zu einer ihrer drei Begleiterinnen gekürt. Ich schickte ihr trotzdem ein Dutzend roter Rosen mit einem Zettel, auf dem stand, dass sie immer meine ganz besondere Königin sein würde. Kurz darauf, an einem traumhaften Oktobernachmittag, stand ich in meinem Trikot an der Außenlinie und sah zu, wie Julie nach der Halbzeit in einem weißen offenen Mustang vorbeifuhr. Als ich meinen Helm abnahm, jubelten die Fans uns zu.

Eine Band spielte einen Popsong, als die Abschlussballkönigin und ihr Gefolge langsam vorüberrollten. Julie drehte sich lächelnd zu mir herum, ihre Krone funkelte in der goldenen Oktobersonne.

Sie war so schön und sie war mein Mädchen. Das war ein unglaublich cooles Gefühl.

Dieser Tag schien wie ein gutes Omen für unsere gemeinsame Zukunft zu sein: Der gut aussehende Footballspieler würde die hübsche Brünette heiraten und wir würden mit unseren zwei sportlichen Kindern glücklich sein bis an unser Lebensende. Wie der Teilnehmer eines Gewinnspiels, der gerade eine Glückssträhne hat, nahm ich an, dass uns hinter jeder Tür, die wir öffneten, nur Gewinne erwarten würden. Ich wusste nichts von dem, was noch vor uns lag, und zwar schon recht bald.

Kapitel 6

Die Qual der Wahl

Als ich im Frühling 1966 las, was Julie mir unter ihr Abschluss-foto geschrieben hatte, bekam ich einen Kloß im Hals: Lieber Mickey, ... *es kommt, wie es kommt.*

Ich lehnte mich gegen ihren Spind und fragte: „Was meinst du damit?"

„Ich meine, mal sehen, was passiert, wenn ich aus Europa zurückkomme", sagte Julie nüchtern, während sie ihre Bücher ordentlich in ihr Fach stellte.

„Europa?"

„Ja. Marlene und ich wollen diesen Sommer mit dem Rucksack durch die Schweiz und durch Frankreich fahren. Das haben wir schon ganz lange geplant."

„Und was ist mit mir? Was mache ich, während du weg bist?"

„Du hast hier genug zu tun und lässt es dir gut gehen. Reg dich nicht auf Mickey, so schlimm wird es schon nicht werden!"

Für sie schien alles ganz einfach zu sein. Was sprach auch dagegen? Sie würde eine Europareise machen und anschließend aufs College gehen. Ich hingegen hatte einen schweißtreibenden Sommerjob vor mir, irgendeine langweilige Maloche. Doch an dieser ungerechten Verteilung zwischen uns beiden konnte ich nichts ändern. Ich musste arbeiten gehen, auch wenn mich dieser Job nicht erfüllte, um einfach finanziell unabhängiger zu sein.

Doch es kam vieles ganz anders, denn Julies große Reisepläne blieben nur Träume. Letztlich verbrachte sie den Sommer doch zu Hause, packte ihre Sachen und freute sich aufs College. Wir trafen uns weiterhin jeden Tag. Ab und zu beschlich mich zwar ein ungutes Gefühl, dass es unserer Beziehung nicht guttun würde, wenn sie aufs College ginge, aber ich unterdrückte es immer schnell. Denn obwohl wir bald unterschiedliche Richtungen einschlagen würden, verband mich mit Julie ja eine echte Seelenverwandtschaft. Dessen war ich mir ganz sicher.

Als der Tag kam, stand ich in ihrer Einfahrt, umgeben von gestapelten Schachteln und Koffern. Sie verabschiedete sich mit einem Kuss und versprach, mich anzurufen, sobald sie angekommen war. Dann stieg Julie ins Auto und brauste davon ins südliche Ohio, um als Erstsemester an der Universität anzufangen.

Sie verschwand im Sonnenuntergang, während ich mich für das letzte Jahr auf der Highschool wappnete. Doch ich fühlte mich nun allein. Die vergangenen beiden Jahre hatte ich viel Zeit mit Julie und den Freunden aus ihrem Jahrgang verbracht, die mir jetzt allesamt fehlten. Chuck war auch auf dem College, Mike fing einen Job an, Frank heiratete und Dale ging zum Militär.

Viele meiner Mitschüler wollten nach Südostasien, aber ich konnte mir einen Dienst in der Armee noch nicht vorstellen. Vietnam sagte mir nichts, für mich waren das die Männer in Tarnkleidung, die pünktlich zu den Sechs-Uhr-Nachrichten mit Militärstiefeln aus ihren Hubschraubern sprangen. Ich wollte nicht an einem Krieg teilnehmen, der aussah wie eine schlecht gemachte

Fernsehshow. Aber Vietnam war wie ein tropfender Wasserhahn, der nie repariert wurde. Er tropfte immer weiter, bis die Leitungen schließlich barsten und in Amerika das ganze Erdgeschoss fluteten. Irgendwann stand allen das Wasser bis zum Hals.

Quasi über Nacht wurden die Universitäten zu Festungen, als die Protestbewegung über das ganze Land schwappte. Das Wort *Revolution* war plötzlich in aller Munde und eine dünne Rauchsäule stand am Horizont von all den brennenden Flaggen, BHs und schwelenden Einberufungsbescheiden. Überall konnte man erkennen, dass die Zeiten sich geändert hatten.

Außer natürlich in unserer Stadt. Obwohl wir wilde Gerüchte hörten, man könnte auf den Friedenszug einfach aufspringen, hatten an meiner Schule immer noch die Altvorderen das Sagen. Die Abschlussklasse von 1967 durfte weder Jeans noch Tennisschuhe oder lange Haare tragen, und so sahen die meisten von uns aus, als wären sie irgendeiner braven Fernsehserie entsprungen.

Es herrschten wirklich seltsame Zustände in den 1960er-Jahren. Ein Achtzehnjähriger durfte in Ohio zwar keine Jeans tragen, aber in Vietnam bekam er anstandslos ein Maschinengewehr in die Hand gedrückt. Irgendetwas stimmte da nicht, und als der Krieg eskalierte und in der Musikszene nur noch sozialer Protest und psychedelische Hypnose angesagt waren, machten die jungen Leute um mich herum plötzlich alle mit – und stilisierten sich damit zu Aussteigern.

Die Musik der 60er war nicht nur revolutionär; sie war wie eine Religion. Die Jugendlichen sangen die Texte mit derselben Inbrunst, wie Priester ihre Gebete sprachen. Meine ganze Generation hörte solche Lieder, als wären sie unsichtbar in der Luft schwebende Torpedos, die in leuchtende Fragmente eines sozialen Chaos explodierten.

Jeder hatte seine persönliche Hymne und meine stammte von der Gruppe Jefferson Airplane. Jedes Mal, wenn ich hörte, wie der Sänger Grace Slick darüber sang, dass jeder jemanden Liebenswertes braucht – eine Person, die man unbedingt finden muss – dann packte mich die Sehnsucht.

Dass Julie nicht da war, hatte ein großes Loch in meinem Leben hinterlassen. Sie schickte mir zwar regelmäßig handschriftlich geschriebene Briefe, in denen sie von ihren neuen Freundinnen, Kursen und Aktivitäten auf dem Campus berichtete, aber irgendwie spürte ich, dass sie ein ganz neues Leben begonnen hatte – ohne mich. Ich konnte mir darunter nichts vorstellen und das auch nicht wirklich gut finden. Aber natürlich freute ich mich trotzdem über ihre Briefe – sei es nur, um am Ende ihr *Ich liebe dich* zu lesen.

Obwohl ich immer noch Ski fuhr, auf Partys ging und Football spielte, war das alles für mich nur noch ein Zeitvertreib, bis ich meinen Abschluss hatte. Für die Zeit nach der Schule hatte ich keine konkreten Pläne, aber immerhin drei feste Ziele: Ich wollte keinesfalls zum Militär gehen, eine Menge Geld verdienen und etwas Aufregendes erleben. Was das war, spielte eigentlich gar keine Rolle, solange es mich nicht nach Vietnam führte, langweilte oder spießbürgerlich war.

Mit Julie auf dem College fühlte ich mich in der Highschool nicht mehr wohl. Ich machte alles nur noch halbherzig. Als dann die Footballsaison endete, gab es für mich nichts mehr zu tun, außer bis Juni abzuhängen und endlich mein Abschlusszeugnis in Empfang zu nehmen.

Eines Tages aber hielt meine Englischlehrerin mich auf dem Flur an und sagte: „Mickey, kannst du nachher mal zu mir kommen? Ich habe etwas für dich."

Carla Nesbitt war meine strengste, aber auch meine liebste Lehrerin. Alle mochten sie. Sie hatte das gewisse Etwas. Und unseren Respekt. Denn sie behandelte uns Schüler wie menschliche Wesen und nicht nur wie Nummern oder Statistiken. In der Klasse davor war sie meine Lehrerin für Sprecherziehung gewesen und ich hatte mit der Bestnote abgeschlossen. Irgendwie brachte sie mich dazu, mich richtig anzustrengen.

Vielleicht hatte ich sie mit meinem Essay „Was würdest du tun, wenn du noch 24 Stunden zu leben hättest?" beeindruckt. Jeder erwartete bei diesem Thema natürlich etwas Verrücktes. Aber als ich den Essay in der Klasse laut vorlas, waren alle schockiert von meinem ersten Satz: „Der Tod beginnt in dem Augenblick, in dem wir geboren werden." Und als ich kurz darauf einen Moment innehielt, sah ich aus den Augenwinkeln, dass einige von den Jungs unbehaglich auf ihren Sitzen hin und her rutschten, während die Mädchen mit den Augen rollten. „Meinst du nicht, das klingt ein bisschen zu negativ, Mickey?", fragte Mrs Nesbitt. „Aber es stimmt doch, oder?", bemerkte ich und fuhr fort: „Wenn ich nur noch 24 Stunden zu leben hätte, würde ich mit den Skiern einen Berg in Österreich herunterfahren oder einen Strand in Tahiti entlanglaufen. Aber am meisten würde ich mir wünschen, noch ein Lächeln auf das Gesicht meiner Mutter zu zaubern." Ich warf meiner Lehrerin einen Blick zu, die mich aufmerksam beobachtete. Irgendwie hatte ich das Gefühl, sie sah in diesem Augenblick etwas in mir, was ich selbst nicht sehen konnte.

Von diesem Tag an war sie jedenfalls auf meiner Seite und sie war eine der wenigen Erwachsenen, denen ich vertraute. Trotzdem wusste ich nicht, was mich erwartete, als ich an diesem Frühlingsnachmittag ihren Klassenraum betrat.

„Sie wollten mit mir sprechen?"

Sie reichte mir das *Tagebuch der Anne Frank* und sagte: „Im April führen wir dieses Stück auf und ich wollte dich fragen, ob du eine der Hauptrollen übernehmen würdest."

Ich war geschmeichelt, versuchte es aber hinter meiner obercoolen Fassade zu verbergen. „Ja, warum nicht, ich überlege es mir mal."

„Es ist ein ganz besonderes Stück, Mickey", meinte sie ernst. „Vielleicht magst du es ja übers Wochenende lesen? Ich würde mir wünschen, dass du es mit der Schauspielerei mal probierst. Irgendwie habe ich das Gefühl, du hast Talent dafür."

Als ich das Theatermanuskript las und dabei dem Charakter Peter begegnete, wusste ich, dass ich diese Rolle zu spielen hatte. Auf beinahe unheimliche Weise konnte ich mich in seine Gedankenwelt einfühlen. Peter war ein jüdischer Teenager, der versuchte, der Verfolgung durch die Nazis in Holland zu entgehen. Und ich war ein Produkt des Babybooms, bemüht, die 1960er-Jahre in Amerika zu überleben. Die Welten, aus denen wir kamen, unterschieden sich ganz grundlegend, aber wir waren beide von der gleichen inneren Unruhe befallen.

Peter und ich glichen Käfiglöwen, die nur zu gerne aus dem Familienzoo ausgebrochen wären. Er war auf einem Dachboden in Holland gefangen, mit seiner Familie, die in Schwierigkeiten steckte, und ich fühlte mich eingesperrt in unserem Haus in der Pleasant Valley Road, wo es alles andere als „angenehm" war. Vermutlich konnte ich seine Geschichte besser erzählen als irgendjemand sonst und so begab ich mich am ersten Probentag zuversichtlich in die Schulaula. Als ich die Bühne betrat, wurden die anderen ruhig und starrten mich an.

„Was machst du denn hier, Mickey?", fragte Lisa, ein Mädchen, das in Englisch hinter mir saß.

„Ich will in dem Stück mitspielen."

„Soll das ein Witz sein? Das ist eine ernste Geschichte. Du schaffst es doch nicht mal, den ersten Akt durchzuhalten, ohne zu lachen." Ihre Botschaft an mich war unmissverständlich – Dummschwätzer gehörten nicht hierher. Es kam eben selten vor, dass ein Teenager, der hauptsächlich Sport treibt, auch ein guter Schauspieler sein sollte. Schauspielerei ist allein den Sensiblen und künstlerisch Begabten vorbehalten.

Und so waren alle sehr überrascht, als ich die Rolle bekam. Es gab sogar Gerüchte, dass Mrs Nesbitt mich nur wegen meines Äußeren gewählt hatte – weil ich so gut zu der Rolle passte. Als mir das zu Ohren kam, fühlte es sich an wie ein Schlag ins Gesicht und ich arbeitete entschlossen, um allen zu beweisen, dass es nicht stimmte.

Theater zu spielen – in die Haut eines anderen Charakters schlüpfen – war etwas ganz Neues für mich. Football war zwar auch eine Herausforderung gewesen, aber die Erfahrung, auf einer Bühne zu stehen, begeisterte mich ganz neu.

In einer Szene musste ich in mein Zimmer laufen und mich aufs Bett werfen, nachdem mein Vater sich über mich lustig gemacht hatte. Als ich diese Emotionalität später auf der Bühne spielte, kicherten und lachten manche Zuschauer, während ich selber dachte: *Sie verstehen es so nicht.* Irgendwie musste ich das, was diesen jungen Mann innerlich quälte, stärker und drastischer zum Ausdruck bringen, und so bohrte ich mein Gesicht ins Kopfkissen und begann zu schluchzen. Ein spontaner Einfall, der nicht im Drehbuch stand. Schlagartig verstummte das Publikum und einige Leute weinten mit. Es hörte also doch jemand zu. Ich hatte es geschafft, sie emotional zu erreichen. Aber für mich als Schauspieler fühlte es sich nach viel mehr an – etwa so, als wäre ich der erste Mensch, der gerade entdeckt hatte, wie man Feuer macht.

Nachdem Carla Nesbitt meine erstaunliche Verwandlung auf der Bühne miterlebt hatte, drängte sie mich ausdrücklich, eine Laufbahn als Schauspieler in Erwägung zu ziehen. Obwohl mir das natürlich schmeichelte, konnte ich es mir nicht vorstellen. Ich lebte im Hier und Jetzt und meine Gedanken kreisten vor allem um Julie.

Nachdem Julie und ich einmal einen heftigen Streit hatten, was selten vorkam, brauchte ich jemanden, mit dem ich darüber reden konnte. Carla Nesbitt erschien mir dafür cool genug, und sie war gerne bereit, mir zuzuhören. Aber nicht einmal sie konnte verstehen, welch unermessliche Bedeutung die Beziehung mit Julie für mich hatte.

„Ich kann das nicht nachvollziehen, Mickey. Du bist erst siebzehn. Warum willst du jetzt schon eine feste Bindung eingehen? Wenn ich du wäre, würde ich direkt nach der Schule Ohio verlassen und nach New York gehen."

Mrs Nesbitt ging davon aus, ich sollte mich doch voller Selbstvertrauen auf meine Karriere am Theater konzentrieren – zumal ich zwischenzeitlich bei einem nationalen Wettbewerb einen Preis als Schauspieler gewonnen hatte. Doch in mir herrschte immer noch eine nagende Unsicherheit, die mich nie verließ; wie ein Phantom aus Kinderzeiten, das nicht aufhörte, mich zu verfolgen. Es verschwand nur, wenn ich Sport trieb oder mit meinen Freunden zusammen war. Nach außen mangelte es mir nicht an Selbstbewusstsein und Unabhängigkeit, manchmal war ich sogar ein ziemlicher Angeber. Aber über meinem Inneren lag ein Schatten, ein Gefühl von Leere, das ich mit meinen natürlichen Talenten und vorübergehenden Beschäftigungen zu füllen versuchte – vergeblich.

Ich konnte diesen Zustand nur aushalten, indem ich jegliche Langeweile mied und mich immer mit Leuten umgab. Ich brauchte jemanden, der die Einsamkeit von mir fernhielt, und so klammerte ich mich auf dieselbe Art an mein mit Aktivitäten vollgestopftes Leben, wie mein Vater Wodka trank.

„Nein, Sie verstehen das nicht. Julie ist der wichtigste Mensch in meinem Leben. Ich werde immer bei ihr bleiben."

Sie sah mich mit diesem Blick an, den Erwachsene liebeskranken Teenagern zuwerfen, so als hätten sie vollkommen vergessen, wie leidenschaftliche Liebe sich überhaupt anfühlt.

„Okay. Aber du solltest deine Chancen nicht ungenutzt verstreichen lassen. Denk an meine Worte, Mickey. Je älter du wirst, umso schwerer wird es sein." Sie versuchte, mich aus meiner emotionalen Falle zu holen, aber ich ignorierte ihre Warnung.

Als das Theaterprojekt vorbei war, hörte Mrs Nesbitt auf, über meine Karriere als Schauspieler zu reden. Sie überließ mich höflich meinem Schicksal und die übliche Langeweile kehrte in mein Leben zurück.

Kurz vor meiner Abschlussprüfung rief meine Studienleiterin mich zu einem letzten Gespräch zu sich. „Was hast du für Pläne, Mickey?"

„Weiß nicht. Vielleicht mache ich wieder meinen alten Job." Ich lächelte Mrs Patterson gewinnend zu. „Zumindest, bis mir etwas Besseres einfällt."

„Hast du keine Sorge, dass du einen Einberufungsbescheid bekommst?"

„Nein. Ich gehe definitiv nicht nach Vietnam."

„Tja, dann wünsche ich dir viel Glück", meinte sie und warf mir einen Blick zu, der mich als „armes, verblendetes Kind" abstempelte. „Hoffentlich wird alles so, wie du es dir vorstellst, Mickey. Nur manchmal…"

„Danke, dass Sie sich darüber Gedanken machen", sagte ich und stand auf. Es war offensichtlich, dass sie mir jetzt einen Vortrag über Eigenverantwortung halten würde. Also entschuldigte ich mich höflich und verließ ihr Büro. Ich machte mir keine Sorgen um die Zukunft. Ich wusste, irgendetwas würde schon meinen Weg kreuzen.

Und ich hatte recht.

Kapitel 7

Wunderknabe an der Wall Street

Am Tag vor meinem Schulabgang sah ich in der Zeitung die Anzeigen durch und entdeckte ein Jobangebot bei einem Börsenmakler in Cleveland. Sofort fing ich an, mir kleine Männer in weißen Hemden vorzustellen, die laut Zahlen riefen und mit Papier wedelten, während in der Ferne die Alarmtöne und Signallaute ertönten. Es war wie ein Handgemenge beim Football, nur ohne Helme. Der perfekte Job für jemanden wie mich.

Schnell zog ich meine nicht ganz saubere Sportjacke über und fuhr in die Stadt, um klarzumachen, dass ich genau der Mann war, den sie suchten. Selbstbewusst betrat ich das Personalbüro und kam mir dabei vor wie Zorro auf seinem Weg zum Fechtunterricht.

Nachdem ich einen Bewerbungsbogen ausgefüllt und der Sekretärin zurückgegeben hatte, fragte ich: „Wie viele haben sich bisher auf diese Stelle beworben?"

Sie lächelte. „Bisher ungefähr dreihundert."

Da verschwand das Zorro-Gefühl schlagartig und ich verließ das Büro um einige Illusionen ärmer. Schließlich war ich erst siebzehn und hatte keinerlei Berufserfahrung. Umso überraschter war ich, als sie mich zurückriefen und für ein Gespräch einluden.

Als ich vor dem Tisch des Personalchefs der Firma saß, versuchte ich ein möglichst gewieftes Gesicht zu machen.

„Also, Mickey, erzähl mal, warum du diesen Job gerne machen würdest."

„Nun ja, bei mir ist das so, dass ich immer da anzutreffen bin, wo der Bär tobt. Ich stelle mich jeder Herausforderung und es ist mir egal, wie hart ich dafür arbeiten muss."

Obwohl ich jung und unerfahren war, strahlte ich Zuversicht aus. Ich war hoch motiviert und wollte den Job wirklich gerne haben. Wenn mein Aussehen mir dabei helfen konnte, bei diesem Maklerbüro einzusteigen, würde ich sie mit meinem Charme und meiner Vitalität nur so einwickeln, dachte ich.

Nach dem Gespräch begleitete der Personalchef mich zur Tür. Plötzlich wendete er sich mir zu und schüttelte meine Hand.

„Glückwunsch, Mickey. Du kannst am Montag anfangen."

Ich hätte am liebsten einen Luftsprung gemacht, versuchte aber meinen Enthusiasmus zu zügeln und antwortete ruhig: „Danke."

Auf dem Heimweg sah ich mich schon selbst in einem dieser protzigen, ultramodernen Büros sitzen wie einen Aufsteiger aus dem Bilderbuch.

Als ich zu Hause angekommen aus dem Auto stieg und zur Haustür hereinplatzte, konnte ich nicht länger an mich halten. Berauscht von meinem eigenen Erfolg schrie ich: „Mom, ich habe den Job! Ich werde ein Wall-Street-Wunderknabe!"

Der Aktienmarkt war am Überkochen, als ich voller Begeisterung die ersten Schritte in die Finanzwelt wagte. An meinem achtzehnten Geburtstag sollte es losgehen. Zunächst arbeitete ich nur im Büro und lernte das Tagesgeschäft kennen. Aber schon nach kurzer Zeit gab es im Außendienst eine freie Stelle, am Hotspot des ganzen

Betriebs, wo alle Leitungen zusammenliefen. Dort saß ich mit fünf anderen Leuten an einem Tisch, bekam zwei Telefone, ein Headset, einen gelben Papierblock und eine sehr schlichte Anweisung: preiswert einkaufen und teuer verkaufen.

Das Besondere an meinem Job war das Beobachten von Aktien- und Geldkursen sowie der Handel mit Wertpapieren. Damit war ich acht Stunden am Tag vollauf beschäftigt. Auch war ich dafür verantwortlich, die Einlagen von etwa vierzig Firmen im Auge zu behalten, für die unser Büro die Haftung übernommen hatte. Ununterbrochen hing ich gleichzeitig an beiden Telefonleitungen, nahm Anweisungen entgegen und setzte sie so schnell wie möglich in Käufe oder Verkäufe um. Das ganze Büro barst förmlich vor Energie, wenn an der New Yorker Börse die Glocke läutete, es war ein Gefühl, als würden Vollblutpferde vor dem Start durch ihre Boxen preschen.

Ich habe gesehen, wie ganze Vermögen an einem Tag zunichte wurden, aber es war nicht der Geldfluss, was mich so faszinierte. Vielmehr war es das ganze Drumherum. Es war wie Achterbahn fahren. Wir rasten entweder hinauf zu den Sternen oder entgleisten unrühmlich in einer Kurve. Und ich war umgeben von knallharten Kollegen, die getrieben wurden von dem Wunsch nach Mehr, und das fühlte sich großartig an.

Mein aggressiver junger Boss saß nur wenige Meter von mir entfernt, genehmigte sich ab und zu einen herzhaften Schluck aus einer Flasche Magenberuhigungssaft, rauchte Zigaretten und sprach immer in zwei Telefone gleichzeitig. Dieser Kerl war mit zweiundzwanzig bereits Millionär geworden, und ich war entschlossen, mir genau anzusehen, wie er das angestellt hatte.

Jeden Morgen trat er hellwach und voll einsatzbereit an den Start und sagte: „Okay, Jungs, heute kriegen wir sie. Macht euch fertig!

Los geht's!" Damals gab es die heute angesagten Mentorenkonzepte noch gar nicht, aber ich hätte keinen passenderen Trainer finden können als ihn.

Zeit zum Aufwärmen gab es nicht. Sobald die Börse öffnete, mussten wir parat sein und dann den ganzen Tag dranbleiben, immer mit demselben hohen Adrenalinpegel, ständiger Zufuhr von Donuts und Kaffee und natürlich auch einem entsprechenden Profit. Jedes Mal, wenn ich an meinem Arbeitsplatz saß, umgeben von klingelnden Telefonen und schwitzenden Kollegen, fühlte ich mich wie ein Feldherr in einer großen Schlacht. Mein Job war wie ein einziger langer Atemzug.

Alles war neu für mich. Ich hatte den ersten Kontakt mit der digitalen Welt und mitten in unserem Büro stand ein Kopierer von der Größe eines Kleinwagens. Alles war vom Feinsten oder zumindest erschien es mir so, bis eines Tages ein Manager auftauchte, der uns mit der schönen, neuen Welt vernetzen sollte.

Ich sah gebannt zu, als er das installierte, was wir seitdem *System* nennen. Bis dahin gab es unter den Börsenmaklern in Cleveland noch keine Computertechnologie, und für mich sah diese neue Technik aus, als wäre sie einem James Bond-Film entsprungen. Der Techniker war wortkarg, aber er ließ uns einen weisen Spruch da: „Menschen können sich irren, das System hingegen irrt nie."

Niemand sagte etwas darauf, aber wir sahen uns alle an, als hätte Gott höchstpersönlich zu uns gesprochen. Ich dachte immer noch über das Ausmaß seiner Bemerkung nach, als der Vizepräsident der Firma mich in sein Büro rief.

„Mickey, ich habe hier Bargeld, Schecks und Wertpapiere, die auf direktem Weg zur National City Bank gebracht werden müssen. Kannst du das übernehmen?"

„Klar, mache ich."

Die Bank lag nur um die Ecke, und da es ein milder September-
tag war, beschloss ich, zu Fuß zu gehen. Als ich die Tasche nahm
und zur Tür hinauswollte, lachte er und meinte: „He, Vorsicht! Da
drin befindet sich eine halbe Million Dollar!"

Unser Büro lag mitten im Zentrum von Clevelands Innenstadt
und auf den Gehwegen wimmelte es von Menschen. Während ich
mir einen Weg durch die Menge bahnte, fühlte ich immer stärker. Es
ist erstaunlich, was es mit dem Selbstwertgefühl macht, wenn man
eine halbe Million Dollar bei sich trägt. *Niemand ahnt, was ich hier
drin habe*, dachte ich, verstärkte meinen Griff und sah stur geradeaus.

Als ich die Bank betrat, eskortierten mich die Angestellten höflich in die zweite Etage. Ein so elegant eingerichtetes Büro hatte ich
noch nie gesehen. Während ich dort auf irgendeine wichtige Per-
sönlichkeit warten sollte, fühlte ich mich zum ersten Mal in meinem
Leben richtig wichtig. Endlich war ich jemand.

Kurz nach diesem Termin begann ich mit einem der Angestellten
aus dem Büro eine Fahrgemeinschaft. Als wir gemeinsam durch die
Straßen von Cleveland glitten, quetschte er mich mit Fragen über
meine Zukunftspläne aus.

„Mickey, wie viel Geld willst du denn eigentlich später mal verdienen?"

Darauf hätte ich gerne geantwortet: „Was ist denn das für eine
dumme Frage?" Aber ich beherrschte mich. Dieser Kerl meinte es
ganz ernst und ich beschloss sein Spiel mitzumachen.

„Puh … natürlich so viel ich kann!"

„Willst du auf dem Finanzmarkt Karriere machen?"

„Ja. Ich mag das Tempo. Als Händler kann ich es vermutlich zu
etwas bringen."

„Manche von uns belegen Abendkurse an der Cleveland State Universität. Würdest du nicht auch gerne noch etwas lernen?" Darauf hätte ich den Typen gerne geknufft und gesagt: „Entspann dich, ja?" Aber Brian war einer von denen, die sich Langzeitziele setzten und diese stur verfolgten, während ich mich nicht so sehr dafür begeistern konnte, in höhere Etagen aufzusteigen. Natürlich wollte ich Geld verdienen und es in der Geschäftswelt zu etwas bringen, aber ich war ein blutiger Anfänger.

In jedem Fall genoss ich das Prestige, das mein Job mir verschaffte. Plötzlich gingen mächtige Geschäftsleute in dreiteiligen Anzügen mit mir zum Lunch in feine Restaurants. Das war eine ganz neue Liga, in der ich da mitspielen und speisen durfte, denn bis dahin hatte ich nur sonntags mit meiner Familie in einer kleinen italienischen Pizzeria gesessen.

Als ich das erste Mal mit „den Jungs" essen ging, versuchte ich möglichst lässig zu bleiben, als die anderen lauter Sachen bestellten, deren Namen ich noch nie gehört hatte. Ich entschied mich für einen Chefsalat, das klang nach einem passenden Gericht für einen Börsenmakler.

„Was hätten Sie gerne zum Lunch?", fragte eine unglaublich sanfte Stimme.

Als ich von der Karte aufsah, stand eine extrem gut aussehende Kellnerin im Lederminirock vor mir. Sie lächelte. Ich lächelte zurück.

„Sie wartet auf deine Bestellung, Mickey", meinte einer der Jungs.

„Ach ja, ich nehme einen Chefsalat."

„Und was darf es für Sie zu trinken sein, Sir?"

Ich hatte gerade im Kino den Film *Goldfinger* gesehen und erinnerte mich daran, was James Bond dort bestellt hatte. Es gab nur ein kleines Problem: Ich war achtzehn und in Ohio durfte man erst ab einundzwanzig Jahren Alkohol trinken. Aber kein Achtzehnjähriger würde mit so wichtigen Geschäftsleuten essen gehen. Also riskierte ich es.

„Einen Martini, bitte." Ich hatte keine Ahnung, was ich da bestellte, aber da James Bond es trank, musste es ja gut sein.

„Mit Wodka oder mit Gin?"

„Wie bitte?"

Sie lächelte wissend. „Möchten Sie den Martini mit Wodka oder mit Gin?"

Mein Vater trank immer Wodka, also bestellte ich Gin.

Als die Kellnerin kurz darauf einen sehr cool aussehenden Drink vor mir abstellte, griff ich instinktiv danach und schluckte ihn herunter. Dann versuchte ich, meine Haltung zu bewahren und nicht dem spontanen Impuls nachzugeben, meinen Mund mit Bier auszuspülen. Stattdessen verschlang ich anstandsgemäß eine Gabel voller Salat und setzte in meinem Hinterkopf Martini auf die Liste der Substanzen, die ich lieber nicht mehr anrühren würde.

Aber Martinis und Luncheinladungen machten nur einen Teil meiner Aufnahme in die Mysterien des Stadtlebens aus. Der wahre Kulturschock kam, als ich die schnelllebigen Frauen kennenlernte, die als *City Girls* bekannt waren. In meinem Büro gab es eine ganze Menge davon und sie waren flinker und anspruchsvoller als meine Freundinnen aus den Vororten.

Sechs von ihnen nahmen mich in einer milden Sommernacht mit zu einem Konzert. Wir saßen alle rund um einen Tisch in einem riesigen Zirkuszelt, das an den Seiten hochgerollt war, während ich meinen ganzen Charme spielen ließ, um diesen Harem für eine Nacht zu beeindrucken.

Als die Lichter heruntergedimmt wurden, begann eine silberne Kugel sich über uns zu drehen und winzige Sterne tanzten an der Decke. Als Johnny Mathis dann seine samtige Version von „Eleanor Rigby" sang, ließ eine der netten jungen Damen unter dem Tisch ihre Hand in meine gleiten. Es fühlte sich großartig an.

Anschließend gingen wir alle noch für einen Schlummertrunk zu ihr, aber irgendwie verabschiedeten sich plötzlich alle und nur ich blieb übrig. Das Nächste war, dass meine Gastgeberin in ihrem Kleid aus dem Schlafzimmer herausschlenderte, mir einen Drink in die Hand drückte und mich bat, doch noch ein wenig zu bleiben.

„Ähm, nein danke. Es ist schon spät, ich muss wirklich nach Hause gehen." Es hatte mir den ganzen Abend Spaß gemacht, mit den Mädchen zu flirten, aber die Nacht wollte ich ganz sicher nicht bei ihr verbringen. Schließlich musste ich am nächsten Morgen arbeiten und ich war in einer kleinen Stadt im mittleren Westen aufgewachsen. Vor allem lag es aber an Julie. Ich vermisste sie.

Die junge Dame war ziemlich überrascht, als ich wirklich aufstand und ging.

Kurz darauf besuchte ich Julie anlässlich eines großen Sportfests an ihrer Universität. Sie hatte mich im Studentenwohnheim untergebracht und ich freute mich darauf, ihre Freunde kennenzulernen und mit meinem neu erworbenen Prestige anzugeben.

„He, Nathan, das ist Mickey", sagte Julie, als wir einen ihrer Mitbewohner trafen. „Du weißt schon, ich habe dir doch von ihm erzählt. Er arbeitet für einen Börsenmakler in Cleveland."

Der Typ verzog keine Miene, Julie hätte ebenso gut sagen können: „Er hebt nach der Parade die Pferdeäpfel auf." Nathan gab mir nicht einmal die Hand, sondern warf mir nur einen vernichtenden Blick zu, bevor er sich wieder Julie zuwandte.

Alle Studenten brachten mir diese Art von Missachtung entgegen. Es dauerte nicht lange, bis ich begriff, dass sich Studierende nur von anderen Studierenden beeindrucken lassen. Was ich auf dem Börsenmarkt tat, interessierte niemanden. Und in meinen Augen waren die Studenten auch nur ein verwöhnter, eingebildeter Haufen. Doch ich versuchte, mir nichts anmerken zu lassen. Schließlich war ich nicht gekommen, um neue Freundschaften zu schließen; ich wollte Julie sehen und mich amüsieren.

Am Samstagmorgen bahnten wir uns einen Weg auf die überfüllten Zuschauertribünen, lagen uns in den Armen, lachten und genossen die frische Herbstluft. Trompetenfanfaren und Getrommel erfüllten das Stadion und die Cheerleader hüpften ausgelassen herum, während Julie sich an mich kuschelte, um warm zu bleiben. Es war einer dieser Tage, an denen sich das Leben richtig gut anfühlte.

Ihre Universität spielte Bowling Green, eine Art Kegel- und Ballspiel auf dem Rasen, und immer, wenn ihre Mannschaft Punkte erzielte, jubelte ich mit. Es waren zwar nicht meine Leute, aber Julies, und das war Grund genug, auf und ab zu springen und meine Fäuste gegen die Gegner zu schütteln. Ich trank Bier, aß Hotdogs und in der Halbzeit schrie meine Blase um Gnade. Aber als ich aufstand, um eine Toilette aufzusuchen, hörte ich über mir ein Dröhnen.

Zuerst dachte ich, ich hätte zu viel Bier getrunken, aber als ich nach oben sah, entdeckte ich ein Flugzeug, das über dem Stadion kreiste. Meine Aufmerksamkeit richtete sich sofort auf die eine Seite des Flugzeugs, die sich öffnete und Miniaturmenschen in perfekter Synchronisation herausfallen ließ. Ich hörte ein leichtes Sausen, als die Mitglieder des Fallschirmtrupps der US-Armee durch die Atmosphäre flogen. Dann öffneten sich die schwarz-goldenen Fallschirme über ihnen am Himmel. So schwebten sie sanft zur Erde wie Blätter in einer leichten Sommerbrise. Als einer der Springer direkt über mir schwebte, folgten ihm meine Augen, bis er präzise auf einer Linie landete.

In diesem Moment leistete ich heimlich einen Schwur, dass ich eines Tages auch einmal einen Fallschirmsprung versuchen wollte. Irgendwo hatte ich gelesen: „Wenn ein Mann einen Schwur ablegt, ist das wie eine Verabredung, die er mit sich selbst trifft – für einen Ort oder eine Zeit in der Zukunft." Als die Veranstaltung vorbei war und die Musikband wieder spielte, flüsterte ich halblaut: „Das will ich auch gerne mal machen."

„Was sagst du?" Obwohl Julie die ganze Zeit neben mir saß, hatte ich sie vollkommen vergessen. Der Anblick der schwarz-goldenen Fallschirme war einfach überwältigend.

„Hallo? Erde an Mickey!" Julie lachte und klopfte mit ihren geballten Fingerknochen gegen meinen Kopf.

Ich lächelte ihr benommen zu, immer noch in Gedanken. Etwas, das mein Leben grundlegend verändern sollte, war eben vor meine Augen getreten, aber ich konnte nicht darüber sprechen. Wer versucht, heilige Dinge zu erklären, verliert sie wieder, und so behielt ich diesen Augenblick für mich und schlich nachdenklich in Richtung Toilette.

Kapitel 8

Voreilige Entscheidungen

Als ich eines Montags nach der Arbeit nach Hause kam, wartete dort ein alter Freund auf mich. Danny kannte ich seit der ersten Klasse in St. Michael, wo er einige der Nonnen dazu gebracht hatte, ihre Berufung noch einmal zu überdenken.

„Du sieht vielleicht komisch aus. Was machst du denn für einen Job?"

„Ich arbeite bei einem Börsenmakler in Cleveland, einem richtig guten."

Er sah mich neidisch an. „Könntest du mir da auch was beschaffen?"

Diese Frage brachte mich in Verlegenheit, denn es hätte sich seltsam angefühlt, bei meinem Chef als Fürsprecher für ihn aufzutreten. Also sagte ich, dass ich einen Freund mal fragen würde, ob demnächst eine Stelle frei würde.

Danny war einer meiner schlimmsten besten Freunde. Er war zwar grundsätzlich ein feiner Kerl, aber sein Verhalten ließ zu wünschen übrig. Er sah gut aus, wohnte in einem netten Haus, trug schicke Klamotten, verdiente eine Menge Geld, aber er traf ständig falsche Entscheidungen. Um es kurz zu sagen: Er war ein Playboy und kehrte gerade erst aus Kalifornien zurück, wo er einen heißen Liebessommer verbracht hatte.

Danny bekam einen Einsteigerjob im Büro meines Freundes, kaufte sich ein paar Anzüge, Krawatten und ein brandneues Sportauto, um dem Image zu entsprechen. Aber es stellte sich schnell heraus, dass Danny den Feierabend lieber mochte als die Arbeitszeit. Mir wurde das klar, nachdem ich nach der Arbeit mehrere Nächte hintereinander mit ihm in den angesagtesten Lokalen der Stadt verbracht hatte. Ich blinzelte in den Spiegel und sagte zu mir selbst: „Du siehst nicht gut aus." Dann gab ich einige Tropfen auf meine Kontaktlinsen und teilte meinem Spiegelbild mit: „So geht es nicht weiter."

Im Sommer 1967 passierte in meinem Privatleben einiges, was meine radikale Abkehr von gewissen Dingen zur Folge hatte, die bislang ganz normal zu meinem Leben gehört hatten. Die Umkehr begann, als einige der Jungs, mit denen ich befreundet war, beschlossen, mit Marihuana zu experimentieren. Wir hatten solche Angst, beim Probieren erwischt zu werden, dass wir zunächst in die Wälder gingen, in denen wir als Kinder gespielt hatten. Wie bei einem Stammesritual schien das Gras in Kombination mit Popmusik unsere Wahrnehmung zu erweitern. Es benebelte allerdings auch unseren gesunden Menschenverstand, denn es hielt uns in dem Glauben: „Wenn es sich gut anfühlt, mach's einfach."

Danny wurde der erklärte Experte in unserer Gruppe, denn er hatte bei seinem Aufenthalt in Kalifornien bereits einige Grenzübergänge zur „schönen, neuen Welt" erkundet. All die Botschaften, die wir in der Musik hörten, schienen uns die Erlaubnis zu erteilen, mit unserem Leben zu experimentieren und Türen in unserer Wahrnehmung zu öffnen, die eine Reise ins Wunderland möglich machten.

Tagsüber war ich ein städtischer, aufstrebender Büroangestellter und an den Wochenenden ein kosmischer Abenteurer. Doch dieses Gefüge veränderte meine Arbeitsmoral ebenso wie meine persönlichen Werte. Das Ganze passierte schleichend, weil ich mich kaum merklich an all die sinnlichen Erfahrungen gewöhnt und mir auch geraume Zeit selbst etwas vorgemacht hatte. Selbstbetrug ist etwas Schlimmes. Man sieht einfach nicht, was eigentlich los ist.

Der Aktienmarkt boomte. Tagsüber verging die Zeit wie im Flug. Die Arbeit forderte mich heraus, gab mir aber auch viel zurück, sodass ich mich ständig in einer gewinnbringenden Hektik befand. Abends dann lauschte ich Danny, wie er eingenebelt von Rauch und hypnotischer, psychedelischer Musik von Kalifornien schwärmte.

Für die Weihnachtstage kehrte Julie nach Hause zurück. Mein Büro veranstaltete in einem der stattlichsten Hotels mitten in Cleveland eine Weihnachtsparty und sie passte gut zu meinen Bürofreunden und dem Leben, das wir uns für die Zukunft erträumten. Es war ein großartiges Weihnachtsfest. Ich hatte für sie schönen Schmuck gekauft, der sogar ihren Vater beeindruckte. Dann ging sie zurück an die Universität und ich arbeitete weiter bei meinem Börsenmakler.

Eines Abends bekam ich dann eine Einladung von Danny. Nachdem wir eine Stunde Gras geraucht und Small Talk gehalten hatten, entfuhr es ihm plötzlich: „Mann, ich dachte, du fändest Kalifornien auch gut. Willst du wirklich den ganzen ekligen Winter hier in Cleveland verbringen? Hier ist doch überhaupt nichts los. Die Stadt hier hinkt Los Angeles um Jahre hinterher.“

Was sollte ich darauf sagen? Die Ratlosigkeit stand vermutlich in meinem Gesicht geschrieben.

„Du klebst an deinem Job und an deiner Freundin. Komm schon! Du bist so gut auf der Arbeit. In Südkalifornien würdest du leicht etwas Neues finden."

Das Haschisch wirkte sich bereits auf meinen Humor aus. Ich lachte und sagte: „Du hast ganz schön irrwitzige Ideen, Danny." Dann fügte ich hinzu, ich müsse erst mal heimgehen und ausschlafen, machte das Peace-Zeichen und verließ ihn.

In den folgenden Wochen hörte er nicht auf, von einem möglichen Umzug nach LA zu reden, immer nach der Arbeit, aber ich versuchte, nicht ernsthaft darüber nachzudenken. Es ist so selbstbetrügerisch, nicht auf den eigenen Mut und die eigenen Überzeugungen zu vertrauen.

An einem Freitag, nachdem ich mir meinen Weg durch den abendlichen Feierabendverkehr gebahnt hatte, pellte ich mich gerade aus meinem Anzug und legte meine Krawatte ab, als Danny vor meinem Schlafzimmerfenster auftauchte. „Wow, Danny, jetzt hast du mich aber erschreckt."

„Ja, da kannst du mal sehen, ich stecke voller Überraschungen. Bist du bereit? Wir packen und verschwinden von hier. In vierundzwanzig Stunden sind wir in Florida am Strand und führen ein gutes Leben. Die Welt liegt uns zu Füßen."

Ich wirbelte mit meinen Klamotten herum und starrte ihn an. „Florida? Du erzählst doch die ganze Zeit von Kalifornien. Was ist denn das jetzt wieder für eine Idee?"

„Komm schon, Kumpel. Nimm deinen Mantel und setz dich zu mir ins Auto. Bei mir ist gerade niemand zu Hause." Dannys Familie war übers Wochenende weggefahren. Seine Eltern hatten ihm erlaubt, den Keller ihres Hauses in ein Apartment zu verwandeln, das er den „Partykeller" nannte.

Er brutzelte einige T-Bone-Steaks aus dem Kühlschrank seiner Eltern und servierte mir eins mit einem zwölf Jahre alten Scotch sowie eine Messingpfeife, gefüllt aus seinem geheimen Haschvorrat. Wenn es darum ging, jemanden zu überzeugen, hätte Danny es vermutlich auch geschafft, Metallfäuste an Mahatma Gandhi zu verkaufen! In diesem großartigen Szenario eröffnete er mir, dass all das, was er mir von Kalifornien erzählt hatte, auch für Florida gelte. Und als ich ihn fragte, was denn mit seinem Job sei, antwortete er: „Mann, die Jobs, die wir hier in Cleveland machen, können wir auch in Florida haben, mit dem Unterschied, dass wir da unser eigenes Ding machen."

Dass er gerade gefeuert worden war, weil er so oft zu spät zur Arbeit gekommen war, verschwieg er mir.

Bis lange nach Mitternacht ging Danny im Zimmer auf und ab und schwelgte in Beschreibungen, wie wir am Strand leben und alles tun und lassen würden, was wir wollten. Er versprühte schon einen gewissen Zauber, mit dem er mich zu einem unabhängigen Leben verführen und mich von meinem guten Job, der nun einmal an ein sehr unerfreuliches Leben in unserer Heimat gekoppelt war, weglocken wollte. Ich konnte durch den dicken Rauch beinahe sehen, wie die Sonne hell am Strand von Florida unterging.

„Ja, vielleicht hast du recht. Lass es uns versuchen. Aber ich muss meinem Boss mindestens zwei Wochen vorher Bescheid geben."

„Das geht nicht. Du bist diesen Leuten überhaupt nichts schuldig. Wir gehen sofort nach Florida, Kumpel!"

Am Samstag sortierten wir unsere Sachen und überlegten, was überhaupt in seinen glänzenden neuen Sportwagen hineinpasste. Sonntag fuhren wir los, gen Süden, hinein in ein wildes, unverantwortliches Abenteuer. Danny ließ sich dazu überreden, auf dem

Weg bei Julies Universität anzuhalten, damit ich ihr von unseren großen Plänen erzählen konnte: Wir wollten eine Existenz im Süden aufbauen.

Ich hatte damit gerechnet, dass sie vielleicht wütend werden könnte. Stattdessen hörte sie aufmerksam zu und war sehr still. Sie versuchte nicht, mir irgendetwas auszureden. Sie fragte nur: „Was willst du da unten anfangen, Mickey?"

„Na ja, ich werde mir die Börsenmakler in Fort Lauderdale ansehen. Ich finde schon wieder einen Job."

Wir liefen Händchen haltend auf ihrem malerischen Campus herum. In ihrem Zimmer versicherte sie mir, dass sie uns im Frühjahr, in den Semesterferien, in Florida besuchen würde.

Ich merkte, dass wir beide in ziemliche Gefühlswallungen gerieten und versuchte, einen möglichst leichten Ton anzuschlagen. „He, Julie, ich rufe dich jeden Tag an, wie immer." Es war meine Art, ihr zu versichern, dass sich zwischen uns nichts ändern würde.

Nachdem wir uns eine Weile geküsst und „Ich liebe dich!" gesagt hatten, brach ich auf. Bis zum Frühling waren es ja nur noch ein paar Monate. Ich entfernte mich ein paar Schritte von ihr, dann drehte ich mich mit einem beruhigenden Lächeln zu ihr um. „Ich zähle die Tage bis dahin." Dieser seltsame Abschied verursachte bei mir ein ähnliches Gefühl wie der letzte Blick auf meine Bürotür, wohl wissend, dass ich Verpflichtungen brach, die ich eingegangen war.

Danny und ich kamen mit heruntergelassenem Deck und trendigen Sonnenbrillen auf der Nase in Fort Lauderdale an. Palmen säumten die Straßen, in denen sonnengebräunte Menschen sich auf den Gehwegen tummelten und faul am Strand herumlagen. Wir hatten die grauen Straßen von Ohio mit ihrem dreckigen Schnee und den frostigen Temperaturen tatsächlich weit hinter uns gelassen.

In der Stadt kannten wir allerdings nur einen einzigen Menschen, der aus unserer Nachbarschaft stammte und ein ausgezeichneter Gitarrist war. Er spielte regelmäßig in einem Klub. Dessen Besitzer wiederum besaß mehrere Häuser und so kam es, dass wir in ein möbliertes Apartment einzogen, das nur wenige Häuserblocks von der Hauptstraße entfernt lag, die direkt zum Strand führte.

Auf den ersten Blick wirkte Fort Lauderdale wie eine endlose, glitzernde Freitagnacht – alle trugen kurze Kleidung, tranken tropische Drinks und wollten nichts als Spaß haben. Sonnenaufgang und -untergang verschwammen förmlich ineinander und ich begann, mich nach meinem Montagmorgen zu sehnen.

Ich unternahm halbherzig einen Versuch, eine Anstellung bei einem Börsenmakler zu finden. Aber im Süden reichte es nicht aus, wenn man gut war; man brauchte vor allem Beziehungen. Ein einziger Kontakt zählte nicht und ich verlor schnell mein Selbstvertrauen.

Schon nach wenigen Wochen in Florida merkte ich, dass ich den größten Fehler meines Lebens begangen hatte. Mir wurde ganz elend, ich konnte die Zeit aber nicht zurückdrehen, sondern musste mir aus der Patsche irgendwie selbst wieder heraushelfen.

Danny war glücklich, wenn er den ganzen Tag schlafen und die ganze Nacht feiern konnte, aber mich zog es schon bald nicht mehr mit ihm ins Nachtleben. Ich nahm einen Job als Verkäufer in einem Laden an, um für die Ausgaben aufzukommen, die dieser Ort mit sich brachte, der keineswegs das Gelobte Land war. Ich bereute, was ich getan hatte, und dachte fieberhaft darüber nach, wie ich aus dieser Nummer wieder herauskommen könnte.

Die Antwort auf diese Frage tauchte unerwartet in Gestalt von Jack Reynolds auf, einem Freund von Danny, der für eine Woche nach Florida geflogen kam, um seinen hedonistischen Gelüsten zu frönen. Jack erzählte nonstop von seinen Abenteuern, wie schnell er Geld verdiente, wie leicht er Mädchen kennenlernte und wie er auf dem Schwarzmarkt Sportausrüstungen, Schmuck und alles Mögliche vertickte, was sich gerade so anbot. Er war nichts anderes als ein weltgewandter Betrüger und seine Geschichten machten mich ganz wirr. Doch eines Abends sagte er etwas, was sich mir wirklich einprägte.

„He, Mickey, eine alte Lady aus Kanada bezahlt mich dafür, dass ich ihren Cadillac von hier nach Toronto fahre. Willst du mitkommen und wir wechseln uns beim Fahren ab? Du kriegst auch die Hälfte des Geldes."

Das klang gut. In diesem Moment wusste ich, dass ich das Land des Sunrise Boulevard wieder verlassen würde.

„Einverstanden", sagte ich entschlossen. „Wann geht es los?"

Ich merkte, wie Danny mich anstarrte. Ihm gegenüber hatte ich noch gar nicht erwähnt, dass ich Florida hasste. Ich ahnte, dass er es nicht verstehen würde, wenn ich die Welt seiner Träume wieder verließ.

„Was ist los mit dir, Mickey?" Dannys Stimme hatte einen scharfen Ton. „Wir sind doch gerade erst hier angekommen! Das kannst du mir nicht antun."

Ich sah ihm direkt in die Augen. „Das hier ist dein Ding, nicht meins. Sei mir nicht böse, ja? Aber ich muss hier wieder weg."

Daraufhin redete Danny nicht mehr mit mir, aber das scherte mich nicht. Ich war seit sechs Wochen in Florida – fünf Wochen mehr, als mir lieb war.

Es tat gut, mich Dannys Einfluss zu entziehen und wieder das zu tun, was ich für richtig hielt. Ich wollte ehrlich zu mir sein und meine falsche Entscheidung irgendwie revidieren.

Jack Reynolds ging das Auto holen. Als er wiederkam, hatte ich bereits meine Sachen gepackt, trotz der eisigen Atmosphäre, die plötzlich in unserer Wohnung herrschte.

Das Einzige, was noch schneller war als Jacks endloses Geschichtenerzählen, war die Tachonadel! Während ich mit einem Ohr Jacks farbenfrohen Erzählungen von seinen Abenteuern zuhörte, lauschte ich mit dem anderen auf eine möglicherweise auftauchende Polizeisirene. Nie fuhren wir langsamer als 160 km/h. Wir hielten nur, um zu tanken und auf die Toilette zu gehen. Schlaf war während dieses rasanten Straßenrennens nicht vorgesehen. Wir ernährten uns von Kaffee, Cola und Schokoriegeln.

Eines der Dinge, die Jack erzählte, ließ mich aufhorchen: Er berichtete von einem Job bei einer Firma in Cleveland, die Heizungen installierte. Es ging darum, Außenheizungen an Wohnhäuser anzubringen. Die Firma verkaufte die Geräte und das Zubehör und je schneller man arbeitete, umso mehr Geld konnte man verdienen, inklusive Bonuszahlungen.

„Das gefällt dir, nicht wahr?", fragte er und grinste breit, als wollte er mich für die Armee werben.

Nun ja – ich hatte kein Geld und keinen Job. Natürlich klang das in meinen Ohren verlockend und ich konnte es kaum abwarten, endlich wieder nach Hause zu kommen.

Für die Strecke von Florida nach Kanada hatten wir bestimmt einen Rekord aufgestellt. Und nachdem wir das Auto bei der netten alten Dame in Toronto auftragsgemäß abgeliefert hatten, kassierte ich meinen Anteil am Lohn und nahm schleunigst ein Flugzeug zurück nach Cleveland. Der katastrophale März-Schneesturm, in den das Flugzeug hineinflog, schien ein äußerst passendes Ende für mein missglücktes Abenteuer zu sein. Zudem hatte ich nichts bei mir außer meine Sommerklamotten. Der Empfang war auch ziemlich kühl. Ich fühlte mich wie einer, der gerade aus dem Gefängnis entlassen wurde, aber immerhin wusste, an wen ich mich wenden konnte.

Es tat gut, wieder nach Hause zu kommen und in mein eigenes Zimmer in vertrauter Umgebung zurückzukehren. Nach meiner ersten Erleichterung hörte ich allerdings von meinem Bruder Robbie, dass die Zustände sich zu Hause weiter verschlechtert hatten. „Dad trinkt immer mehr. Er geht jetzt täglich zu den Treffen der Anonymen Alkoholiker und Mom begleitet ihn."

„Glaubst du, das hilft?"

„Ich weiß nicht. Kann man noch nicht sagen. Er versucht es immerhin, das ist wahrscheinlich besser, als gar nichts zu tun."

Robbie war erst vierzehn und hatte die schlimmste Zeit unseres häuslichen Dramas hautnah miterlebt. Aber für jemanden in seinem Alter wirkte er erstaunlich erwachsen.

Als meine Eltern nach Hause kamen, stellten sie nicht viele Fragen über Florida. Ich war auch nicht besonders gesprächig. Sie hatten letztlich ja mit ihren eigenen Problemen zu kämpfen. Mom versuchte verzweifelt, Dad dabei zu helfen, vom Alkohol loszukommen. Aber nach sechs Wochen geriet er wieder aus der Spur und fing schon früh am Morgen an zu trinken. Schließlich war Moms Geduld am Ende. Nach dreiundzwanzig Jahren Ehe reichte sie die Scheidung ein und mein Vater zog aus. Meine Mutter, die immer eine hingebungsvolle, effiziente Vollzeitmutter und Haushälterin gewesen war, nahm einen Job in einem Restaurant an und ich folgte Jacks Rat und fand eine Anstellung bei der Heizungsfirma.

Nach all dem Glanz am Aktienmarkt war dieser Job eine demütigende Erfahrung. Jegliches Charisma fehlte. Keinerlei Prestige. Niemand lud mich zum Essen ein. Es gab keine wirklichen Herausforderungen und keine befriedigenden Erlebnisse. Ich fühlte mich, als hätte ich die große Chance für den Einstieg ins Berufsleben verpasst. Und jetzt blieb mir nichts weiter übrig, als einen Null-achtfünfzehn-Job zu machen.

Danny und der gesellschaftliche Umbruch, den er als Typ verkörperte, hatten einen schlechten Einfluss auf mich gehabt. Doch mir war klar, von nun an würde ich wieder selbst entscheiden. Ich befand mich also immer noch auf der Suche. Aber ich war mir sicher, dass früher oder später etwas Besseres eintreten würde.

Ich war noch keine vierundzwanzig Stunden zu Hause, da wusste bereits jeder, dass ich wieder in der Stadt war. Einige der Jungs von unserem geheimen Hasch-Klub luden mich ein, mit ihnen zu rauchen. Wie immer gab es dazu psychedelische Popmusik mit Anti-Kriegstexten, gegen den Materialismus, gegen die herrschende Politik und für eine Revolution, so wie „Turn on, tune in, and drop out". Ich verstand zwar nicht so ganz, was das bedeutete, aber es gehörte zum Kiffen irgendwie dazu.

In Cleveland, Ohio, dem Geburtsort des Rock 'n' Roll, stand alsbald ein großes Musikereignis bevor: ein Jimi-Hendrix-Konzert. Es war bereits lange vorher ausverkauft, aber ich kannte jemanden, der beim lokalen Fernsehsender arbeitete und mir einen guten Platz in der zweiten Reihe besorgen konnte. All die hippen Leute aus der Musikszene in Cleveland würden da sein.

So etwas wie „freakige Klamotten" hatte ich gar nicht in meinem Kleiderschrank, aber ich fand ein langärmeliges Pyjamaoberteil mit purpurfarbenen Tupfen. Dazu zog ich eine Kette mit Bärenkrallen an, die meine Schwester von ihrem Freund geschenkt bekommen hatte, trug Beatles-Stiefel und wand ein Haarband um meine kurzen Haare. Ich sah aus, als hätte ich mich für Halloween verkleidet. In der Konzerthalle war es unheimlich voll. Als ich mich hineinquetschte, herrschte eine aufgeregte Erwartungsstimmung, gemischt mit Düften von Patschuli-Öl, Jasmin und was immer die Leute sich in ihre Kleider gerieben hatten. Sie trugen die richtigen Klamotten, aber ich hatte immerhin einen großartigen Platz erwischt.

Der Vorhang hob sich und enthüllte eine ganze Wand voller Verstärker sowie die Drei-Mann-Band. Jimi Hendrix sagte nicht etwa „Guten Abend" oder „Hi, wie geht's?". Seine Begrüßung bestand aus der Melodie seines letzten Albums, „Foxy Lady". Die Menge brüllte vor Begeisterung, während er einen Song nach dem anderen schmetterte, mit eindringlichen Gitarrensolos und anderen Geräuschen, die man so noch nicht gehört hatte.

Er spielte hinter seinem Kopf Gitarre, mit seinen Zähnen und schließlich auf den Knien, mit schrillen Verzerrungen und auffälligen Fingerbewegungen. Als er schließlich mit dem Song „Wild Thing" endete, wurde ich nach vorne geschoben. Nur wenige Meter von der Bühne entfernt hörte ich ihn murmeln, „bekifft, total bekifft". Ich fühlte mich von den sexuellen Eskapaden mit seiner Gitarre abgestoßen, konnte aber eine gewisse hypnotische Macht nicht leugnen, die er auf die Menge ausübte.

Am folgenden Tag beschwerten sich die Zeitungsrezensenten über das Gedränge vor der Bühne, ich aber dachte: *Er hat um Aufmerksamkeit gebuhlt, und er kann viele Menschen beeinflussen.* Die Coverstory des *Life*-Magazins bezeichnete ihn als Halbgott. Heute sehe ich das eher als Massenhysterie.

Das Konzert trug zur Verstärkung meines inneren Konflikts bei. All diese Songs handelten von Frieden und Freiheit, aber sobald der Rauch sich etwas lichtete, fühlte ich mich gar nicht mehr friedlich und war ganz bestimmt nicht freier als vorher. Ich war auf der Suche nach etwas, woran ich wirklich glauben konnte.

Kapitel 9

Traumfänger

Als ich an einem Frühlingstag im Jahr 1968 nach der Arbeit zur Tür hereinkam, begrüßte mich mein Bruder Robert mit den Worten: „Mom sagt, du sollst mal nach der Toilette sehen. Sie funktioniert nicht mehr." Nachdem Dad nicht mehr da war, blieben jetzt solche Dinge an mir hängen. Als ich kurz darauf auf der Suche nach einem Klempner die Gelben Seiten durchblätterte, fiel mir plötzlich ein Eintrag des Fallschirmklubs von Medina ins Auge. Sofort vergaß ich den Klempner und wählte die Nummer.

„Ich interessiere mich für Ihre Fallschirmkurse. Womit muss man denn anfangen?"

Am anderen Ende der Leitung herrschte eine merkwürdige Stille und ich rätselte, ob die Verbindung vielleicht abgebrochen war.

Schließlich antwortete eine Stimme: „Hier gibt es zurzeit kein Fallschirmtraining. Das ist in Freedom Field. Wir bieten lediglich eine Einführung an für Leute, die private Flugstunden nehmen wollen. Kostet fünf Dollar." Der Flugplatz war ungefähr fünfundzwanzig Minuten entfernt, also fuhr ich kurz entschlossen hin und sah mir das Ganze einmal aus der Nähe an.

Der Platz wirkte verlassen. Aber da ich den Weg nun einmal gemacht hatte, beschloss ich, den Werbeflug für fünf Dollar mitzumachen. Das geringe Entgelt war natürlich nur ein Werbetrick. In meinem Fall funktionierte er. Nach meinem ersten Flug entdeckte ich mein Talent fürs Fliegen der kleinen Cessna. Der Kursleiter bemerkte, dass ich einen angeborenen Instinkt und die richtigen Fähigkeiten besaß, um zu fliegen. Noch gleich am selben Tag trug ich mich für Flugstunden ein.

Die ersten Flüge verliefen gut, und das Fliegenlernen füllte etwas von der Leere, die ich nach meinen Fehlentscheidungen immer noch spürte. Damals war mir das noch nicht klar, aber ich versuchte, mein beschädigtes Selbstbild wieder aufzubauen.

Wenige Tage später las ich einen Artikel über einen Mann, der einen Bausatz für einen Miniaturhelikopter namens Benson Gyrocopter erfunden hatte. Er hatte einen VW-Motor, hinten einen Holzpropeller und Räder zum Landen, außerdem oben ein sich drehendes Blatt und einen Sitz aus einem Aluminiumrohr – er sah ein bisschen aus wie ein fliegender Liegestuhl. Dieser Minihelikopter war bei einem James-Bond-Film in Erscheinung getreten und ich fand ihn faszinierend.

In dem Artikel hieß es auch, dass der Gyrocopter zur Zeit in der Cleveland Sportsman's Show ausgestellt sei. Ich eilte hin, um ihn mir anzusehen.

Glücklich schlenderte ich durch die Ausstellung, bis ein ganz bestimmtes Zeichen inmitten der bunten Stände meinen Blick auf sich zog. Es stammte von der Cleveland Schule für Sportfallschirmspringer, und darunter hatte sich ein Grüppchen von Leuten gesammelt, die einer Diashow von Menschen im freien Fall zusah. Als ich näher trat, um die beeindruckenden Bilder zu betrachten, hörte ich, wie jemand fragte: „Interessieren Sie sich fürs Fallschirmspringen?"

Hinter der Ausstellertheke stand ein Mann im Fallschirmanzug, lächelte breit und hatte eine Broschüre in der Hand. Er wollte ganz offensichtlich ein Verkaufsgespräch anfangen, aber ich ersparte ihm das Ganze, indem ich einfach zurückfragte: „Wo muss ich unterschreiben?" Den Gyrocopter hatte ich völlig vergessen.

Wenige Tage später war ich unterwegs zu einem Flugplatz ins schöne Amish Country, ungefähr eine Stunde von meinem Wohnort entfernt. Auf einer nicht asphaltierten Landebahn parkten zwei Cessnas, außerdem gab es einige lang gezogene Blechschuppen. Ich stieg aus dem Auto, marschierte ins Büro und verkündete: „Ich bin Mickey Robinson und ich springe heute."

In den nächsten Stunden leitete eine gewisse Lucy mich an, wie ich auf einer Trittleiter stehen und das T-10-Militär-Gurtzeug umzuschnallen hatte, das von einem Deckenbalken des Vereinshauses herabhing. Obwohl es sich lediglich um die Grundlagen handelte, saugte ich wie ein Schwamm jedes Wort auf, während ich dahing und sie einen kurzen Überblick über das Fallschirmspringen herunterleierte. Diesen Anweisungen folgte ich noch viel aufmerksamer und fleißiger, als es beim Flugzeuglehrgang der Fall gewesen war.

Als Nächstes zeigte sie mir, wie man sich an den Steuerleinen festhält – beziehungsweise den Leinen, die mit den Fallschirmschnüren verbunden sind. Zieht der Fallschirmspringer an einer der vier Leinen, rollt sie sich zusammen und lenkt leicht in Richtung dieser Fallschirmecke. Sobald der Fallschirm vollständig geöffnet ist, entsteht durch die darunter entweichende Luft in geringem Maß eine Kontroll- bzw. Lenkbarkeit des Fallschirms. Es war der perfekte Schirm für Anfänger und seine Betätigung praktisch idiotensicher.

Fast den ganzen Tag verbrachten wir mit der Wiederholung aller möglicherweise eintretenden Notfälle, also den verschiedenen Arten von Fehlöffnungen des Fallschirms und der Handhabung des Reservefallschirms. Ich meisterte alles mit Bravour. Bei der nächsten Trainingseinheit ging es um die Landung. Ich musste von einem Biertisch springen und eine Landung vorführen. Aufgrund meiner gymnastischen Geschicklichkeit und meiner muskulösen Beine gelang es mir schon beim ersten Mal perfekt und auch die weiteren Versuche glückten.

Der letzte Schritt war eine Bodensimulation, und zwar das Verlassen des Flugzeugs. In kompletter Ausrüstung stand ich mit einem Fuß auf einer Stufe, beide Hände an der Flugzeugtür. Auch diese Trainingseinheit gelang mir fehlerfrei.

Als es schließlich zum ersten Sprung aus einem Flugzeug kam, wurde mir gesagt, dass mein Körpergewicht mich nach unten ziehen und den Schirm automatisch öffnen würde. Der Sprung war nahezu identisch mit dem, was beim Militär das Springen einer geraden Linie genannt wird. Selbst wenn ich mitten in der Luft erstarrte, würde sich der Fallschirm öffnen.

Ich fand alles einfach total spannend, auch als Lucy über drei Stunden die verschiedenen Störungen und Notfallmaßnahmen herunterrasselte. Doch danach konzentrierte ich mich auf die wirklich wichtigen Dinge: wie ich das Flugzeug verlassen und mich selbst in den freien Fall begeben würde; wie ich bis drei zählen und dann kontrollieren würde, ob sich der Fallschirm geöffnet hatte, und dass ich mich an die entsprechenden Notfallmaßnahmen erinnerte, falls der Fallschirm eine Störung hatte.

Ich trug einen Motorradhelm und eine schwarze Schutzbrille und sah aus wie eine mutierte Fliege, als ich an Bord der kleinen

Cessna 180 kletterte. Dort schüttelte ich dem Piloten Dale die Hand und machte es mir aufgeregt in meinem Sitz bequem.

Nachdem wir eine Höhe von 850 Metern erreicht hatten, verlangsamte Dale die Geschwindigkeit auf 130 km/h. Er drückte mich kurz und verkündete: „Ich öffne jetzt die Tür." Es war ein Gefühl, wie wenn man als Kind in die Achterbahn steigt. Dale fuhr fort, mir alles mitzuteilen, was er tat, damit ich nicht in Panik geriet, aber davon war ich weit entfernt. Als sich die Tür ungefähr 800 Meter über dem Erdboden öffnete, spürte ich einen süßen, kühlen, himmlischen Wind. Zu hören war nichts außer dem sonoren Dröhnen des Motors und ich blickte hinab auf die weit ausgebreitete Patchworkdecke von Amish Country. So etwas Schönes hatte ich noch nie gesehen und der Geruch der Luft hatte eine doppelt berauschende Wirkung auf mich.

Für einen kurzen Moment war ich wie abwesend, aber dann erinnerte ich mich, dass ich aus dem Flugzeug springen sollte, sammelte mich wieder, umfasste die offene Tür, packte den Griff und zog mich auf die angeschweißte Stahlstufe. Dabei entging mir nicht, dass an dieser Stelle die Farbe ganz abgeschabt war von all den Kratzspuren, die menschliche Fingernägel hinterlassen hatten. Offenbar hatten eine Menge Leute dort schon Probleme mit dem Loslassen gehabt.

Dale sah abwechselnd aus seinem Fenster und zurück zu mir, um den genauen Punkt zu bestimmen, an dem ich abspringen sollte. Während ich auf sein Signal wartete, hielt ich mich in Bereitschaft, so wie ich es gelernt hatte.

Als Dale die Stelle schließlich erreicht hatte, klopfte er mir gegen das Bein und schrie: „Okay, jetzt spring!"

Ich stieß mich ab und streckte Arme und Beine aus, genau so, wie es mir gesagt worden war. Sofort hörte ich ein ungewohntes Zischen. Dann herrschte absolute Stille. Diese Ruhe war unglaublich. Während die Landschaft an mir vorbeiraste wie ein Hochgeschwindigkeitszug, versuchte ich mich daran zu erinnern, was ich als Nächstes tun musste.

Ich spürte einen leichten Ruck, der meinen ganzen Körper begradigte. Ich hing unmittelbar unter einem olivgrünen Dach, schwebte ganz ruhig über der Erde, völlig frei in der Stille. Ich war überwältigt von dem Gefühl, eine halbe Meile über der Erde zu sein. Es war so, als würde ich die schnellste Kutsche in *Ben Hur* fahren – mit dem Unterschied, dass meine Pferde nicht aus Fleisch und Blut bestanden, sondern aus reiner Luft.

Ich sah meine Füße über der schönen grünen Erde baumeln. Ohio wirkte von hier oben wie ein perfektes Spielzeugland und niemand schien es eilig zu haben. Autos, Lastwagen und Menschen bewegten sich unter mir in bescheidener Schneckengeschwindigkeit.

Ich fiel durch einen himmelblauen Tagtraum und vergaß für einen Augenblick, dass ich auf die Erde zuraste. Aber die Anleiter hatten vorgesorgt. Als ich mich dem 400 m² großen Feld näherte, auf dem ich landen sollte, hörte ich eine tiefe Stimme aus dem Nichts durch den Himmel um mich herum schallen.

„Okay, Mickey, du siehst großartig aus. Du kommst genau richtig herunter. Lass die Augen auf den Horizont gerichtet."

Sie hatten extra eine Beschallungsanlage eingerichtet, um die Springer beim ersten Mal daran zu erinnern, dass die Landung einen wesentlichen Teil des Sprungs darstellt. In den letzten Sekunden blicken viele Anfänger nach unten und winkeln ihre Beine an.

„Den Blick immer auf den Horizont richten, Mickey. Zieh an den Leinen und behalte die Füße nebeneinander."

Gehorsam brachte ich meine Füße zusammen, konnte aber der Versuchung nicht widerstehen, einen Blick nach unten zu werfen. Die unendliche Weite des Himmels schloss sich über mir, als der Erdboden in meinen Fokus rückte. Ich spürte einen harten Aufprall, purzelte vornüber und schon war es vorbei. In weniger als viereinhalb Minuten verschwand Ben Hur wieder und Mickey Robinson nahm seinen Platz ein. Ich war unfassbar fröhlich und gleichzeitig unglaublich aufgeregt bei dem Gedanken, so bald wie möglich wieder zu springen.

Nachdem mein Anleiter mir gratuliert hatte, löste sich das Grüppchen um mich herum auf. Für die anderen war es ja ein nahezu alltägliches Ereignis gewesen, aber ich fühlte mich wie eine entzündete Fackel, als ich Dale ins Vereinshaus folgte und meinen Namen in das kleine Logbuch eintrug. Der Pilot dokumentierte üblicherweise das Datum, die Höhe und machte ein paar Notizen zu dem jeweiligen Sprung. Er schrieb: „Perfekte Ausführung".

Ich freute mich wie ein kleines Kind, das noch einmal auf Rollschuhen stehen will, aber Dale war fertig mit seiner täglichen Tour. Es war ihm anzumerken, dass er gerne nach Hause wollte, aber er nahm sich freundlicherweise die Zeit, mir einen Whiskey und eine Zigarette anzubieten. Als er den Papierkram erledigt hatte, fragte ich ihn: „Und wie geht es jetzt weiter?"

Er zuckte mit den Schultern. Seiner Erfahrung nach machten die meisten nur einen Sprung und tauchten danach nie wieder auf. Nur einer von zehn traue sich ein zweites Mal, und dass einer von ihnen ein echter Fallschirmspringer werde, sei äußerst selten. Aber ich wusste ohne jeden Zweifel, dass ich wiederkommen würde.

„Wir haben da ein Angebot", erklärte er. „Für einhundertfünfundzwanzig Dollar darfst du sieben Mal springen und beim sechsten Mal bekommst du einen freien Fall dazu, wenn alles gut läuft. Willst du das buchen?"

„Ich unterschreibe sofort!"

Auf dem Heimweg schrie ich immer wieder aus Leibeskräften „Ja!" aus dem Fenster, hupte dazu bekräftigend und trat das Gaspedal durch. Endlich hatte ich gefunden, was mir bisher gefehlt hatte! Irgendetwas in meinem Inneren fühlte sich zum Überborden an. Fallschirmspringen ließ sich durch keine andere Erfahrung toppen. Es übertraf all meine früheren athletischen Leistungen. Es war besser als meine hochfliegenden Karrierepläne. Besser als Geldverdienen. Und viel besser als Marihuana und Rockkonzerte.

Fallschirmspringen versprach mir einen einzigartigen, befreienden Kick. Es würde mich von den weltlichen und wenig inspirierenden täglichen Pflichtarbeiten erlösen, die ich mir durch eigenes Verschulden aufgeladen hatte. Endlich konnte ich etwas entdecken und erreichen. War ich nicht wie gemacht für diesen Sport? Fallschirmspringen kam mir vor wie ein exquisiter Wein und ich wollte ihn Schluck für Schluck genießen.

Nicht alle meiner Freunde konnten meinen Enthusiasmus nachvollziehen. Sie rollten bald schon mit den Augen, wenn ich zu schwärmen anfing. Aber das kümmerte mich nicht. Ich hatte eine Vision! Mein wenig herausfordernder Job und Julies Abwesenheit konnten mich jetzt nicht mehr deprimieren. Mich interessierte nichts mehr außer dem Fallschirmspringen, eine solche Leidenschaft hatte ich noch nie in mir gespürt.

Die ersten fünf Sprünge absolvierte ich schnell aufeinanderfolgend und drei Wochen später erlebte ich meinen ersten freien Fall.

Ich sprang aus dem Flugzeug, formte mit meinem Körper ein großes X und lag sofort stabil in der Luft. Ich fühlte mich wie ein Blatt,
das vom Baum herabschwebt, während ich bis tausend zählte, bis
zweitausend, um dann bei dreitausend die Reißleine zu ziehen.
Der leuchtend rote T-U-Fallschirm glitt aus seiner Hülle, ganz
anders als der unförmige T-10, und blähte sich über mir auf. Ich war
in meinen Bewegungen nicht mehr eingeschränkt, sondern zog an
den Steuerleinen und bewegte mich frei durch den Himmel.

An diesem Tag steuerte ich etwas zu weit aus der Landezone
heraus und kam im Wald herunter. Aber das machte mir nichts –
Lindbergh war schließlich bei seinem ersten Transatlantikflug auch
einige Meilen abgedriftet. Nachdem ich den Fallschirm in meinen
Armen hielt, saß ich einen Augenblick still auf einem Baumstamm,
ohne mich zu bewegen. Ich war wie betäubt von dem friedlichen
Gefühl, das mich erfüllte, fast wie nach einer Taufe… eine Art Er-
lösung… ein Neuanfang! Ich war für den Himmel geboren und
konnte mein Glück kaum fassen – mein Körper, mein Geist und
meine Seele waren harmonisch vereint.

Ich ging im Fallschirmspringen auf und wurde unter anderem
ein Meister der Fallschirmvokabeln. Begriffe wie *freier Fall, End-
geschwindigkeit, Formationsspringen* und *genaue Mitte* gehörten
bald zu meinem Vokabular. Ich konnte an nichts anderes mehr denken, außer ans Fallschirmspringen. Wenn ich morgens aufwachte
und aus dem Fenster sah, war mein erster Gedanke: *Ist heute ein
guter Tag zum Springen?*

Obwohl mein Alltag immer noch schwarz-weiß war, erstrahlte
schlagartig alles in leuchtenden Farben, sobald ich auf der Startbahn stand. Meine ganze Aufmerksamkeit gehörte dem Fallschirmspringen; alles andere empfand ich nur als störend. Meine Arbeit

bei Gaslight war nur noch Mittel zum Zweck. Mit ihr verdiente ich mir lediglich das Geld für mein Hobby, dem ich verfallen war wie einer Sucht.

Täglich schien ich mich mehr von meinen Kumpels zu entfernen, besonders von Danny. Er war inzwischen aus Florida zurückgekehrt und immer noch böse, dass ich ihn dort alleine zurückgelassen hatte. Am 6. Juni 1968 erreichte mich eine niederschmetternde Nachricht aus meinem Radiowecker: Robert F. Kennedy, der führende Mann bei der Nominierung für die Präsidentschaftswahlen, war in Los Angeles, Kalifornien, einem Attentat zum Opfer gefallen. Ich lag in meinem Bett, starrte an die Decke und fühlte, wie sich Übelkeit in meinem Magen ausbreitete. *Nicht schon wieder.* Die Ermordung von Dr. Martin Luther King jr. lag erst zwei Monate zurück, es war ein Schock für die ganze Welt gewesen. Und seit dem Attentat auf John F. Kennedy waren gerade mal fünf Jahre vergangen. Dann gab ich mir einen Ruck, zog mich schnell an, konnte aber nicht aufhören, über den schrecklichen Verlust dieses vielversprechenden, charismatischen Politikers nachzudenken.

Als ich zu meiner Arbeitsstelle kam und in der Reihe anstand, um mein Bündel Aufträge für den Tag in Empfang zu nehmen, hörte ich, wie sich einige Kollegen über die Ermordung Robert Kennedys lustig machten. Es war abstoßend. Manche der Angestellten waren wirklich primitiv. Ich konnte es dort nicht mehr länger aushalten. Also kündigte ich.

Stattdessen fing ich wieder bei meinem früheren Job an, bei Otis Elevator. Dort waren die Leute netter, aber auch sie konnten mit meiner Leidenschaft fürs Fallschirmspringen nichts anfangen. Versuchte ich, ihnen das Wunder des freien Falls näherzubringen, erntete ich ein Lächeln, aber auch belustigte Reaktionen.

„Findest du das Fallschirmspringen wirklich so cool?"

„Klingt gut, Mickey. Ich würde das auch gerne mal ausprobieren."

„Ich habe eine Frau und Kinder. Da kann ich mein Geld nicht so aus dem Fenster werfen wie ihr Singles."

Ein Sprung kostete 3,50 Dollar. Ich sprang so oft wie möglich und meine Rechnungen läpperten sich. Meine Besitztümer beliefen sich auf ein Auto, eine Skiausrüstung und Kleider, aber all das bedeutete mir nicht mehr viel. Ich sparte für meine eigene Fallschirmausrüstung.

Ein Fallschirmspringer aus unserem Verein hatte vor Kurzem beschlossen auszusteigen und ich kaufte ihm seine gesamte Ausrüstung ab – darunter auch einen rot-weiß-blauen Para-Commander-Fallschirm. Außerdem bestellte ich mir spezielle Stiefel und einen weißen Anzug mit elastischen Bündchen an den Ärmeln, am Nacken und den Knöcheln. Obwohl ich materiellen Gütern nie viel Wert beigemessen hatte, waren mir diese Sachen nun heilig.

Meine eigene Ausrüstung war in etwa so bedeutsam wie das Gewand für eine Ordination. Nun konnte ich das Ritual, das ich mehr als alles andere liebte, wirklich genießen. Es war, als könnte ich ein Gelübde als Himmelspriester ablegen. Meine Kindheitsträume von Superman und dem Weltraum, alles, was sich hoch über der Erde abspielte, eingeschlossen die Schönheit der Wolken, war greifbare Realität geworden. Ich fühlte mich wie eine Raupe, die endlich das heiß ersehnte Leben als Schmetterling führen durfte.

Kapitel 10

Hochmut kommt vor dem Fall

Eines verregneten Tages packte ich gerade im Vereinshaus meinen Fallschirm zusammen, als ein Mann hereinkam, den ich zuvor noch nie gesehen hatte. Mein Blick blieb an ihm hängen, als er näher kam und einen Metallschlauch vor mir auf den Tisch warf.

In ihm befand sich eine Fallschirm-Reißleine und mit in der Öffnung saß ein kleiner Stein eingeklemmt. Er lächelte mir verstohlen zu, deutete darauf und sagte: „Falls es jemanden interessiert – das ist ein Perlkiesel."

Er meinte einen der kleinen runden, aber scharfkantigen Steine, die den Bereich der Landezone auf unserem Gelände bedecken. Und er fuhr fort: „Ich steuere immer direkt die Mitte an, ob lebendig oder tot", und bezog sich damit auf die Scheibe mit einem Durchmesser von sechs Zentimetern, die genau im Zentrum der Landezone lag. Dort aus über drei Kilometern zu landen, war für einen Fallschirmspringer ein Volltreffer.

Während ich noch nach einer intelligenten Antwort suchte, drehte er sich um und verschwand zur Tür hinaus.

„Wer war *das* denn?", fragte ich.

„Das ist Dan", meinte ein Pilot, der in der Nähe stand. „Er ist D-44." Das bedeutete, dass er in der Rangliste der US-amerikanischen Top-Fallschirmspringer auf Platz 44 stand.

„Warum habe ich ihn hier noch nie gesehen?" „Er hatte eine kleine OP, deshalb hat er für eine Weile pausiert." Der Pilot erzählte mir, dass Dan den Ruf eines fanatischen, absolut durchgeknallten Vollblutfallschirmspringers hatte. Er war wie ein Revolverheld, der sich vor nichts fürchtet. Was er anpackte, setzte er um jeden Preis in die Tat um.

In Gesprächen bekam ich am Rande mit, dass viele aus der Gruppe mich den neuen „Superstar" nannten, weil ich mich so schnell und gekonnt mit dem Himmel vertraut gemacht hatte. Aber wenn Dan mich ansah, dann musste ich den Blick senken. Es war mir zwar damals nicht bewusst, aber er prüfte mich, wollte wissen, was ich draufhatte. Und ich ließ mich verführen von D-44.

Denn von diesem Tag an beobachtete auch ich Dan, diese lebende Fallschirmspringerlegende. Im wirklichen Leben war er übrigens ein Mann über vierzig, der gerne Whisky trank, und irisch-katholischer Herkunft. Er war in einem etwas raueren Viertel von Cleveland aufgewachsen und hatte sich schon immer mit Begeisterung extremen Herausforderungen gestellt – sein ganzes Leben lang. Als Metallarbeiter kletterte er gerne hoch oben auf Wolkenkratzern herum und lief dort oben in der Höhe auf 15 Zentimeter breiten Balken entlang, nur um einen guten Ausblick über die Stadt zu haben.

Obwohl er wie ein Seemann fluchen konnte und gern einen über den Durst trank, sprang er nie aus dem Flugzeug, ohne sich vorher zu bekreuzigen. Gott bedeutete ihm etwas, doch die Kirche hatte ihn seit seiner Scheidung nicht mehr zur Kommunion zugelassen.

Also stand ihm der ganze Sonntag für Fallschirmsprünge zur Verfügung. Dan liebte Show- und Formationssprünge, aber ein Prahlhans war er nicht. Ihm ging es vor allem um das Erlebnis des freien Falls.

Wer von der Fallschirmleidenschaft einmal gepackt war, gehörte einer von zwei Gruppen an: Die einen waren Kunstspringer, die wetteiferten, wer im Einzelsprung während des freien Falls eine Reihe von Kunststücken mit größter Präzision ausführen konnte. Dabei wurde mit der Stoppuhr die Zeit gemessen. Einige der besten Kunstspringer der Welt gehörten unserem Klub an. Die andere Gruppe bestand aus Leuten, die lieber Formationssprünge machten. Das bedeutete Teamwork in luftiger Höhe; menschliche Körper, die sich wie Schneeflocken formierten. Bei der Formation besteht die Herausforderung darin, dass der einzelne Springer seine Bewegungen und seine Geschwindigkeit der der anderen anpassen muss.

Damals sprang ich meist aus 2 200 Metern Höhe, sodass ich mich für 30 Sekunden im freien Fall befand. Jedes Mal, wenn ich in diese riesige Wolken-Hängematte fiel, streckte ich mich sofort, drehte mich und begann mich entspannt in der Luft zu bewegen. Ich konnte meinen Körper fast beliebig drehen und wölben und fand es grandios, wie ich horizontal „schwimmen" konnte, während ich vertikal herabfiel. Auch vermochte ich zur Seite zu driften, wenn ich meine Arme zurückwarf und die Beine leicht spreizte, wobei ich immer stark die rasante Geschwindigkeit spürte. Es war, als könnte ich wirklich fliegen.

Mit jedem Sprung bekam ich ein besseres Gefühl für die Zeit und die in ihr zurückgelegte Entfernung. Meine Augen sagten mir, wie weit ich noch von der Erde entfernt war, während mein Gehirn die

Sekunden zählte – so zuverlässig wie eine Schweizer Armbanduhr. Höhenmessern und Uhren traute ich weniger. Letztlich hatte man mir gesagt, die besten Fallschirmspringer seien ohnehin die, die sich auf ihr Bauchgefühl verlassen. Und genau so einer wollte ich sein.

Als ich den freien Fall immer besser beherrschte, wollte ich das Formationsspringen ausprobieren. Bei dieser Art von Kunstsprung, der so täuschend einfach aussieht, sucht sich der erste Springer schnell eine feste Position und wartet dann auf den nächsten, der über ihm fliegt, Kontakt aufnimmt und sich an ihm festhält. Der zweite Springer braucht anfangs eine etwas höhere Geschwindigkeit. Anschließend muss er langsamer werden, um mit dem ersten auf gleicher Höhe zu bleiben. Obwohl dieses Manöver für den Zuschauer ganz einfach aussieht, können ungeübte Fallschirmspringer dabei durchaus aneinander vorbeischießen oder zusammenstoßen. Anfangs probierte ich es mit einer ganzen Reihe von Leuten aus, wurde aber jedes Mal enttäuscht. Wir sahen aus wie Kinder, die sich gegenseitig auf den Hintern klopfen wollten und nicht wie Fallschirmspringer, die erfolgreich ein schwieriges und präzises Flugmanöver ausführten.

Nach einem dieser verpfuschten Versuche kam Dan zu mir und sagte: „Ich höre, dass du Probleme mit der Kontaktaufnahme hast."

„Nun ja… schon… ich…"

„Soll ich dir zeigen, wie es geht?", unterbrach er mich. „Los, komm mit."

Er wartete gar nicht erst auf eine Antwort, sondern machte auf dem Absatz kehrt und steuerte auf unser Vereinshaus zu. Ich konnte mein Glück kaum fassen. Dan wollte mit mir springen! Das war, als würde die berühmte Westernlegende Wyatt Earp persönlich um meine Begleitung bitten.

Es dämmerte bereits, als Dan und ich zu unserem ersten gemeinsamen Sprung aufbrachen, aber die Sonne stand noch ungefähr dreitausend Meter hoch.

„Du musst ganz gleichmäßig fallen und dabei den Blick auf eine größere Fläche fokussieren, eine Scheune oder einen Teich", erklärte Dan, als unser Flugzeug in den leuchtenden Sommerhimmel hinaufstieg. „Richte deinen Blick darauf, mach mit deinen Armen und Beinen das größte X, das du fertigbringst, sinke so langsam wie möglich und warte. Ich komme dann zu dir."

Fast drei Kilometer über der Erde sprang ich ab, formte ein perfektes X und entdeckte ein großes weißes Scheunendach ungefähr fünf oder sechs Kilometer entfernt. Dans Ratschlag folgend zielte ich dorthin und bewegte mich kein Grad mehr nach rechts oder nach links. Mit ausgestreckten Armen, die Hände zu Schalen geformt, versuchte ich so viel Luft wie möglich aufzufangen. Und während ich langsam und gerade herabfiel, hörte ich den inzwischen so vertrauten Klang meines Körpers in der Luft... shoo-woosh.

Plötzlich packte mich jemand am Knöchel. Dann wurde mein Körper hart herumgerissen, zwei große, starke Hände packten meine Handgelenke und zogen mich zwanzig Zentimeter vor Dans grinsendes Gesicht. In diesem Augenblick begrüßte er mich in der Bruderschaft des Himmels. Es war, als würde ich in einen geheimen Zirkel aufgenommen. Es fühlte sich an wie eine Religion, wie Gott, als er Adam berührte.

Ich war in den Wolken, in der Luft über der Erde, nicht länger allein, sondern hatte Kontakt mit einem anderen menschlichen Wesen. Und plötzlich verstand ich, warum Dan das Formationsspringen so sehr liebte. Der Freifall war wunderbar, aber er war zu grandios und zu besonders, als dass man ihn nur alleine erleben sollte.

Als wir eine Höhe von ungefähr 600 Metern erreichten, stießen Dan und ich uns voneinander ab wie zwei Raumschiffe, die sich trennten. Ich hob meinen Oberkörper, um in die entgegengesetzte Richtung zu driften, und sobald ich genug Abstand zu Dan hatte, winkte ich ihm mit beiden Armen zu, bevor ich die Reißleine zog. Als der rote Fallschirm sich über mir aufblähte, drehte ich mich gerade noch rechtzeitig, um Dans letzten Moment im freien Fall zu sehen.

Für einen Sekundenbruchteil sah es so aus, als würde ich wie eine Rakete in den Himmel steigen, während er weiter gen Erdboden raste. Und als der Himmel unter mir seine einsame Gestalt schluckte, konnte ich zum ersten Mal beobachten, wie ein Mann aussieht, der im freien Fall eine Geschwindigkeit von 200 Stundenkilometern hatte.

Dans Schirm poppte ganz leicht auf, dann wippte er sanft am Himmel auf und nieder wie ein roter Köder im blauem Wasser. Als ich ihn so aus der Ferne sah, erfüllte mich Freude. Die Verbindung da oben zu ihm war nicht nur körperlich gewesen. Er schenkte mir etwas von seinem Können und seiner Erfahrung, und ich durfte etwas daraus machen!

Der Himmel war schon ziemlich dunkel, als wir landeten. Am Boden benahm ich mich wie ein kleines Kind am Weihnachtsabend. Glühend vor Begeisterung wollte ich nur noch mit diesem Mann zusammen sein und alles von ihm lernen. Ich trug diesen Formationssprung sorgfältig mit einem schwarzen Stift in mein Sprungbuch ein: *800 Meter Höhe – erstmals Kontakt im freien Fall, mit Dan Harding D-44.*

Nachdem wir unsere Ausrüstung im Auto verstaut hatten, fuhren wir zu einer kleinen Kneipe, wo die Fallschirmspringer mit ihren großartigen Sprüngen prahlten wie Soldaten, die mit ihren Heldentaten frisch von der Front kamen. Nachdem wir ein paar Bier getrunken hatten, erkundigte sich Dan: „Kommst du morgen?"

„Ja, klar."

Dan hatte mich in den erlauchten Kreis seiner Freunde eingeladen. Er war unter den Fallschirmspringern ein legendärer Kerl, der von allen respektiert wurde. Ich war so aufgeregt, dass ich beschloss, am Flugplatz zu nächtigen. Ich fuhr also zurück und schlief auf meinem seidig ausgebreiteten Fallschirm, um ja am nächsten Morgen beim ersten Flug dabei zu sein.

Dan und ich sprangen noch viele Male zusammen. Irgendwann fragte er mich, ob ich in sein Team für Showsprünge einsteigen wolle. Und nachdem ich überglücklich zugesagt hatte und Dans Partner geworden war, stieg mein Stern schnell. Auch die anderen Fallschirmspringer bemerkten mit der Zeit mein Können und es dauerte nicht lange, bis ich Angebote für Showsprünge bei politischen Kundgebungen und Kirchenfesten bekam – öffentliche Auftritte, bei denen wir als Gruppe großen Menschenmengen Unterhaltung boten.

Und nach einem erfolgreichen Sprung gab es fast jedes Mal ein nicht zu verachtendes Prozedere: Wir schüttelten kleinen Jungs und Mädchen die Hände, die mit großen Augen unsere Fallschirmausrüstung bewunderten, wir waren Werbeträger für unseren Sport und natürlich auch für unser Team. Und wenn wir durch die Menge liefen, wollte jeder uns lächeln sehen, Augenkontakt zu uns haben, uns zuwinken. Für die meisten Menschen war unser Auftritt willkommen und irgendwie aufregend. Und natürlich hatten wir auch auf die Mädchen eine besondere Wirkung – zweifellos ein sehr angenehmer Nebeneffekt.

Ich gehörte jetzt zu einer elitären Gruppe von Sportlern, die ohne Unterlass über attraktive Mädchen redeten, über den freien Fall, Wettkämpfe und natürlich über sich selber. Ich lernte schnell, dass der Fallschirmsport sich auf eine Art Kastensystem gründete. Ganz oben stand der nationale Champion. Unser Klub war die Heimat der besten Fallschirmspringer in den Vereinigten Staaten und auch er stammte aus unserer Region.

Ich lernte außerdem, dass die fortgeschrittenen Fallschirmspringer vor allem an sich selbst glaubten. Manche fluchten sogar und machten Witze über Gott, bevor sie sprangen. Das erschien mir seltsam. Ich ignorierte diese Verhaltensweise, weil ich so auf den Sport an sich konzentriert war und dessen Helden bewunderte. Meine Fallschirmsprungkollegen waren jung, strotzten nur so vor Gesundheit. Sie waren richtige Weltklassesportler, die das Leben auf die Spitze trieben und stolz auf ihre Leistungen waren. Der freie Fall war ihre Religion, der Himmel ihr Altar. Darüber hinaus gab es nichts, was für sie eine tiefer gehende Bedeutung hatte.

Bei Dan war das anders. Dieser Mann war zwar kein Heiliger, aber er lästerte Gott nicht. Dan glaubte fest an die Existenz Gottes, wofür ich ihn bewunderte. Wir hatten uns zwar beide von der Kirche distanziert, aber die Ehrfurcht vor Gott und der Glaube an Wunder hatten uns während unserer katholischen Kindheit geprägt.

Eines Tages kam einer der landesbesten Kunstspringer nach einem Sprung zu mir und fragte mich: „Warum machst du eigentlich nicht bei Wettkämpfen mit? Alle, die dich eben gesehen haben, sagen, dass du unbedingt zum nächsten Treffen kommen solltest."

Ich wusste, dass er zur absoluten Elite gehörte und fühlte mich dementsprechend geschmeichelt. Als Neuling war ich aber auch naiv und hatte den Unterschied zwischen den Wettkampfspringern und den Formationsspringern noch nicht begriffen. Aber schon bald sollte mir klar werden, dass ich mich für das eine oder das andere entscheiden musste. Mit jedem Sprung wurden meine luftigen Manöver besser. Dass mir in beiden Disziplinen eine Karriere möglich erschien, war offensichtlich. Doch aus irgendeinem Grund tendierte ich etwas mehr zum Formationsspringen und zu Dan Harding.

Mein Leben abseits des Fallschirmspringens hatte ich schlicht kategorisiert – wie Ordner, die die Beschriftungen trugen: *Freundin, Job, alte Freunde, vergangene Heldentaten,* …

Als Julie vom College heimkehrte, lernte sie mein neues Leben als Fallschirmspringer aus nächster Nähe kennen. Abgesehen davon, dass alle meine Kumpels sie erst einmal taxierten, passte sie nicht zu den Leuten dort. Einmal kam sie aber sogar im Flugzeug mit nach oben, um mich abspringen zu sehen, aus fast viertausend Metern Höhe. Ich beugte mich ins Flugzeug zurück, gab ihr einen herzhaften Kuss und stieß mich ab, wobei ich noch einmal winkte, bevor ich mit erheblicher Geschwindigkeit auf die Erde zuraste. Das Flugzeug schrumpfte innerhalb von Sekunden von seiner vollen Größe zu einem verschwindend kleinen Punkt. Ich vermute, Julie fand meine neue Leidenschaft irgendwie beeindruckend, aber irgendwie kamen wir gar nicht dazu, mal so richtig über meine neue Leidenschaft oder meine fanatische Hingabe an den Sport zu reden.

Was meinen Job betraf, so war die Situation erträglich. Ich verdiente gutes Geld und konnte mir alles leisten, was ich wollte. Danny war zwar immer noch ein bisschen sauer, weil ich es nicht bei ihm in Florida ausgehalten hatte. Wir hatten das zwischen uns nie wirklich geklärt, aber es war mir auch nicht wichtig; für mich hatte sich diese Eskapade erledigt.

Marihuana konsumierten einige meiner alten Freunde mittlerweile nonstop. Sich mit der Droge einzulullen, war fast wie ein Ritual geworden. Wir hörten die neusten psychedelischen Platten, darunter: Jimi Hendrix, Eric Clapton, Cream, The Doors, Jefferson Airplane. Ihre Songs erlaubten uns den Eintritt in eine ansonsten verbotene Zone gelockerter Moral. Wir redeten über mystische Parallelwelten, über Frieden, Wahrheit, sogar über die tiefere Bedeutung des Seins. Und dass das Rauchen von Marihuana strafbar war, verlieh unserem Treffen an sich etwas sehr Geheimnisvolles. Damals musste man mit Drogen wirklich aufpassen. Alle Beteiligten, die „auf Drogen" waren, hielten zusammen wie Pech und Schwefel. Doch diesen Teil meines Lebens trennte ich strikt vom Fallschirmspringen. Sobald ich auch nur ans Springen dachte, wollte ich präsent sein und konnte keinerlei Ablenkung gebrauchen. Fallschirmspringer machten oft Witze über die Kiffer und die Hippies vom College. Befand ich mich in ihrer Gesellschaft, sah ich mich auch nicht als jemanden, der kifft, aber ich predigte auch nicht dagegen. Ich lebte ambivalent. Als Fallschirmspringer war ich einfach eine ganz andere Person.

Mit der Zeit verlor mein früheres Leben immer mehr an Bedeutung und rückte für mich in den Hintergrund. Alte Freunde gehörten der Vergangenheit an und ich interessierte mich nur noch für das Hier und Jetzt, für den Augenblick, für die Sekunden, in denen ich mich im freien Fall in der Luft befand und immer wieder begierig darauf war, das erneut zu erleben.

Dan schlug einigen von uns vor, einen eigenen Verein näher an unseren Wohnorten zu gründen, dort einen neuen Landeplatz zu errichten sowie ein Trainingszentrum für talentierte Fallschirmspringer. Zusätzlich zu unserem Showteam könnten wir dann Geld als Ausbilder verdienen, indem wir unsere eigenen Schüler trainierten. Ein Pilot, den wir kannten, war ebenfalls daran interessiert. Wir machten ohnehin viele Sprünge regelmäßig in einer Gemeinde südlich von Cleveland in Brunswick, Ohio, wo er seine Flugzeuge stehen hatte.

Wir fingen also an, um Schüler zu werben, und waren erstaunt, dass nicht gerade wenige in unsere primitive, bescheidene Einrichtung am Flugplatz in Brunswick kamen, um dort ihren ersten Sprung zu wagen. Eine unserer ersten Schülerinnen war ein sechzehnjähriges Mädchen. Dan bildete sie aus und sie absolvierte ihre ersten beiden Sprünge mit Bravour.

Unter den wachsamen Augen ihrer hübschen blonden Mutter flogen wir mit ihr zu ihrem dritten Sprung hinauf, in einer sechssitzigen Piper-Tiefdecker. Alle Sitze außer dem des Piloten waren ausgebaut. Ich hockte gegenüber der offenen Gepäckklappe am Boden, dort, von wo aus gesprungen wurde. Dan hatte sich den Daumen gebrochen und trug einen Gipsverband an der rechten Hand und ums Handgelenk, sodass er diesmal nicht springen konnte.

Als wir 800 Meter Höhe erreichten, saß das Mädchen auf dem Boden und baumelte mit den Füßen, bereit, auf Dans Signal zu springen. Plötzlich bemerkte ich, dass ihre Aufziehleine, die zum Öffnen des Schirms notwendig ist, sich hinten in ihrem Gurt des Fallschirms verhakt hatte. Eigentlich sollte sie mit einem Metallhaken im Inneren des Flugzeugs festgemacht sein! Aber bevor ich etwas sagen konnte, rief Dan: „Los!", und sie sprang.

Ohne nachzudenken sprang ich sofort hinter ihr her. Sie war bereits hundert Meter von mir entfernt und nahm immer mehr Tempo auf. Ich tauchte kopfüber hinab. Sie wartete darauf, dass die Aufziehleine ihren Fallschirm öffnete, doch das würde nicht passieren.

Ich versuchte mir vorzustellen, wie ich zu ihr stürzen konnte, um sie in ihrer Fallgeschwindigkeit zu packen und mein eigenes Tempo zu drosseln. Im Prinzip wollte ich sie mitten in der Luft erwischen und nur mit der Leine für den Reserveschirm in der Hand weiterfliegen, um ihr das Leben zu retten.

Als ich näher kam, rollte sie sich gerade auf die rechte Seite und ich sah, wie sich die weiße Wolke ihres Reserveschirms plötzlich aufblähte. Ich drehte ab und sauste an ihr vorbei wie eine Rakete. Zum ersten Mal erlebte ich, was ein *Sturzflug* ist. Gebäude poppten groß vor mir auf wie Luftballons. Mein Blickfeld wechselte so schnell, dass es meinem Gehirn eine ungeheure Anzahl von Bildern lieferte. In weniger als zwei Sekunden zog ich meine Reißleine. Das Öffnen des Fallschirms quetschte mir ein bisschen den Brustkorb ein, aber ich hatte noch nie so dankbar zu einem ausgebreiteten Schirm aufgeblickt.

Das junge Mädchen hatte alle unsere Instruktionen für den Notfall befolgt und wir landeten beide sicher. Aber sie tauchte nie wieder bei uns auf. Obwohl sie eigentlich gesagt hatte, dass sie Lust hätte, bezweifelte ich auch, dass ihre Mutter es ihr noch einmal erlaubt hätte.

Dan bedankte sich bei mir für meinen kühnen Rettungsversuch. Obwohl es sein Fehler gewesen war, und zwar ein schwerwiegender, redeten wir nie wieder darüber. Über persönliches Versagen zu sprechen oder gar Kritik zu üben, hätte so ausgesehen, als wollte man sich gegenseitig herabsetzen, und es gab ein ungeschriebenes Gesetz in unserem Sport, nach dem sich alle immer positiv, selbstsicher und unfehlbar verhielten.

Innerhalb eines Jahres hatten sich für mich einige Dinge grundlegend verändert. Früher hatte ich eine Karriere geplant, wollte heiraten und vielleicht eine Familie gründen, kurz, ein beruflich und sozial erfolgreiches Leben führen. Doch durch meine leichtfertigen Entscheidungen lebte ich jetzt nur noch für den Augenblick und sog dabei meinen persönlichen Ruhm auf. Obwohl andere junge Männer in meinem Alter in das wüste Kriegsgeschehen namens Vietnam abtauchten, Zehntausende Kilometer entfernt, dachte ich nicht im Traum daran, dass ich einberufen werden könnte, nicht einmal, als ein Kumpel von mir im Kampfgeschehen starb. Dieser junge Mann war einer der witzigsten, charismatischsten Typen meiner Schule gewesen. Als er das College für ein Semester unterbrach, wurde er prompt zur Marine eingezogen und war nicht mal einen Monat in Vietnam, als sein Leben von der Kugel eines Heckenschützen beendet wurde.

Ich besuchte seine letzte Ruhestätte gemeinsam mit einem seiner engsten Freunde, einem vielfach mit Orden ausgezeichneten Soldaten einer Spezialeinheit, der ebenfalls in Vietnam gedient und verheerende Kämpfe überlebt hatte.

Wir starrten auf die Grabplatte mit dem Geburts- und Todesdatum unseres Freundes – was für eine kurze Zeitspanne. Und nach einer langen, ernsten Zeit des Schweigens begann mein Freund neben mir von dem Horror zu erzählen, den er selbst erlebt hatte.

Der Sommer 1968 ging als Zeit sozialer Umwälzung in die Weltgeschichte ein. So real, wie dieser Krieg für die tapfer kämpfenden Soldaten war, erschien er mir irgendwie unwirklich. Ich war schließlich nicht dabei; ich hatte keine Vorstellung davon, wie schwerwiegend so ein emotionales Trauma sein konnte. Unsere ganze Generation befand sich in Aufruhr, es war ein allumfassender, mächtiger Sturm. Menschen, die einen gesellschaftlichen Wandel forderten.

Während viele andere Leute sich ausschließlich mit dieser Lage beschäftigten, probierte ich alles Mögliche aus – vom Stolz auf mein Selbstbild und den schmeichelhaften Eintritt in die Welt der Finanzwirtschaft hin zu der fieberhaften Bedürfnisbefriedigung und rauschhaften Erfahrung, mein Können als Fallschirmspringer auszuleben. Manchmal betäubte ich meine Sinne mit Alkohol, ein anderes Mal nutzte ich die „Wahrnehmungserweiterung" durch Marihuana.

Doch das Fallschirmspringen hatte in dieser Zeit die oberste Priorität, danach erst kam meine Beziehung zu Julie. Sie studierte immer noch und ich hatte mich mittlerweile mit ihrer Abwesenheit einigermaßen arrangiert. An dritter Stelle stand das Treffen mit alten Freunden, was vorwiegend mit unproduktiven und ungesunden Dingen verbunden war. Da der Fallschirmsport mein Denken und Fühlen dominierte, mussten alle anderen Dinge hintanstehen – ich brannte förmlich vor Leidenschaft für mein neues Hobby.

Tut man etwas mit einem derart hundertprozentigem Einsatz, von ganzem Herzen und mit absolutem Enthusiasmus, scheint das irgendwie lobenswert zu sein. Zumal die Flugzeuge Glanz und Glorie ausstrahlten, ebenso die Ausstaffierung eines Fallschirmspringers mit Helm, Flugbrille, Stiefeln und anderen schicken Accessoires, die durchaus etwas hermachten. Ich fühlte mich wie ein Superheld und sah daher all meine Bemühungen im bestmöglichen Licht. Negatives, das in meinem Leben auftauchte, versuchte ich einfach auszublenden.

Dazu gehörte beispielsweise, dass in dieser Zeit die dreiundzwanzigjährige Ehe meiner Eltern offiziell endete. Das Alkoholproblem meines Vaters, die ewigen Streitereien und finanziellen Probleme führten letztlich zur Scheidung. Kurz nachdem mein Vater aus unserem schönen Haus ausgezogen und sich etwas in der Nähe gesucht hatte, musste meine Mutter unser Zuhause verkaufen. Sie benutzte die kleine Geldsumme, die sie dafür bekam, um ein bescheidenes Haus anzuzahlen, etwa fünfzehn Kilometer von unserem alten Wohnort entfernt und in ruhiger Lage. Meine Mutter, ich und mein vierzehnjähriger Bruder Robert bewerkstelligten gemeinsam den Umzug.

Damals verstand ich noch nicht, was für eine katastrophale Veränderung das für unsere Familie bedeutete. Meine Schwestern Barbara und Marilyn waren beide verheiratet und hatten gerade Babys bekommen. Meine Mutter musste also jetzt vieles alleine bewerkstelligen, nachdem sie fast vierundzwanzig Jahre lang Ehefrau und Hausfrau in Vollzeit gewesen war.

Robert und ich räumten mit ein paar Freunden zügig unser Haus aus, luden all unser Hab und Gut in einen Umzugswagen und brausten in unsere neue Wohnung. Für mich war das keine große Sache. Wie unsensibel ich meiner Mutter und meinem Bruder erschienen sein muss, so als hätte ich die Scherben unserer Familiengeschichte aufgesammelt, sie in eine braune Papiertüte gepackt und dabei gedacht: *Das lässt sich irgendwann kitten.*

Kurze Zeit später schloss Dan den lukrativsten Vertrag, den unser Fallschirmspringerteam jemals unterschrieben hatte. Es handelte sich um ein großes kirchliches Fest, zu dem über fünfzehntausend Menschen erwartet wurden. Die meisten würden eine solche Flugshow zum ersten Mal miterleben, und wir fühlten uns zu einer Darbietung verpflichtet, die das Geld auch wert war. Dan und ich sowie zwei andere talentierte Springer – also ein Vier-Mann-Team – waren mit dabei. Während wir im Flugzeug saßen, besprachen wir noch einmal sorgfältig unseren Ausstieg und welche Choreografie wir im freien Fall vorführen wollten. Unser Landebereich bestand nur aus einem winzigen Fleck grünem Gras hinter einer großen Kirche – darum herum standen auf allen Seiten neue Häuser. Es gab absolut keinen Spielraum für irgendwelche Fehler.

Doch bevor wir die angepeilte Höhe von 3000 Metern erreichten, bekam der Pilot eine Anweisung vom Kontrollturm des Cleveland Hopkins Flughafens. Unser Pilot Walt hatte den Flug für diese Sprungshow zwar ordnungsgemäß angemeldet, aber der Fluglotse, der den Start unseres Flugzeugs verfolgte, sagte plötzlich: „Ihr dürft heute nicht höher fliegen als 1000 Meter. Ihr befindet euch in einem geschützten Luftraum. Wir erwarten demnächst eine größere Maschine." Offenbar musste unser Pilot dieser Anweisung Folge leisten. Aber als wir uns über dem Kirchengelände absprungbereit machten, warf Dan mir einen herausfordernden Blick zu und sagte: „Die haben doch dafür bezahlt, damit wir ihnen zeigen, was ein freier Fall ist, oder? Wir ziehen trotzdem unser Ding durch."

Nach dem Ausstieg raubten die ersten zehn Sekunden uns bereits dreihundert Meter. Als wir einen Stern mit vier Mann formten, befanden wir uns also bereits auf einer Höhe von nur noch fünfhundert Metern. Dabei hätten wir eigentlich bereits in sechshundert Metern unter unseren Fallschirmen schweben sollen! Ich konnte sehen, Dan war in seinem Enthusiasmus nicht zu bremsen. Doch ich schwebte auf unser Ziel zu und öffnete meinen Schirm. So tief zu fliegen war gefährlich, dumm und angsteinflößend. Ich steuerte unser Ziel an und zog meine Beine hoch, um dem Wind keinen Widerstand zu bieten. Dann glitt ich schnell über die große Menge und hörte den Sprecher über Lautsprecher sagen: „Hier kommt Mickey Robinson. Mädels, er ist neunzehn Jahre alt! Seht ihn euch genau an."

Ich führte eine rasante 180-Grad-Drehung direkt über den Köpfen der Zuschauer aus und landete auf beiden Füßen ungefähr zehn Meter vor der Menge. Mein schöner rot-weiß-blauer Fallschirm fiel sanft hinter mir herab. Es war einfach nur spektakulär, wie im Kino. Die Zuschauer kamen zu mir gerannt wie Fans, die sonst bei Rockkonzerten auf die Bühne stürmten. Dan und die anderen waren ungefähr dreihundert Meter weiter weg gelandet; ich hatte also einen Soloauftritt – ungeplant.

Für mich war das äußerst befriedigend und es zeigte mir etwas über mich selbst – nämlich, dass ich ein Können besaß, wie ich es selber noch nie bei jemandem gesehen hatte, und das mir auf ganz natürliche Weise zur Verfügung zu stehen schien, so wie das Wasser majestätisch die Niagarafälle hinabbraust.

Während Dan und die anderen aus unserem Team die Fallschirme in den Kofferräumen unserer Autos verstauten, liefen Julie und ich herum und bedienten uns am Festessen. Ich schüttelte Hunderten bewundernden Zuschauern die Hände. Als die Sonne feurig am Himmel verschwand und die Dämmerung hereinließ, wollte ich mein Auto anlassen. Da lehnte Julie sich zu mir, küsste mich, sah mir tief in die Augen und murmelte: „Ich bin so stolz auf dich."

Ich lächelte und wandte den Blick ab. Irgendwie stimmte etwas zwischen uns nicht und ich wusste nicht, ob es an ihr lag oder an mir oder an etwas ganz anderem, aber ganz sicher hatte es nichts mit dem Fallschirmsprung zu tun, denn der hatte mir hundertprozentig gefallen. Ich hatte all diesen Menschen eine tolle Show geboten und war vollkommen mit mir zufrieden.

König Salomo hat einmal im biblischen Buch der Sprüche geschrieben: „[D]er Menschen Augen sind […] unersättlich."[2] Wobei ich diese Weisheit damals nicht geglaubt hätte, selbst wenn er direkt vor mir mit seiner Krone auf dem Kopf gestanden hätte! Ich war vollkommen von mir eingenommen. Mein Kindheitstraum war Realität geworden. Doch die Erfahrung lehrt uns oft viel mehr als alles, was man gelernt und sich irgendwie angeeignet hat.

So ekstatisch ich auf diese Erlebnisse reagierte, ich brauchte immer mehr davon. König Solomo *hatte* also recht, wenn er von Unersättlichkeit sprach. Nur im Angesicht des Augenblicks, der für mich so strahlend war, konnte ich das damals nicht erkennen. Ich war blind für jegliche tiefere Wahrheit.

Früh am Abend des folgenden Tages besuchte ich eine gute Freundin von Julie und mir. Linda und ihr Highschoolfreund Grant, mit dem sie schon lange zusammen war, hatten sich unzählige Male mit uns verabredet. Sie war wegen einer kleineren Sache an beiden Füße operiert worden und lag nun mit zwei Gipsbeinen im Krankenhaus. Julie musste länger arbeiten und Grant schob eine Sonderschicht. Also besuchte ich Linda alleine.

Als ich ins Krankenzimmer trat, saß sie im Rollstuhl. Ich versuchte, sie aufzumuntern. Am liebsten witzelten wir herum, indem wir uns gegenseitig mit unseren Partnern neckten. Ich mochte Linda, sie war ein intelligentes Mädchen.

Zum Abschied gab ich ihr einen freundschaftlichen Kuss auf die Wange und sagte: „Mach's gut, bis in ein paar Tagen dann."

Aber als ich mich über den Gang entfernte, hörte ich plötzlich diese Stimme: „Junger Mann, du kannst auf dein Aussehen wirklich stolz sein. So ein gesunder Teint!" Ich drehte mich um und sah einen älteren Herrn, der mit starkem Akzent sprach und mir eben dieses Kompliment gemacht hatte. Es war Sommer und wie immer war ich tiefbraun. Er brachte mich etwas in Verlegenheit, aber ich bedankte mich und strebte schnell dem Ausgang zu.

Als ich hinausging und zu meinem Auto lief, wurde mir bewusst, wie düster und einengend dieser Ort – das Krankenhaus – mir erschien. Ich weiß noch, wie ich dachte, *dass ich es dort keine einzige Nacht aushalten würde.*

Am nächsten Tag raste ich dann nach der Arbeit zu unserem Flugplatz in Brunswick, wo wir das neue Flugzeug unseres Piloten testen wollten. Vier von uns sollten springen. Nach dem Start und bevor wir unsere maximale Höhe von 700 Metern erreicht hatten, machte der Motor Probleme. Und irgendwo bei 1500 Metern fing der Motor an zu stottern. Walt meinte, wir sollten lieber schnell springen, damit er das Problem mit einem leeren Flugzeug lösen konnte. Wir landeten ganz normal und warteten auf ihn, weil wir wissen wollten, was los war. Er versicherte, es sei ein geringfügiges Problem und nicht weiter von Bedeutung. Dann packten wir unsere Fallschirme zusammen und fuhren früher heim als sonst, etwas enttäuscht, weil wir gerne noch einmal gesprungen wären.

Weil es so zeitig am Abend war, rief ich meinen Freund Roger an, der mir sagte, dass alle sich bei Danny zum Kiffen treffen würden. Ich setzte meinen Bruder zu Hause ab; Robert gehörte nicht zu diesem Freundeskreis und ich hatte ihm auch noch nie von dieser geheimen Bruderschaft von Kiffern erzählt.

Bei Danny war die Party schon in vollem Gange. Mit psychedelischen Lichtern und entsprechender Musik probierten sie gerade eine indische Wasserpfeife aus. Sie benutzten dafür Marihuana, das von Vietnam-Veteranen eingeschmuggelt worden war. Das versprach eine ganz neue Intensität beim Drogenrausch. Das Zeug würde stärker wirken, quasi ein Mega-Marihuana. Der Rauch verbreitete sich schnell im ganzen Zimmer, während jeder von uns einen Zug aus der Pfeife nahm, bis sie rot glühte.

Ich spürte an diesem Abend Unheil in der Luft, und daran war nicht nur die Droge schuld, sondern etwas anderes. Dauernd fielen abfällige Bemerkungen über meine Fallschirmspringerei. Ich versuchte gar nicht, das zu verteidigen, was mir so unangefochten wichtig war. Irgendwann hatte ich aber einfach die Nase voll. Als ich ging, fragte Pete, einer der Vietnamheimkehrer, ob ich ihn mitnehmen könnte. Als er zu mir ins Auto stieg, setzte er sich hinten hin, sah meinen Fallschirm und die Ausrüstung im Kofferraum und fragte: „Ist das das Zeug, mit dem ihr abstürzt?" „Abstürzen" war selbstverständlich auch ein gängiger Begriff für jemanden, der zu viele Drogen nahm und einfach irgendwo einschlief. Sein sarkastischer Versuch, witzig zu sein, erschien mir merkwürdig und beunruhigte mich etwas. Er lachte, aber ich konnte dem nichts abgewinnen.

Meine Freunde verstanden nicht, dass man auch von anderen Dingen „high" sein konnte als von Drogen. Im Unterschied zu ihnen hatte ich aber einen Punkt erreicht, wo ich wirklich Streit, Konflikte und andere Probleme einfach hinter mir lassen konnte. Einfach, indem ich mich im Himmel aufhielt. Dort, wo das ungeteilte Vergnügen auf mich wartete – in einem abgehobenen Zustand, im *freien Fall*. Und so galt für mich, was Frank Sinatra sang: „I did it my way."

Ich ahnte allerdings nicht, dass das Leben, so wie ich es mir eingerichtet hatte, sich bald auf ganz dramatische Weise ändern und nie wieder so werden würde wie vorher.

Kapitel 11

Tödliche Perspektive

Es war der 15. August 1968, als der Rettungswagen mit meinem schwer verbrannten Körper durch die Straßen raste. Mit der Sirene im Ohr kam mir ein Gebet, das Schuldbekenntnis, in den Sinn: *Ich bekenne Gott, dem Allmächtigen, dass ich Gutes unterlassen und Böses getan habe.* Der Rettungswagen hielt abrupt an, die Türen wurden aufgerissen und die Sanitäter rollten mich eilig heraus. *Ich habe gesündigt in Gedanken, Worten und Werken durch meine Schuld, durch meine Schuld, durch meine große Schuld.*

Anschließend rollten sie mich aus der stillen Dunkelheit in das blendend rötliche Licht, das von dem Schild *Notfallambulanz* erstrahlte. Schnell fing das Notfallteam an, sich um mich zu kümmern. Teile meines Anzugs wurden weggeschnitten und ich hörte eine Stimme sagen: „Zahlreiche Verbrennungen dritten Grades auf der rechten Körperhälfte. Besonders gravierend am linken Bein. Und vermutlich steht er unter Schock."

Etwas Scharfes glitt in meine linke Hand, während feuchte Tücher um meine Arme und Beine gelegt wurden. Ich beobachtete, wie ein Wirrwar von Schläuchen sich über mir kreuzte, während eine Schwester mir den Rest meines geschmolzenen Sockens vom rechten Fuß pellte.

Oh mein Gott, du Allmächtiger ...

„Diesen Kerl hat es schlimm erwischt. Sind seine Angehörigen schon benachrichtigt worden?"

Ich nehme mir ernstlich vor, mein Leben zu bessern und nicht mehr zu sündigen.

„Wir haben seine Familie angerufen. Aber vermutlich wäre ein Priester auch nicht verkehrt."

Ja, tut das, so schnell wie möglich.

Als sie meine Mutter erreichten, sagten sie ihr, ihr Sohn Mickey sei mit dem Flugzeug abgestürzt und sie solle so schnell wie möglich zur Information des Southwest General Krankenhaus in Berea kommen.

Meine Freundin Julie arbeitete an diesem Abend noch für ihren Sommerjob, als sie den Hörer abnahm und ihr die panische Stimme meiner Mutter ins Ohr gellte: „Mickey ist mit dem Flugzeug abgestürzt. Wir müssen sofort ins Krankenhaus. Er hat schlimme Verletzungen."

„Was? Ist er ...?"

„Nein. Es wird alles wieder gut."

Julie wurde nicht zu mir gelassen, aber meine Mutter durfte mich für sechzig Sekunden sehen. Obwohl ich eine erhebliche Dosis Morphium erhalten hatte, flüsterte ich: „Sag nicht, die Fallschirmspringerei sei schuld daran, Mama." Wie ein Fanatiker, der noch die Fahne schwenkt, während er auf dem Scheiterhaufen brennt, war ich bereit, meinen geliebten Sport zu verteidigen.

Nach dieser kurzen aber intensiven Begegnung mit meiner Mutter wurde ich von der Notaufnahme in die Chirurgie gebracht. Um mich herum traf man eilig die Vorkehrungen für ein medizinisches Worst-Case-Szenario.

Irgendwo aus meinem Inneren entsprang in diesem Moment das starke Bedürfnis, meine Mutter zu bitten, sie möge Pater Johannes finden. Ich wollte keine Narkose, bevor ich nicht die letzten Sakramente von einem Priester empfangen hatte. Wie durch ein Wunder trieb meine Mutter den Mann auf, der der Schrecken meiner katholischen Kindheit gewesen war. Obwohl er schon vor längerer Zeit zu einer anderen Gemeinde gewechselt hatte, kam Pater Johannes an diesem Abend und gab mir die letzte Ölung.

Angst hatte ich keine mehr vor ihm. Seine damals so einschüchternd wirkende Stimme klang jetzt sanft und wie aus weiter Ferne, als er den Ritus vollzog: *„Per istam sanctam unctionem…"* (Durch diese heilige Ölung…)

Das alte Gebet ließ den Schock allmählich abklingen. Ich kannte zwar die Bedeutung der lateinischen Worte nicht, aber sie drangen bis in mein Innerstes, viel tiefer als alles, was ich mit den Ohren hören konnte.

„Et suam piissimam misericordiam indulgeat tibi Dominus quidquid deliquisti." (Möge der Herr dir alle Sünden vergeben, die du begangen hast.)

Pater Johannes tauchte seinen Daumen in das kleine Fläschchen mit dem heiligen Öl und berührte damit vorsichtig die verkohlten Reste meiner Augen, meiner Nase, meiner Lippen, Ohren und Hände. Ich erinnerte mich an den Katechismus. Welche Sünden auch immer ich mit meinen fünf Sinnen begangen hatte, sie waren durch Gottes verzeihende Hände getilgt. Seltsamerweise waren ausgerechnet diese fünf Körperteile, die vom Sakrament für die Ölung vorgesehen sind, am schlimmsten betroffen.

Pater Johannes hatte sein Gebet kaum beendet, als ich von einem Pfleger durch einen Gang gerollt wurde und in ein Zimmer kam, in dem Menschen schreckliche Schmerzen litten. Schnell zogen die Schwestern einen Vorhang um mich, sodass ich die anderen Patienten nicht sehen konnte, aber ich spürte ihre Anwesenheit und hörte ihr Stöhnen und Schreien rings um mich herum.

Das war also die Intensivstation, der Ort, an dem sich Menschen zwischen Leben und Tod befinden. Die Atmosphäre in diesem Raum war surreal. Voller Tatendrang richteten die Intensivpfleger all ihre Aufmerksamkeit darauf, die schwachen Lebensflammen von Menschen zu erhalten, die eigentlich gar nicht mehr die Kraft zum Leben hatten.

Obwohl diese Klinik gar nicht auf Verbrennungsfälle wie mich eingerichtet war, gaben die Leute dort ihr Bestes, meinen Zustand zu diagnostizieren und zu stabilisieren. Nach der Erstuntersuchung ging der Chefarzt davon aus, dass ich die Nacht nicht überleben würde – allein mein Schockzustand würde bis zum Morgen meinen Tod zur Folge haben. Nichtsdestotrotz bekam ich fortwährend Infusionen, Bluttransfusionen, Sauerstoff und Betäubungsmittel, damit ich vor Schmerzen nicht völlig durchdrehte.

Fast die Hälfte meines neunzehnjährigen Körpers war von schwarz verkohlten, klaffenden Wunden bedeckt. Obwohl ich kaum bei Bewusstsein war, kann ich mich daran erinnern, wie in diesem Moment ein Satz in meinem Kopf präsent war: *Gott, es tut mir so leid! Bitte gib mir noch eine Chance.*

Die Schmerzen waren kaum auszuhalten. Ich lag vollkommen hilflos auf meinem Rücken. Mein ganzer Körper pochte, während Gesichter mit Mundschutz und behandschuhte Hände mein Gesichtsfeld kreuzten. Irgendwann dämmerte ich weg.

Zwölf Stunden später graute der Morgen. Und ich lebte noch.

Den Ärzten zufolge war ich dem Tod so nah gewesen, dass sie nun viele Beschränkungen lockerten und zum Beispiel enge Freunde und Familienangehörige zu mir ließen, um ihnen ein letztes Beisammensein mit mir und einen Abschied zu ermöglichen. Für meinen Vater galt das allerdings nicht, weil es hieß, seine Anwesenheit könne mich zu sehr aufregen – so zerrüttet war unsere Beziehung. Das muss schrecklich für ihn gewesen sein. Nur ich hatte von all dem ja nichts mitbekommen.

Keiner meiner Besucher war darauf vorbereitet, welches Bild ihn am nächsten Morgen auf der Intensivstation erwartete. Denn zusätzlich zu den enormen Verbrennungen war mein Kopf erheblich angeschwollen. Die reche Seite meines Gesichts war verbrannt und bestand nur noch aus schwarzem Gewebe. Eine offene Fleischwunde klaffte von meinem rechten Mundwinkel bis hin zu der Stelle, wo zuvor mein rechtes Ohr gewesen war, und wo man nun in meinen Kiefer hineinschauen konnte. Manche Leute wurden bei meinem Anblick sogar ohnmächtig.

Außerdem war ich auf dem rechten Auge blind. Bewegen konnte ich mich nicht, während ein Strom von Besuchern sich über die Sicherheitsabsperrung lehnte, um mich zu sehen. Ich erinnere mich nur noch an ein paar Gesichter.

Jim zum Beispiel fragte, was denn passiert sei. Dabei wusste er das natürlich; ihm fiel, geschockt von meinem Anblick, nur nichts Besseres ein. Früher hatte er im Haus neben uns gewohnt. Wir kannten uns, seit wir drei Jahre alt waren.

„Auf dem Erdboden fliegen Flugzeuge nicht gut", antwortete ich meinem Sandkastenfreund, dessen Gesicht sich in blankes Entsetzen verzog.

Als Grant am nächsten Tag kam, starrte ich ihn verständnislos an und fragte, was er denn wolle und warum er nicht auf der Arbeit sei. „Ich? Auf der Arbeit?" Seine Stimme fing an zu zittern und er brach fast in Tränen aus.

Obwohl mir selbst nicht bewusst war, wie schlimm meine Verletzungen aussahen, spürte ich die tiefe Erschütterung meiner Freunde.

Mein Bruder Robert erzählte mir später einmal, dass er sogar auf seinen Unterarm Duftsalze gestrichen hatte für den Fall, dass ihm übel würde.

Ich kann mich nur noch vage an all diese Dinge erinnern. Ich weiß auch, dass alle fünfzehn Minuten die Schwestern die Maschinen, die mich am Leben hielten, kontrollierten. Doch ich verlor immer wieder das Bewusstsein.

Jede Nacht rechneten die Ärzte mit meinem Tod; trotzdem gaben sie mich nicht auf, sondern strengten sich beeindruckend an, mich irgendwie am Leben zu halten und mögliche Komplikationen zu vermeiden. Alle zwei Stunden mussten die Schwestern meine verbrannten Beine, meinen Rumpf und die Arme neu umwickeln und mit Silbernitrat tränken, um die schwer verletzte Haut an diesen Stellen abzudecken. Eine Prozedur zum Schutz, denn das tote Körpergewebe war ein fruchtbarer Nährboden für alle möglichen Infektionen.

Meine rechte Hand war so schwer verletzt, dass ich sie vermutlich nie wieder würde gebrauchen können. Alle Schichten der Haut waren verbrannt und die extreme Hitze, der ich ausgesetzt war, hatte die Sehnen angegriffen und verkürzt, sodass ich meine Hand gar nicht mehr öffnen konnte. Mein kleiner Finger und der Ringfinger ließen sich überhaupt nicht voneinander lösen, und obwohl die Ärzte äußerst vorsichtig waren, infizierte sich die Stelle und der

Chefarzt ging davon aus, dass Unterarm und Hand amputiert werden mussten.

Der mit Abstand furchtbarste Teil der Behandlung war die *Wundsäuberung.* Ohne Betäubung schnitt der Chirurg das tote Hautgewebe mit Skalpellen und Scheren vorsichtig weg und schabte bis dahin, wo neue Körperzellen wuchsen und das Blut floss. Das tat er überall, wo ich Hauttransplantationen erhalten sollte.

Irgendwann wurde eine Säuberung wieder mit den Worten eingeläutet: „Mr Robinson. Wie fühlen Sie sich? Wir wollen Sie heute ein wenig säubern." Anschließend richteten die Schwester und der Chirurg einen sterilen Bereich rund um meinen Kopf, Nacken und Oberkörper ein. Dann schnitten sie das Gewebe rund um meine Augenhöhle weg, an meiner rechten Wange und der gesamten rechten Hälfte meines Kopfes entlang. Ich sah den Arzt mit einer Klemme hantieren und hörte das knirschende Geräusch, als alles bis auf einen kleinen Knorpel meines rechten Ohrs entfernt und weggeworfen wurde. *Schmerzhaft* ist kein treffendes Wort für das, was ich da erlebt habe. Aber ich ertrug es stoisch, ohne laut zu schreien.

Besonders mannhaft fühlte ich mich allerdings nicht mehr. Alles, was mich als normalen Menschen ausgemacht hatte, war beim Absturz in Flammen aufgegangen: Mein Körper war völlig unbrauchbar geworden – meine charismatische Schlagfertigkeit, Muskeln und Geschicklichkeit, mein relativ gutes Selbstvertrauen... mein ganzes Ego war zerstört. Ich existierte nur noch auf der untersten Ebene: Ich war bei Bewusstsein, aber mein Gefühlsleben war zutiefst erschüttert, ich litt unter extremen Schmerzen und die Prognose wurde trotz aller Behandlungen immer schlechter.

Der Grad meiner Verletzungen war außerordentlich und mein Zustand weiterhin kritisch. Das Schlimme an Verbrennungen und

Wunden sind die Komplikationen, die sich daraus im Laufe der Zeit ergeben. Bereits innerhalb weniger Wochen schrumpfte mein Athletenkörper von 80 auf 45 Kilogramm und Infektionen breiteten sich überall auf meiner Haut aus. Zudem litt ich unter einer Hirnprellung von der Wucht des Aufpralls, als das Flugzeug in den Baum gerast war. Die meiste Zeit lag ich einfach nur bewusstlos da – eine Kombination aus Hirntrauma, Betäubungsmitteln und den stärksten Schmerzmitteln, die überhaupt zulässig waren. Leider gab es für all diese Schmerzen in Summe keine angemessene Medikation.

Meine Beine und Muskeln verloren jegliche Kraft. Sie wurden steif und unbeweglich. Das Nervensystem von den Knien abwärts bildete sich zurück und beide Beine, ebenso wie die Füße, reagierten nicht mehr.

Keime gerieten in meinen Blutkreislauf und Mikroorganismen fingen an, sich dort einzunisten. Ich verlor täglich fast fünf Liter Blut und leerte damit die Blutbank des Krankenhauses vollständig in meiner Blutgruppe. Einmal verließen sogar fünfundsiebzig Menschen eine Party, nur um spontan Blut für mich zu spenden.

Mein Nervensystem war so empfindlich und traumatisiert, dass selbst ein leichtes Anstoßen an mein Bett sich im wachen Zustand für mich so anfühlte, als hätte mich jemand mit einem Vorschlaghammer getroffen.

Trotz der ausdauernden und hingebungsvollen medizinischen Betreuung, die mir zuteilwurde, verschlimmerte sich mein Zustand – aufgrund ständig neuer Komplikationen.

Doch mitten in dieser lebensbedrohlichen Abwärtsspirale geschahen Dinge, die medizinisch nicht zu erklären waren. So funktionierten zum Beispiel riskante Hauttransplantationen entgegen aller Prognosen zu 100 Prozent. Und als der Arzt nach einer Transplantation den Verband von einem großen Bereich meines Nackens abnahm und die Haut frisch und gesund hervorleuchtete, stammelte er: „Oh, mein Gott!"

Dan Harding besuchte mich täglich. Selbst wenn ich in tiefer Bewusstlosigkeit lag, wachte ich augenblicklich auf, sobald er nur dreißig Meter entfernt aus einem Aufzug stieg, und war vollständig da.

Einmal kam Dan wenige Minuten nachdem ich zum ersten Mal mit eigenen Augen gesehen hatte, wie stark meine Hand beschädigt war. „Meine Hand sieht beschissen aus", sagte ich mit rauer Stimme. Er warf mir einen strengen Blick zu und erwiderte: „Sag so etwas nicht. Es wird dir wieder besser gehen und du wirst hier rauskommen. Alles wird gut, wart's nur ab." Dan ließ nicht zu, dass ich je etwas Negatives sagte oder auch nur dachte.

Ein anderer Fallschirmspringerkollege, Jerry, musste eine gute Stunde mit dem Auto fahren, um mich zu besuchen, und er tat das, obwohl wir uns noch gar nicht lange kannten. Anfangs war es ihm nur erlaubt, vor der Intensivstation zu sitzen. Doch er kam trotzdem weiterhin ins Krankenhaus, einfach weil er in meiner Nähe sein wollte – auch wenn das bedeutete, dass er mich nicht sehen konnte. Schließlich wurde dann auch er auf die Liste der erlaubten Besucher gesetzt.

Einmal kam er zu mir, als ich zu schwach war, um zu sprechen. Er saß bei mir, hielt meine linke Hand und drückte sie in gleichmäßigen Abständen, ganz rhythmisch. Und während er das tat, spürte ich, wie Wellen von Lebensenergie durch mich hindurchgepumpt wurden. Anschließend fühlte ich mich so gestärkt, dass ich wieder verständlich artikulieren und mich gut mit ihm unterhalten konnte.

Solche Besuche waren für mich ein Beweis, dass Berührungen, Mitgefühl und bestärkende Worte eine unermessliche Kraft über die Naturgesetze haben. Licht ist viel heller als jegliche Dunkelheit. Einige Male hatte ich auch spirituelle Erlebnisse, die ich so vorher nicht kannte und für die ich mich im Übrigen nie interessiert hätte.

Der Schwiegervater meiner Schwester war ein prominenter Chirurg, der gerade von einem dreizehn Monate dauernden freiwilligen Einsatz aus Vietnam zurückgekehrt war, wo er Zivilisten operiert hatte. Er hatte dort die grauenhaftesten Verletzungen gesehen, die man sich nur vorstellen kann, darunter auch Verbrennungen, die den Menschen mittels modernster Waffentechnik zugefügt worden waren. Trotz unseres Altersunterschieds verband diesen Arzt und mich eine tiefe Freundschaft. Wir hatten gemeinsame Interessen, die regelmäßig zu lebhaften Diskussionen führten. Er war Amateurpilot und investierte eifrig in Aktien. Außerdem ähnelten sich unsere Weltsicht sowie unsere Einschätzung verschiedener politischer Szenarios. Und er war sich dessen bewusst, dass ich ein nahezu professioneller Athlet gewesen war, was meinen Körper betraf.

Bereits wenige Tage nach dem Unfall besuchte und untersuchte er mich und sprach meinen Fall mit dem Chefarzt durch. Nachdem die beiden sich eine Weile medizinisch beratschlagt hatten, sagte Dr. Bill zu mir: „Mickey, ich möchte, dass du so viel isst, wie du nur kannst." Als er den Raum wieder verließ und durch den Korridor zum Ausgang lief, blieb ich an seiner Seite. An der Tür wunderte ich mich, dass er mich überhaupt nicht zu bemerken schien, aber dann trat er mit dem Fuß auf den automatischen Türöffner, die Tür schwang uns entgegen und durchdrang mich, als hätte ich gar keine Substanz! In diesem Moment flutschte ich in meinen Körper zurück, so als wäre ich mit einem unsichtbaren Gummiseil daran befestigt.

Ein anderes Mal besuchte ich meinen Arbeitsplatz und glitt durch die verschiedene Abteilungen, wo ich meine Kollegen sah und erkannte.

Und ungefähr zehn Tage nach meinem Unfall befand ich mich plötzlich mitten in einer Feier im Freien. Ich kannte die Leute dort ziemlich gut. Sie veranstalteten ein Picknick, aber alle waren nüchtern und traurig. Eigentlich hätte es ein fröhliches Ereignis sein sollen, aber wegen mir war die Stimmung so schlecht.

Ich hatte noch nie davon gehört, dass Menschen dazu imstande wären, sich außerhalb ihres Körpers bewegen zu können. Inzwischen glaube ich, ich war dem Tod so nah, dass mein Geist an Orte gelangte, die mir vertraut waren bzw. zu Leuten, mit denen ich eine enge Beziehung hatte. Diese Erlebnisse kamen ganz unvermutet daher und ich bin mir sicher, dass ich sie nicht irgendwie herbeigeführt habe.

Diese Phänomene hätten mir zu denken geben sollen. Aber ich war nicht in der Lage, das, was mit mir geschah, zu analysieren. Mein Ist-Zustand füllte mich vollständig aus und er bestand hauptsächlich aus extremer Verzweiflung. Meine Sicht vom Leben, so wie sie sich vom Krankenhausbett der Intensivstation aus gestaltete, bestand aus dem starren Blick an die Decke oder schräg hinüber zu den Besuchern, die sich über die Sicherheitsstäbe des Bettes lehnten. Ansonsten bestand mein Tag aus Behandlungen, täglichen Verbandswechseln und dem Check mehrerer lebenserhaltender Apparaturen.

Die Intensivstation hatte keine Einzelzimmer, sondern nur Abteilungen, die nur durch Vorhänge voneinander abgetrennt waren. Dementsprechend bekam ich viel von den anderen Patienten mit, die um mich herum versorgt wurden. So hatte ein Mann bei einer

Tankstelle gearbeitet, wo man ihm dreißig Dollar geraubt hatte. Der Dieb hatte ihm befohlen, sich zu entfernen, dann schoss er ihm in den Rücken. Seither war er von der Hüfte abwärts gelähmt. Immer wieder fragte er: „Kann ich noch einen Life Saver[3] haben?" Offenbar tröstete ihn die Süßigkeit in seinem Leid.

Der Mann, der mir direkt gegenüberlag, trug nach einem Autounfall einen Ganzkörper-Gipsverband. Ich schätzte ihn schon etwas älter und spürte irgendwie, dass er es schaffen würde. Ein anderer Mann war auf der Arbeit einem Scherz zum Opfer gefallen. Jemand hatte einen Sauerstoffschlauch hinten in seine Schürze geschoben, während er an seiner Maschine gestanden und gearbeitet hatte. Es hatte einen Funken gegeben und die untere Hälfte seines Körpers war vollständig verbrannt. Seine Frau sorgte liebevoll für ihn, wusch ihn und schnitt ihm die Haare. Sie erzählte meiner Familie diese Geschichte, während sie meine zu hören bekam. Als der Mann entlassen wurde, freute ich mich für ihn. Aber bei mir war daran nicht zu denken, von einer Entlassung konnte nicht die Rede sein.

Oft hörte ich mitten in der Nacht Menschen, die extreme Schmerzen hatten. Das Stöhnen, die immer neuen Bitten um Schmerzmittel, hysterische Schreie wie „Lasst mich hier raus!". Und auch ich, wenn ich in diesen dunklen, trostlosen Nächten bei Bewusstsein war, musste meine Qual und mein Elend irgendwie loswerden.

Meine Mutter fragte die Ärzte oft: „Ist er denn jetzt über den Berg?"

Die Antwort lautete jedes Mal: „Sein Zustand ist immer noch sehr, sehr kritisch." Später sagten sie schlichtweg: „Wir gehen nicht davon aus, dass er es schafft." Aber meine Mutter glaubte nie, dass ich sterben würde. Sie war die Einzige, die unbeirrt positiv blieb.

Medizinisch gesehen standen den Ärzten keine weiteren Möglichkeiten zur Verfügung. Mein Chefarzt kam sogar vorbei, um mir einen Sixpack Bier zu bringen! Ich brauchte Flüssigkeit. Was ich trank, war völlig egal. Ich trank es, konnte dem Bier aber nichts abgewinnen.

Auch fürs Essen interessierte ich mich nicht besonders. Sobald ich ein paar Bissen zu mir genommen hatte, spuckte ich sie wieder aus.

Aus therapeutischen Gründen rief mein Arzt einen angesehenen Spezialisten für Verbrennungen aus einer nahe gelegenen medizinischen Fakultät hinzu. Nach einer gründlichen Untersuchung beschrieb dieser Mann meinen Zustand in hoch komplizierten wissenschaftlichen Termini. Aber seine Zusammenfassung verstand ich problemlos: „Es gibt nichts, was ich für diesen jungen Mann tun könnte."

Von da an gaben die Mediziner es auf, mein Leben retten zu wollen. Sie warteten nun lieber ab, bis der Tod eintreten sollte.

Wer hätte sie dafür tadeln wollen? Vom Standpunkt der wissenschaftlichen Medizin war ich ein hoffnungsloser Fall. Mit ihrem Urteil wanderte ich in Richtung des dunkelsten Ortes, den man sich nur vorstellen kann – das „finstere Tal". Doch eine Größe hatten die Ärzte in ihrer diagnostischen Zusammenfassung nicht berücksichtigt: die übernatürliche Allmacht Gottes.

Kapitel 12

Der Jüngste Tag

Jeder wird geboren und jeder wird eines Tages sterben – für alle Menschen und zu allen Zeiten gelten, unabhängig von ihrer sozialen Schicht, ihrem Bildungsstand oder Glauben, diese beiden gemeinsamen Nenner.

Seit Jahrhunderten beschäftigen sich Philosophen, religiöse Menschen, Psychologen und Wissenschaftler mit dem Phänomen Tod – dieser unvermeidlichen Realität für die gesamte Menschheit. Dabei bleiben trotz all ihrer Bemühungen, Meinungen, Theorien und oft weit hergeholten Spekulationen nur zwei Möglichkeiten: Entweder gibt es ein Leben nach dem Tod oder eben nicht – dann wartet jenseits des Lebens eine große, nichtige Leere auf uns. Meistens gefolgt von der Erkenntnis, dass es auch keinen Gott gibt.

Vier oder fünf Wochen vor dieser Zäsur in meinem Leben waren mir Gedanken über den Tod, das Leben danach, die Existenz eines Gottes, vollkommen fremd. Ich konzentrierte mich auf die Gegenwart, fühlte mich stark, wurde immer besser in dem, was ich tat, und war geblendet von meinem eigenen Selbstbild. Ich gab eben alles, fühlte mich unbesiegbar und war nicht aufzuhalten. Bis mir meine eigene menschliche Sterblichkeit vor Augen geführt wurde.

Von jetzt auf gleich war nicht einmal mein nächster Atemzug gesichert.

Zahlreiche Infektionen bedrohten meinen Körper innerlich wie äußerlich, ich war bis auf die Knochen abgemagert, musste massive Blutverluste verkraften und dehydrierte so stark, dass ich unkontrollierbare Fieberschübe bekam. Wegen der Verbrennungen und Fleischwunden waren Kühlpacks und Anwendungen mit Alkohol nicht möglich. Stattdessen wurde ich auf einer Vinylmatte gelagert, durch die Kunststoffschläuche mit einer Kühlflüssigkeit führten, um meine Temperatur zu senken. Ich fror äußerlich, aber innerlich wütete das Fieber weiter. Manchmal zitterte und schlotterte ich dermaßen, dass die Metallgestänge auf beiden Seiten meines Bettes klapperten.

Mich überkam ein unheimliches Gefühl, so als ob die Hebel in meinem Körper allmählich auf die Aus-Position geschoben würden. Meine Organe versagten ihren Dienst, mein Atem ging schnell und flach und war nur noch ein kraftloses Keuchen. Die Ärzte erbarmten sich und erhöhten die Dosis der Schmerzmittel.

Ich lag da ohne Bewusstsein, hörte und sah nichts mehr, als ich plötzlich Bekanntschaft mit einem weiteren spirituellen Phänomen machte.

Der Chefarzt stand rechts neben meinem Bett und hielt meine Akte in den Händen. Ich hörte, wie er zu der Schwester auf der anderen Seite meines Bettes sagte: „Wenn Mr Robinson gestorben ist, desinfizieren Sie bitte den kompletten Bereich hier. Wir werden dann Mr Clark hierher verlegen."

Nein, nein, dachte ich. *Sagen Sie das nicht, das ist nicht wahr.*

Bis heute kann ich mich genau an den Klang seiner Stimme erinnern, die Entschlossenheit auf ihren Gesichtern und meinen Widerstand gegen das, was für sie absehbar schien. Aber ich konnte nicht reagieren. (Eine wichtige Lektion: Es ist große Vorsicht geboten, wenn man über Leute spricht, die scheinbar nicht anwesend sind!)

Später an diesem Abend, als die Schicht gegen 23 Uhr wechselte, schlich sich ein Freund unserer Familie durch den Angestelltenaufzug ins Krankenhaus, ein Polizist. Bob Giuliani war früher oft bei uns zum Kaffeetrinken gewesen und er wusste, dass ich in schlechter Verfassung war. Deshalb ignorierte er die Besuchszeiten und verschaffte sich Zutritt zu mir. Er hatte eine winzige Taschenlampe dabei und sagte plötzlich nur dreißig Zentimeter von meinem Gesicht entfernt: „Mickey, wie geht es dir?"

„Ich weiß nicht." Obwohl ich das nicht weiter ausführte, erriet er meinen Zustand.

„Italiener geben nicht auf!", sagte er – kurz bevor eine Schwester ihn entdeckte und nach draußen beförderte.

Obwohl ich um 23 Uhr eine Dosis Schmerzmittel verabreicht bekam, die mich etwas erleichterte, verbrachte ich den Großteil dieser Nacht mit brennendem Fieber und heftigem Schüttelfrost.

Nach dem Schichtwechsel um 7 Uhr kam der Chefarzt zur Visite. Anschließend ging er direkt in sein Büro und rief meine Schwester Barbara an. Sie hatte wenige Wochen zuvor meinen Neffen geboren und konnte deshalb keine der Wachen übernehmen, die der Rest meiner Familie an meinem Bett eingerichtet hatte.

Er sagte ihr, sie solle vorbeikommen, ihr Bruder würde den Nachmittag nicht mehr erleben.

An diesem Morgen lagerte die Pflegerin meinen Kopf etwas höher, damit ich besser Luft bekam. In diesem Moment wurde mir eine weitere übernatürliche Fähigkeit bewusst, denn ich konnte durch die Wand in das Nachbarzimmer sehen, das hell von den

Oberlichtern erleuchtet war und wo auf Edelstahltischen allerlei Instrumente lagen.

Mein Bruder tauchte auf. Robert stand links an meinem Bett, er trug mein bestes Golf-Shirt. „Robbie, wie kommst du hierher?", fragte ich beiläufig.

„Wie meinst du das?"

„Dies ist eine Leichenhalle", sagte ich mit bewegter Stimme. Er sah betroffen aus. „Es geht dir doch gut, Mickey. Mach dir keine Sorgen."

Bestimmt dachte er, ich sei im Delirium und halluzinierte, aber das stimmte nicht. Ich konnte durch die Wand in das benachbarte Zimmer sehen. Als ich Robert davon erzählte, verschwand die Vision. Nach einigen Minuten verließ mein Bruder das Zimmer und setzte sich draußen in den Wartebereich.

Mein Fieber stieg wieder, ich bekam erneut Schüttelfrost und die Schmerzmittel wirkten nicht.

Plötzlich brach etwas in mir wie ein Schmetterling aus einem Kokon, mein Innerstes, mein Geist und meine Seele trennten sich von meinem Körper. Ich spürte, wie meine untere Körperhälfte durch die Matratze und das Bettgestell hindurchgehen konnte. Dann wurde mein Ich senkrecht zu meinem gebrochenen Körper aufgehängt. Und ich wurde unmittelbar in eine andere Dimension transportiert: in eine geistliche Welt!

Ich blickte an mir herunter. Mein geistlicher Körper war unversehrt. Meine rechte Hand war nicht zerfleischt, sondern intakt. Keine Verbrennungen, keine Narben, nichts von all dem war zu sehen.

In diesem Moment wurden mir mehrere Dinge gleichzeitig klar. Zum einen wusste ich sofort, dass ich ein Geist war. Ich besaß eine

Seele und lebte in einem menschlichen Körper in der realen Welt. Aber in dieser realen Welt, dem physikalisch geschaffenen Universum, befand ich mich nicht mehr. Der neue, geistliche Ort war überirdisch und dort war alles anders.

Die Farben um mich herum besaßen eine unbeschreibliche Leuchtkraft, sie strahlten mit einer solchen Tiefe und Brillanz! Ich sah alle Umrisse mit absoluter Klarheit und in höchster Auflösung, und zwar rundum, als hätte ich einen 360-Grad-Blick, obwohl ich geradeaus sah. Auch meine Gefühle waren viel intensiver; ich befand mich in einem Zustand, der sich aus Schock, Staunen und Ehrfurcht zugleich zusammensetzte.

Dieser Mann in Form eines Geistes war ich selbst, und dieser überirdische, himmlische Ort war wirklich. Und er war wirklicher als alles, was ich in der physischen Welt durch meine fünf Sinne erfahren und mit meinem Intellekt bis dahin begriffen hatte. Mein Bewusstsein und meine Wahrnehmung befanden sich in einem ganz anderen Modus. Bevor ich auch nur ansetzte, eine Frage zu formulieren, stand die Wahrheit mir bereits klar vor Augen. Alles war brillant und bezaubernd.

Was geschieht mit mir? Was ist mit dem Flugzeugabsturz? Wo ist mein Körper und was ist ihm zugestoßen? Rationale Schlussfolgerungen, Logik und Verstand sowie die Naturgesetze waren wie ausgelöscht durch mein neues Bewusstsein.

So schockierend und verwunderlich das alles war, gab es einen Aspekt, der vorherrschte und andauerte. Ich war fasziniert davon, dass ich die Ewigkeit kennenlernen und verstehen würde. Alles in der Schöpfung des Universums und auf physikalisch greifbarer Ebene ist an einen chronologischen Zeitablauf gebunden. Was neu ist, wird älter werden. Alles, was beginnt, findet auch ein Ende.

Was lebendig ist – Tier oder Pflanze –, fängt irgendwann an zu leben und endet mit dem körperlichen Tod. Das gesamte Universum ist einem zeitlichen Ablauf unterworfen. All unsere Gedanken und Gefühle, Schmerz und Lust, leuchten nur ganz kurz auf dem Bildschirm der Ewigkeit auf. Normalerweise steht uns das alles nicht so vor Augen; man braucht diese geistliche Einsicht und ein ebensolches Verständnis, um diese Dinge zu begreifen.

Entzückt von diesem Wunder wurde ich von einer unsichtbaren Macht zu einer Öffnung hingezogen – einem Portal aus reinem weißem Licht. Als ich in dieses gleißende Leuchten blickte, erfasste mich ein unwiderstehliches Verlangen hindurchzuschreiten. Das Licht strahlte heller als tausend Sonnen und schien friedlich und tröstlich zu sein. Das Licht befand sich leicht erhöht über dem Pfad, den ich dahinglitt, und es stand im Zentrum dessen, was ich erlebte. Während ich darauf zusteuerte, begriff ich, dass dieses Portal ein Eingangstor war. Und während ich ihm näher kam, fühlte ich, welchen Frieden dieser Weg ausstrahlte.

Dabei entstand jedoch auch ein Druck an meiner rechten Seite; ich sah an mir herab und blickte in … tiefste Finsternis.

Dort, unter mir, war es schwärzer als schwarz. Ein Abgrund, eine komplette Leere, und ich wusste, dass sie dort für immer und ewig herrschte. Es war, als würde man in ein Schwimmbad voll schwarzer Tinte geworfen. Auch dort war eine hohe Empfindsamkeit möglich, aber ohne Augenlicht, ohne Berührung, fern allen Lebens, mit der ewigen, hoffnungslosen Reue, dass es aus diesem Zustand kein Entrinnen mehr gab.

Eine Seele, die in diese bodenlose Dunkelheit eingeschlossen wird, ist auf entsetzliche Weise verloren. Dort gibt es zwar auch Wünsche und Sehnsüchte, aber alles ist absolut abgetrennt vom

Leben. Träume und Vorstellungen, die nach Erfüllung suchen, werden für immer abgeschmettert und durch fortwährende, bewusst erlebte Albträume einer dunklen Verzweiflung ersetzt. Diese Einsamkeit lässt sich durch nichts mehr aufheben. Sie endet nie. Sie dauert fort bis in alle Ewigkeit.

Als ich in diese Finsternis hinabstarrte, erfasste mich ein unvorstellbarer Horror. Ich konnte tatsächlich spüren, was das für ein Schicksal bedeuten würde. Endlose, einsame Verlassenheit. Der Rand dieser Finsternis begann das reine weiße Lichtportal, dem ich entgegenstrebte, zu verdunkeln. Da schrie mein Geist dieselben Worte, wie wenn ein Ertrinkender nach Atem keucht, dieselben Worte, die ich verzweifelt gebetet hatte, als die Sanitäter mich von der Unfallstelle in die Intensivstation gebracht hatten: *„Bitte, Gott, ich will leben. Ich will am Leben bleiben. Bitte gib mir eine zweite Chance!"*

Kapitel 13

Im Himmel

In dem Augenblick, als mein Geist diese Worte voller Verzweiflung ausstieß, schlüpfte ich durch den verbleibenden reinweißen Lichtschimmer. Ich entfernte mich von der Finsternis und gelangte durch das leuchtende Portal in die Gegenwart des allmächtigen Gottes. Sofort wusste ich, dass ich nie sterben, sondern das ewige Leben haben würde. Und dasselbe Verständnis erfüllte mich wie bei meinem Eintritt in diesen mystischen, himmlischen Ort, nur dass ich dieses Mal Einsicht in die Bedeutung der göttlichen Präsenz und ihres königlichen Glanzes erhielt. Ich spürte Gottes Anwesenheit zu meiner Linken, als ich gerade aufstand und meine Arme nach oben reckte, ein Bad nehmend in der reinen, vollkommenen Liebe Gottes.

Dieser lebendige Glanz umstrahlte alles, und es war nicht nur ein Gefühl oder ein emotionales Erleben, sondern eine überwältigende Anwesenheit. Ich stand in diesem reinen Leuchten, und obwohl ich nichts sehen konnte – kein Bild, keine Form oder Gestalt –, wusste ich, dass dort eine Person war, deren majestätische Ausstrahlung mich durchdrang wie unzählige Lichtstrahlen.

Gott ist unendlich in jeglicher Richtung. Von seinem Thron geht alle Macht aus, alle Weisheit, alle herrliche Pracht und unzweifelbare Autorität – wobei alles von einer fortwährenden, höheren Liebe beherrscht wird.

Ich wusste, dass ich mich im Himmel befand. Im Buch der Psalmen schrieb König David: „Du zeigst mir den Weg, der zum Leben führt. Du beschenkst mich mit Freude, denn du bist bei mir. Ich kann mein Glück nicht fassen, nie hört es auf."[4] Ich stand nun dem gegenüber, was David vor dreitausend Jahren zur Niederschrift inspirierte – einer augenblicklich von Gott erfüllten Gegenwart.

Obwohl ich ihn nicht von Angesicht zu Angesicht sehen konnte, weder seinen himmlischen Thron noch andere lebendige Wesen, wusste ich, dass ich mich im Zentrum und an der Quelle dessen befand, wovon alle Lebenskraft ausgeht. Was ich sah und erlebte, war großartiger, als man es mit menschlichen Worten hätte beschreiben können. Ich glaube, dass ich an dem biblischen Fluss stand, „in dem das Wasser des Lebens fließt. Er entspringt am Thron Gottes."[5] Irgendwo zwischen meiner Hüfte und meinen Knien floss er hindurch. Es war, als könnte ich mit dem bloßen Auge die Strahlen darin sehen – einen schnell fließenden, glänzenden Strom mit Goldpartikeln darin. Dieses lebendige Wasser ließ mich mit Gottes Geist in vollkommener Harmonie fühlen, als wäre ich eins mit ihm. Ich war lebendiger als je zuvor in meinem Leben auf Erden, ich war bis in jede Faser durchdrungen von vollkommener Liebe und vollkommenem Frieden.

Alles, was dieser Fluss berührte, wurde zu neuem Leben – mit ungeheuerlicher Schöpfungskraft. Ich war hingerissen von einer enorm geschärften Wahrnehmung, einem überwältigenden Wissen, dass alle Menschen da sind, um mit ihm in Verbindung zu treten.

Die spektakuläre, leuchtende Energie, die aus allen Richtungen auf mich zuströmte, überstrahlte aber keineswegs die vorherrschende Gegenwart seiner Person.

Ich sah Farben, wie ich sie auf der Erde noch nie gesehen hatte. Alles schien aus durchsichtigen Juwelen mit fließenden Farbverläufen zu bestehen. Trotzdem war dieses Material durchsichtig und anders als alles, was ich von der Welt kannte. Im Himmel gab es keine Schatten; das Licht drang überall hin und alle Dinge leuchteten. Ich verspürte ein überwältigendes, alles beherrschendes Bewusstsein meines Selbst, mitten in dieser großartigen, grenzenlosen Weite. Unbeschreibliche Formen und Farben pulsierten um mich herum wie ein visuelles, harmonisches Orchester.

Alles lebte, nichts bestand aus toter Materie, und alles vermehrte Gottes Pracht!

An diesem himmlischen Ort war alles rein und pur. Ich fühlte mich frei, aber auch unschuldig – und akzeptiert von dem Einzigen, dessen Akzeptanz ich unbedingt benötigte, als Sohn eines Vaters, der immer für mich sorgen würde.

Die Erfahrung, mich in der Gegenwart Gottes aufhalten zu dürfen, schuf in mir bedeutungsvolle und beständige Werte, und zwar nachhaltig. Ohne Zweifel wusste ich, dass all das, was ich empfand, wirklich die Anwesenheit Gottes war. Ich war aus den Begrenzungen meines menschlichen Körpers und aus dem Trott meines irdischen Daseins ausgebrochen und erlebte pur die reine Macht, von Geist zu Geist. Mir wurde klar, dass die Begegnung mit Gott zwar damit zu tun hatte, was die Heilige Schrift lehrt, sie bestand aber keineswegs aus philosophischen Überlegungen oder rationaler Einsicht, sondern es handelte sich um ein ganz intimes Erlebnis. Derart nah zu sein mit Gott bedeutet, dass man ihn kennt und eins mit ihm wird.

Ich erkannte, wie großartig alles war, was ich sah und erlebte. Und ich wusste, dass mich das alles für den Rest meines Lebens verändern würde.

Das Erschütterndste an der gesamten Erfahrung aber war zu erkennen, zu fühlen und zu hören, dass Gott mich mit seiner vollkommenen, persönlichen und immerwährenden Liebe annahm. Wie das vor sich ging? Es war die extreme Gnade und das Erbarmen des wahren und lebendigen Gottes in dem Moment, als ich ihn schwach, aber verzweifelt anflehte: „Es tut mir leid! Bitte gib mir noch eine Chance!", inspiriert von der unterbewussten Erinnerung an einen Priester, der mich ein Gebet auswendig lernen ließ. Meine an den Haaren herbeigezogenen Hilfeschreie zu einem Gott, dem ich so lange keinerlei Aufmerksamkeit geschenkt hatte, waren so ähnlich wie die des Diebs, der Jesus anrief, als er neben ihm am Kreuz hing. Mir wurde etwas geschenkt, was ich nie im Leben verdient hatte.

Was ich dort im Himmel empfing, befand sich jenseits allen üblichen Verständnisses. Was ich brauchte, ließ sich nicht durch systematisch erworbenes Wissen erlangen, denn ich war nicht gut genug gewesen. Ich hatte nichts vorzuweisen an verborgenen Talenten oder anderen menschlichen Heldentaten. Was ich brauchte, war eben das, was mir verloren gegangen war: mein Leben. Und das bekam ich nun neu geschenkt, und zwar direkt an der Quelle und dem Ursprung allen Lebens.

Wenn wir ein kleines Kind beobachten oder von einer barmherzigen Tat inmitten einer grausamen, ungerechten Situation hören, erkennen wir die Unschuld einer Person. Aber Unschuld ist immer abhängig davon, wie wir sie definieren. Im Himmel hingegen bedeutet Unschuld einen Zustand, so als hätte man niemals etwas getan, was nicht rein und vollkommen war. Nur einer ist wirklich unschuldig und kann diesen Zustand auf andere übertragen. Gott existiert in einer absoluten Reinheit, und zwar schon lange, bevor er die Welt geschaffen hat. Wir hingegen sind durch unsere Sünden schuldig vor ihm, jeder Einzelne von uns. Seine Gnade und große Liebe bewirken aber, selbst wenn wir geistlich tot sind, dass wir – durch Jesu Zutun – mit ihm wieder lebendig werden können.

Das Lamm Gottes muss unschuldig und vollkommen sein, damit es ein würdiges Opfer ist. Kein Mensch könnte an seine Stelle treten. Deshalb hat Gott seinen Sohn gesandt, der unschuldig und rein geboren wurde. Dreiunddreißig Jahre später stand Jesus vor Pilatus, an dem Tag, als die Priester die Lämmer für das Schlachten am Passahfest prüften. Verspottet, fälschlich beschuldigt und geschlagen stand er vor Pontius Pilatus, der sagte: „Ich finde keine Schuld an diesem Menschen."[6]

Der römische Statthalter hat die Wahrheit gesagt: Dieses Lamm Gottes war ohne Fehler. Ein ewig unschuldiger Mann tilgte die Schuld für die gesamte Menschheit. Seitdem sind wir frei und erlöst!

Im Himmel gibt es nichts als absolute Reinheit. Selbst die Erinnerung an frühere Fehler, das Bedauern, dass jemand, den man gekannt hat, nicht da ist, verschwindet. Alles ist vollständig und vollkommen, nichts fehlt oder erscheint irgendwie beschädigt. Alles Negative, selbst die Erinnerung daran, wird ausgelöscht. Es gibt auch keinerlei Angst. Scham, Schuld, Gewissensbisse, nichts davon ist mehr da. Traumata – ob körperlich, emotional oder geistlich – werden weggewischt, als hätte es sie nie gegeben. Das Vergessen erstreckt sich auch auf die Erfahrung von Flucht und Sorgen, natürliche Reaktionen, die wir aus Selbstschutz haben.

Illegale Süchte, unangemessene Beziehungen und egoistischer Ehrgeiz – all die Dinge, die wir auf Erden als normal ansehen – existieren vor Gott nicht. Sorgen, angefangen von kleinen Enttäuschungen bis hin zu unerträglicher Qual, Verlust und Leiden, erledigen sich wie von selbst, ohne dass wir dazu irgendetwas beitragen müssten.

So lässt sich der Satz aus der Offenbarung verstehen: „Gott wird abwischen alle Tränen von ihren Augen" (Offenbarung 21,4). Jegliche Erinnerung an vergangene Schmerzen, jede einzelne Träne ist vergessen! Und unsere Trauer verwandelt sich in Tanzen – eine freudige Feier voller Dank.

Ich war schockiert, als mein Geist meinen Körper verließ und in dieses himmlische Reich eintrat, wo ich von der Ewigkeit überrascht wurde und in den hoffnungslosen, finsteren Abgrund blickte. Aber der Schock über das Wunder, die heilige Gegenwart Gottes erleben zu dürfen, war unendlich viel größer. Alles war so neu. Ich wusste, ich würde immer dorthin gehören und mich nie mehr alleine fühlen. Mir war mit einem Mal bewusst, dass der Herr des Himmels für mich sorgen würde. Für immer.

Kapitel 14

Eine andere Welt

Obwohl ich noch nie von dieser Art geistlicher Erlebnisse gehört hatte, kannte ich verschiedene religiöse Kunstwerke, auf denen der Himmel abgebildet war: Gott, wie er mit Harfe spielenden Engeln auf einer Wolke schwebt. Ich denke, dass die meisten Menschen Gott so wahrnehmen wollen, in einer Bildwelt, die dem menschlichen Auge entspricht. Doch dabei ist dieses übernatürliche Reich eben nicht von dieser Welt, sondern so anders, dass die menschliche Sprache nicht ausreicht, um es auch nur annähernd zu beschreiben.

In der Bibel steht: „Am Anfang schuf Gott Himmel und Erde."[7] Im Hebräischen steht das Wort für Himmel im Plural! Ich gehe davon aus, dass es sich beim ersten Himmel um die Erdatmosphäre handelt, all die verschiedenen Stratosphären und um alles, was mit dem bloßen Auge oder durch Teleskope sichtbar ist. Der erste Himmel ist der unserer natürlichen, irdischen Umgebung.

Als ich im Krankenhaus meinen Körper verließ, habe ich wohl ein übernatürliches Reich betreten, auf das sich die Bibel als einen zweiten Himmel bezieht. Dort habe ich Dinge gesehen und verstanden, die mir auf der Erde fremd waren. Es ist der Ort, von dem der Apostel Paulus in seinem Brief an die Gläubigen in Ephesus schreibt: „Jetzt sollen alle Mächte und Gewalten der himmlischen Welt an der Gemeinde die unendliche Weisheit Gottes erkennen."[8] Wenn Menschen unterschiedlicher spiritueller Glaubensvorstellungen Engel, Dämonen oder andere Mächte sehen, stammen sie wohl aus diesem Reich. Auch die Trennung von Körper und Seele findet dort statt. Manche Menschen, die Nahtoderfahrungen gemacht haben oder ein übernatürliches Erlebnis hatten, treten in diesen zweiten Himmel ein. Aber ich glaube nicht, dass es sich dabei schon um *den* Himmel handelt.

Als ich durch das Portal aus weißem Licht geschlüpft bin, habe ich das betreten, was ich den dritten Himmel nenne, die unmittelbare Anwesenheit des allmächtigen Gottes. Der Apostel Paulus hat geschrieben, dass er einen Mann kannte, der dort gewesen ist und anschließend ins Paradies gelangte, an einen Ort, wo er eine besondere Beziehung mit Gott haben und in enger Verbundenheit mit ihm leben konnte.[9] Paulus scheute sich teilweise davor, über seine eigenen Erfahrungen zu sprechen, weil er damit nicht prahlen wollte.

Er sprach von einem Geheimnis, das lange Zeit im Verborgenen gelegen hatte und das durch Jesus Christus für jeden zugänglich wurde, selbst für Außenstehende – jene, die nicht zum Volk Gottes gehörten und zu denen ich mit Sicherheit zählte.

Es hat Jahre gebraucht, bis ich imstande war, über meine Himmelserfahrung mit anderen zu sprechen. Bis heute versuche ich mir nichts auf die Dinge einzubilden, für die ich nichts konnte, die aber meine wunderbare und dauerhafte Verwandlung zur Folge hatten. Aber das eine muss ich doch sagen: Die persönliche Liebe, die Gott mir erwiesen hat, und ihre Kraft sind für mich immer noch umwerfend.

Ein Wort, das meine Himmelserfahrung am treffendsten beschreibt, ist: *Transzendenz*. Alles im Himmel übertrifft das, was man zuvor zu denken in der Lage war oder sich vorgestellt hat. Viele Leute fragen mich: „Wie lange warst du denn da?" Das kann ich nicht sagen, denn die Erfahrung ging über die zeitliche Dimension hinaus, über den uns bekannten Raum und über alles, was wir aus unserer Welt kennen.

Ein weiteres Wort, das meine himmlische Begegnung etwas näher illustriert, ist: *Zugehörigkeit*. Es war, als würde mir ein neuer Pass ausgestellt, der mich nun als Bürger des Himmels ausweist. Erstaunlich, dass etwas so Seltsames und Außergewöhnliches mit dem tröstlichen Gefühl einhergeht, in dieser himmlischen Welt eine Wohnung, ein Zuhause haben zu dürfen.

Auch ein Gefühl von Macht spielte eine Rolle. Zwei griechische Worte, die Gottes Macht definieren, können vielleicht zum Verständnis meines Erlebnisses beitragen. Eines lautet *Exousia*, Gottes absolute, legale und souveräne Autorität. Das andere ist *Dunimas* und bedeutet eine wunderbare, aktive Kraft, der alles möglich ist, also nicht nur eine ausführende, sondern eine gezielt handelnde Kraft.

Wie kam es, dass ich mich angesichts der göttlichen Autorität nicht klein fühlte? Und von der Intensität seiner Allgewalt zerschmettert wurde? Ich fühlte mich nicht nur berechtigt, in seiner Gegenwart und *Dunimas* stehen zu bleiben, ich saugte sie förmlich in mir auf. Wie war das möglich? Allein durch die Gnade, und zwar eine ganz erstaunliche Gnade. Ich habe ein unglaubliches Maß an Energie empfangen und gleichzeitig wurde mir eine unfassbar tröstliche Ruhe geschenkt.

Während ich im dritten Himmel an der Quelle des Lebens stand, hatte ich eine Vision. Anders als heutige Flachbildschirme hatte diese Vision die Tiefe und Auflösung eines Hologramms – also so in der Art wie ein übernatürlicher 3D-Film. Nach und nach sah ich die Dinge, die in den folgenden sechseinhalb Jahren meines Lebens passieren würden wie die geistliche Version einer virtuellen Realität. Vieles davon verstand ich nicht, aber einige ließen mich mit starken Gefühlen reagieren, so bedeutungsvoll waren sie für mich. In meiner Vision sah ich Menschen, die ich noch nicht kannte, mit denen mich aber offenbar eine wichtige Beziehung verband. Manche dieser Leute gehörten schon zu meinem Leben und waren an dem, was ich sah und fühlte, beteiligt.

Zuerst sah ich den Flugplatz von Brunswick – den Ort, wo unser Fallschirmspringerteam zu Hause war. Ich blickte aus einer Höhe von ungefähr 20 Metern über das Flugfeld, wo drei von uns die beiden Studenten, die wir trainierten, in das Flugzeug einluden. Dann bemerkte ich den Anhänger, in dem sich unser Büro befand, und nicht menschliche Wesen, die an den Seiten des Gebäudes und hinter parkenden Autos versteckt waren. Die Leute am Boden konnten sie offenbar nicht sehen. Niemand dort unten hatte eine Ahnung, dass sie da waren, aber sie wirkten völlig real und kämpften dort unten offenbar einen geistlichen Krieg.

Dann wechselte die Szene und ich befand mich in einem Raum, in dem Musiker mit elektrischen Gitarren, Schlagzeug und riesigen Verstärkern übten. Wie Bilder, die im Kino schnell auf einen zurasen, sah ich als Nächstes eine Panoramasicht gigantischer Rockmusik-Festivals. Hunderttausende von Menschen, aber auch einzelne, die immer wieder Dinge taten, die wie Rituale aussahen. Als würde eine Schleuse geöffnet, explodierte die gesamte Drogenkultur und verbreitete sich unter den Menschen. Und ich sah Menschen, die im öffentlichen Raum auf tödliche Weise mit Drogen und Nadeln hantierten.

Während dieser Visionen war ich lediglich Zuschauer. Einiges von dem, was mir da gezeigt wurde, spielte sich in rascher Folge vor meinen Augen ab. Manche Menschen und Ereignisse stachen jedoch hervor und intensivierten sich, während ich in die Vision eintauchte. Es war wie eine geistliche Nahaufnahme. Drei Leute, die mir sehr nahestanden, stiegen aus einem Familienauto aus und ich stand einem von ihnen plötzlich gegenüber. Sie hatten Drogen konsumiert und wirkten für mich unerreichbar. Voller Mitleid wollte ich ihnen helfen, konnte aber durch die Drogen nicht zu ihnen vordringen.

Dann folgten verschiedene Szenen aufeinander: Manche von ihnen riefen Mitgefühl bei mir hervor, während andere mich aufgrund ihre negativen Ereignisse, die folgen sollten, beschäftigten. Seltsamerweise war ich stark bewegt von Dingen, die noch gar nicht stattgefunden hatten. Und obwohl ich eigentlich nur zuschaute, fühlte ich mich eigenartig beteiligt: „Das soll so nicht weitergehen! Mit diesen Dingen will ich nichts zu tun haben!"

Eine weitere Nahaufnahme zeigte mich, wie ich an einem altertümlichen Haus vorbeiging und dann einen Pfad hinunter zu einem rostigen Tor einschlug. Als es sich öffnete, verbreitete sich Fliederduft. Ich fühlte die Wärme der Sonne und hörte das Tor quietschen. Alles war friedlich, angenehm und ich spürte, welche Bedeutung das alles hatte. Dann sah ich das Gesicht eines schönen, jungen, blonden Mädchens mit einem süßen Lächeln. Es war Barbara, meine zukünftige Frau, in unserem ersten Haus – einer kleinen Farm in Ohio, wo wir Pferde züchteten, Kinder bekamen und unser gemeinsames Leben begann.

All das lag etwas mehr als fünf Jahre in der Zukunft, aber es war so real, als befände ich mich schon dort.

Zahlreiche weitere Szenen zogen an mir vorüber. Plötzlich sah ich mich an einem tropischen Strand, mir gegenüber ein Mann mit langen, geflochtenen Haaren. Er schüttelte mit seiner linken Hand einen gebogenen Ast und drückte mit seiner rechten Hand Zitronensaft auf sein Haar. Dabei starrte er mich an und sang. Zwischen meinen Füßen lag ein trockenes Stück Treibholz. Der Mann hatte eine intensive, böse Ausstrahlung. Ich drehte mich um und rannte, so schnell ich konnte, auf die untergehende Sonne zu, scheinbar für immer.

Dann sah ich mich in einer kleinen Gruppe von Menschen, wie wir von einem schönen, tropischen Hügel hinabstiegen. Dort gab es Blumen, tropische Früchte und exotische Bäume, ebenso einen kristallklaren Strom, der von dem Hügel in eine idyllische smaragdgrüne Bucht der Karibik herabfloss. Die Leute bewunderten die Schönheit dieses Anwesens, lachten und waren guter Laune. Obwohl ich aus einer gewissen Entfernung zusah, konnte ich eine Stimme hören, die sagte: „So ist es im Paradies." Ich stellte mit Erstaunen fest, dass ich derjenige war, der das sagte, und Barbara befand sich auch dort. Als ich das Wort Paradies aussprach, verschwand die Vision und ich befand mich wieder in Gottes unbeschreiblicher Gegenwart.

Gott fing an, mit mir zu kommunizieren, aber nicht verbal oder mittels phonetischer Laute, sondern auf einer höheren Ebene der Kommunikation. Es war sein reiner Geist, der mir enthüllte, dass ich wieder auf die Welt zurückgesandt werden würde. Meine unmittelbare Reaktion darauf war das Gefühl, dass ich die Umgebung seines Glanzes und seiner bedingungslosen Liebe ganz sicher nicht mehr verlassen wollte. Aber was der Herr bestimmt, das geschieht!

Eine unsichtbare Macht zog mich sanft aus seiner Gegenwart fort, heraus aus dem leuchtenden Thronraum, durch das geistliche

Reich, das ich zuvor kennengelernt hatte, und schließlich zurück in die Erdatmosphäre. Ich stieg vom Himmel wieder hinab, mit dem Rücken zur Erde, durchdrang das Dach des Krankenhauses und mein Geist sank in meinen schwer verletzten Körper, wie eine Hand in einen Handschuh gleitet. Es war ein bisschen wie bei Star Trek, wenn jemand an einen anderen Ort gebeamt wird.

Ich lag flach auf dem Rücken in meinem Krankenhausbett, starrte mit meinem linken Auge an die Decke und hörte mich selbst Gott mit Worten und Wendungen danken, die mir ganz fremd waren. Ich stand nach dieser seltsamen, freudenerfüllten Rückkehr buchstäblich neben mir. Der junge Mann, der eben noch wegen zahlreicher fataler Komplikationen zum Tode verurteilt gewesen war, lebte. Tatsächlich besaß ich sogar ein neues Leben, erfüllt von vollkommener Liebe.

Obwohl mein Körper immer noch unverändert all die tödlichen Symptome und Komplikationen aufwies, verspürte ich einen übernatürlichen, unbegreiflichen Frieden. Die Bibel nennt das „den Frieden Gottes, der höher ist als alle Vernunft"[10]. Um mein Krankenhausbett herum standen ein halbes Dutzend Ärzte und Schwestern. Überrascht stellte ich fest, dass ich nun die Fähigkeit besaß, Seele und Geist dieser Menschen wahrzunehmen. Sie waren offenbar sehr erschrocken. Ich konnte das im Gesicht jedes einzelnen sehen, aber auch in der ganzen Gruppe spüren.

Überwältigt von Mitgefühl wurde mir bewusst, wie schlecht sie sich fühlten, und hatte beinahe selbst ein schlechtes Gewissen deswegen. Denn mir ging es blendend, ich strahlte vor Sicherheit und Zufriedenheit und fühlte mich beschützt. Obwohl sich körperlich bei mir noch gar nichts verändert hatte, war ich getröstet, und zwar durch die Liebe Gottes.

Das alles lässt sich logisch nicht erklären, weder mit Vernunft noch Naturgesetzen oder Psychologie. Es handelte sich ganz eindeutig um ein *übernatürliches* Ereignis. Ich hatte die Liebe meines himmlischen Vaters erlebt, als ich in seiner Gegenwart am Quell des Lebens gestanden hatte – und das war keineswegs eine bloße Erinnerung. Denn seitdem befanden sich Gott selbst und der Fluss des Lebens *in mir* drin.

Gott hatte mir auf mein verzweifeltes Gebet und mein schwaches Flehen eine direkte Antwort gegeben – nämlich eine zweite Chance!

Das Leben ist ein kostbares, wertvolles Geschenk. Mir wurde es neu geschenkt. Und gleichzeitig hatte für mich das ewige Leben bereits begonnen. Alles würde nun anders werden … für immer und ewig.

Kapitel 15

Der Anbeginn eines neuen Tages

Ich wachte in meinem zerstörten, aber dennoch irgendwie neu belebten Körper auf, was sich alles andere als selbstverständlich anfühlte. Normalerweise hätte ich dieses gänzlich neue und dramatische Erlebnis rational verstehen wollen. Stattdessen war ich einfach so zufrieden und von einem allumfassenden Frieden erfüllt, dass diese irdische Reaktion ausblieb. Innerlich leuchtend und in einem radikal erneuerten Daseinszustand lag mir das Hinterfragen dieses Ereignisses zunächst vollkommen fern. Mir genügte die emotionale Veränderung völlig.

Immer noch litt ich unter extremen Schmerzen, aber Fieber und Schüttelfrost ließen nach. Immer noch gestanden mir die Ärzte die erlaubte Höchstdosis an Schmerzmitteln zu, in der Annahme, dass ich im Sterben lag. Aber in mir war etwas, das stärker war als der Tod, und ich überlebte die Nacht.

Die Woche zuvor hatte ich jedes Mal, wenn die Schwester das Tablett mit meinem Essen brachte, alles wieder ausgespuckt. Das Pflegepersonal ging davon aus, dass ich keinen Lebenswillen mehr besaß. Doch dann ließ der behandelnde Arzt ein tragbares Röntgengerät auf die Intensivstation bringen, um meinen Verdauungstrakt zu untersuchen. Zu seiner Überraschung hatte meine Speiseröhre durch die Magensäure während der Zeit, als ich im Koma lag, derartigen Schaden genommen, dass nicht einmal Wasser ungehindert passieren konnte. Zu allem anderen war ich also auch noch dabei, einen Hungertod zu sterben!

Da es nichts zu verlieren gab, wurde mir in einer größeren OP ein künstlicher Magenzugang gelegt und ich bekam dreimal täglich aus einem angehängten Beutel einen Mix aus Protein-Shakes mit flüssigen Vitaminen und anderen Medikamenten direkt in meinen Magen verabreicht. Tatsächlich konnte ich so die Nährstoffe wieder aufnehmen und mein Körper reagierte prompt. Neue Kraft durchströmte mich und die Infektionen heilten ab. Bald konnten die Ärzte das Sauerstoffgerät entfernen, denn mein Brustkorb hob und senkte sich wieder von selbst. Ich war über den Berg.

Doch je wacher und klarer ich wieder wurde, umso mehr spürte ich die Schmerzen. Andere ernste Probleme traten jetzt auch in den Vordergrund. So hatte ich zum Beispiel furchtbar wund gelegene Stellen am Körper. An meinen Fersen befand sich überhaupt kein Fleisch mehr, die Knochen schauten durch. Meine linke Hüfte war an einer Stelle mehrere Zentimeter offen und das spitze Becken sichtbar. Eine weitere Wunde aus rohem Fleisch befand sich an meinem Rücken.

Liegewunden entstehen durch den Druck des eigenen Körpergewichts. Die Blutgefäße schließen sich, die Versorgung des Körpergewebes ist nicht mehr gewährleistet und die Haut beginnt abzusterben und zu verwesen. Während ich im Koma lag und die Ärzte auf meinen Tod warteten, hatten sie die Behandlung dagegen vernachlässigt.

Obwohl mein Zustand immer noch kritisch und alles andere als stabil war, setzte der Chefarzt nun die Behandlung fort. Er brachte eine Personenwaage auf die Intensivstation, hob mich mit seinen Armen hoch und stellte sich mit mir darauf. Nachdem er sein eigenes Gewicht abgezogen hatte, legte er mich sanft wieder ins Bett und meinte: „Vierundvierzig Kilogramm." Sein Lächeln sagte alles: Es gab wieder Hoffnung. Irgendetwas hatte sich ohne sein Zutun verändert, und er war bereit, die Chance zu nutzen, die sich bot.

Ungefähr eine Woche nach dem Flugzeugabsturz hatte der Bruder meiner Mutter angeboten, mir den Flug in ein spezielles Zentrum zur Behandlung von Verbrennungen zu bezahlen. Die Ärzte warnten jedoch, ich würde die Reise dorthin nicht überleben. Aber wenigstens wusste ich, dass es einen Hoffnungsfunken gab.

Hoffnung wird häufig unterschätzt. Als ich wieder mehr mitbekam, wurde mir klar, wie viele Karten mit Genesungswünschen ich täglich von Leuten bekommen hatte, die entgegen aller Prognosen das Unmögliche für mich hofften. (Jahre später erfuhr ich auch, wie viele Gebete und selbstlose Aktionen dazugehörten. Diese Leute standen vor Gott zwischen mir und dem Tod, waren meine Fürsprecher und baten um Gnade für mich.)

Als Julie mich besuchte, verhielt ich mich gefühlvoller und gab mich anhänglicher, als ich es vor dem Unfall gewesen war. Zum ersten Mal nahm ich auch wieder wahr, wie andere Leute auf mich reagierten. Einmal benutzte ich den einzigen Körperteil, der noch zu funktionieren schien: meine linke Hand. Ich griff nach Julies Mantel und zog sie zu mir, damit sie mich auf eine der wenigen Stellen meines Gesichts küssen konnte, die noch intakt waren. Dabei spürte ich ihren inneren Widerstand.

Meist war ich nur halb bei Bewusstsein gewesen, wenn sie kam. Jetzt, wo meine Gedanken und Erinnerung wieder halbwegs klar waren, versicherte ich ihr: „Wenn ich hier rauskomme, wird alles wieder gut. Ich werde trainieren und wieder zunehmen, bis ich über achtzig Kilo wiege."

„Oh, Mickey, mach dir darüber keine Gedanken", antwortete sie. „Ich nehme dich auch so, wie du bist."

Ihre Antwort beunruhigte mich. Ich würde nie wieder derselbe sein. Heute ist mir klar, dass sie versuchte, der Realität ins Auge zu blicken. Ich konnte das damals noch nicht. Ich konnte auch nicht wirklich einschätzen, wie die Situation für sie war.

Sie musste zurück aufs College, nachdem sie wegen mir schon so viel verpasst hatte. Für mich war das in Ordnung. Ich hatte Vertrauen und überließ ihr diese Entscheidung. Meine Liebe zu ihr war eines der wenigen Dinge, die keinerlei Schaden genommen hatte. Und Julie schickte mir täglich die schönsten Karten, auf denen sie mit ihrer sauberen Handschrift liebevolle und tiefsinnige Worte schrieb.

Eines Nachmittags brachte eine ehrenamtliche Helferin mein Essen und ich fragte das junge Mädchen nach einem Spiegel. Sie zögerte kurz, zog dann aber ein kleines Etui aus ihrer Tasche. In diesem Handspiegel sah ich zum ersten Mal nach dem Unfall mein Gesicht. Ich sah, wie das rechte Auge weit offen stand und beide Augenlider vollständig zurückgezogen waren. Ich konnte zwar den Grad meiner Entstellung nicht wirklich erkennen, aber ihr Gesichtsausdruck sagte mir genug. Ich bedankte mich und gab ihr den Spiegel zurück. Vermutlich war es besser, wenn ich mich damit noch nicht beschäftigte.

Einige Tage später kündigte Dr. Nick an: „Wir werden Sie verlegen. Ich schreibe Ihnen eine neue Bewegungstherapie auf." Meine Beine waren gerade durchgestreckt und steif geworden und meine leblosen Füße sahen aus wie die Klauen eines toten Vogels. Sie ließen sich zu keiner Bewegung mehr stimulieren.

Dr. Nick stand am Ende meines Bettes, legte die Hände um meine Füße und drückte meine Beine zurück, bis die Knie auf meiner Brust lagen. Was für ein Schock! All meine gut trainierten Muskeln waren wie kleine Gummibänder verdorrt und miteinander verklebt. Ich hörte die Muskeln wie Schnüre zurückschnappen und das Geräusch war noch harmlos gegen das Gefühl dabei. Obwohl das Bewegen meiner Beine sich brutal anfühlte, hatte Dr. Nick recht. Es war höchste Zeit, etwas zu unternehmen.

Am nächsten Tag begann meine Therapie. Eine Schwester zog mir ein paar neue Schlappen an, befestigte Gummibänder an meinen Fußzehen und fuhr meinen Rollstuhl zwischen zwei Haltestangen. Ein kräftiger Physiotherapeut stand links von mir und Dr. Nick rechts. Dann hoben sie mich hoch und ich hielt mich mit meiner linken Hand fest. Ich konnte stehen! Sie stützten mich zwar, aber ich stand definitiv auf meinen Füßen.

Als ich erst das rechte, dann das linke Bein nach vorne zog, rissen die transplantierten Hautstellen auf beiden Beinen und das Blut strömte nur so herab. Zwei Schritte nach vorne, zwei zurück, und *bums!*, saß ich wieder in meinem Stuhl. Trotzdem war ich wie berauscht und zutiefst erschöpft. Mir war zum Feiern zumute, so als hätte ich gerade den Mount Everest bestiegen und gleichzeitig bei den Olympischen Spielen eine Goldmedaille gewonnen.

Am nächsten Morgen wachte ich mit einem neuen Ziel auf: „Ich werde auf meinen eigenen Beinen das Krankenhaus verlassen!" Derselbe Arzt, der damals meiner Familie mitgeteilt hatte, dass ich nie wieder würde laufen können, half mir nun, das zu ermöglichen.

Solche Hoffnungsfunken entzündeten eine kleine, stetige Flamme mitten in meiner Dunkelheit.

Ich bat jemanden, mir Malutensilien mitzubringen. Neben meinem Bett lagen bald Zeichenblöcke, verschiedene Bleistifte, Kohle und ein Klemmbrett. Ich hatte mich schon immer gerne künstlerisch betätigt und hatte Lust, gleich loslegen. Es gab allerdings ein Problem: Ich war Rechtshänder. Mit meiner linken Hand konnte ich nicht einmal mehr einen i-Punkt machen. Erstaunlicherweise zeichnete ich trotzdem und es gelang mir ziemlich gut, auch die Proportionen. Ich zeichnete Dinge, die ich vorher nie ausprobiert hatte – Skizzen von Hunden, Pferden, Gebäuden und unberührten Landschaften. Nur signieren konnte ich meine Werke nicht. Aber meine Besucher versammelten sich um mein Bett und starrten meine Bilder an, fassungslos, dass ich so etwas zustande brachte.

Am Weihnachtsabend 1968 sah die ganze Welt zu, wie Apollo 8 in die Mondbahn geschossen wurde. Die Crew bestand aus Astronauten wie Frank Borman, William A. Anders und James A. Lovell, alles Berühmtheiten nach dem Flug der Apollo 13. Als sie auf der dunklen Seite des Mondes verschwanden, hielt die größte Zuschauerzahl, die es jemals gegeben hatte – ich eingeschlossen – die Luft an. Für dreißig Minuten herrschte völlige Funkstille. Niemand wusste, ob das Raumschiff mit dem Mond kollidieren oder unwiederbringlich hinaus ins Weltall fliegen würde, was natürlich den Tod der Astronauten bedeutet hätte.

Als sie wieder zum Vorschein kamen, sagte eine Stimme: „Am Anfang schuf Gott Himmel und Erde. Noch war die Erde leer und ohne Leben, von Wassermassen bedeckt. Finsternis herrschte, aber über dem Wasser schwebte der Geist Gottes. Da sprach Gott: Licht soll entstehen, und es wurde hell. Gott sah, dass es gut war. Er trennte das Licht von der Dunkelheit und nannte das Licht ‚Tag‘

und die Dunkelheit ‚Nacht'. Es wurde Abend und wieder Morgen: der erste Tag war vergangen."[11]

Ich brach in Tränen aus, nicht etwa vor Traurigkeit und Hoffnungslosigkeit, sondern weil ich selbst Hoffnung schöpfte. Jahre zuvor hatte unser Präsident John F. Kennedy angekündigt, dass die Vereinigten Staaten von Amerika Menschen auf den Mond senden und wieder sicher zurück zur Erde bringen würden. Da ich die Entwicklung der Weltraumfahrt als Schüler eifrig verfolgt hatte, wusste ich, dass das nun durchaus im Bereich des Möglichen lag, besonders nach dem katastrophalen Feuer und dem Tod von drei Astronauten bei einem Probeflug von Apollo 1.

Hoffnung ist nicht etwa ein skurriler Wunsch, dass irgendetwas geschehen möge. Es ist die brennende Erwartung, dass etwas Wunderbares definitiv geschehen *wird*. Und während ich vor Freude weinte, explodierte die Hoffnung in meinem Inneren und durchdrang mich bis in alle Fasern. Obwohl ich mit solchen Vorgängen nicht vertraut war und sie nicht hätte ausdrücken können, war es der Geist Gottes, der diese Hoffnung in mir auslöste. Gott selbst *ist* meine Hoffnung.

Am 20. Januar 1969 wurde ich aus dem Southwest Community Krankenhaus in Berea, Ohio, entlassen, nach etwas mehr als fünf Monaten. Es war dasselbe Krankenhaus, das ich vier Tage vor dem Absturz besucht und gesagt hatte: „Hier würde ich es nicht einmal eine Nacht lang aushalten." Ironie des Schicksals. Sehr merkwürdig. Nein, ich kann nicht behaupten, dass ich das alles verstehe. Obwohl ich noch nicht die Kraft hatte, auf eigenen Beinen hinauszulaufen, besaß ich wieder die Energie, daran zu arbeiten.

Der Krankenwagen fuhr mich, meine Mutter und meinen Bruder zu unserem Haus in Parma Heights, Ohio. Der Weihnachtsbaum stand noch und sah genauso klapprig aus wie ich, aber ich war froh, wieder zu Hause zu sein. Als sie mich hineinrollten, fühlte es sich an, als wäre es Buckingham Palace. Zu Hause ist es am schönsten und sei es noch so bescheiden.

Sie hatten mein Zimmer mit allem medizinischen Firlefanz ausgestattet, der mich acht Stunden am Leben erhalten sollte, bis der Krankenwagen weiterfuhr zum Highland View Krankenhaus. Meine Familie und einige Freunde schauten vorbei, um mich einmal *außerhalb* der Klinik zu treffen. Ich spürte, wie sehr ich vermisst wurde und wie alle mit mir mitfieberten. Es war zwar medizinisch ziemlich riskant für mich, einen ganzen Tag zu Hause zu verbringen, aber auch der Heilungsprozess birgt eben seine Risiken …

Am nächsten Tag fuhr der Krankenwagen mich zu meiner neuen Residenz im Highland View, einem Krankenhaus mit vierhundert Betten, das auf Amputationen, Lähmungen, Kopfverletzungen und Schlimmeres spezialisiert war. Manche Patienten blieben dort nur einige Monate. Andere starben dort.

Der Arzt erlaubte meiner Mutter und Robbie bei meiner Ankunft den Zutritt zum Untersuchungszimmer. Ich hatte noch keine Medikamente bekommen, und als die Schwester anfing, meine Verbände zu lösen, drehte ich fast durch vor Schmerzen. Ich war so mit mir selber beschäftigt, dass ich den Ausdruck auf dem Gesicht meiner Mutter gar nicht bemerkte. Sie hatte meinen Körper noch nicht ohne Verbände gesehen und nun hörte ich plötzlich ihre hysterischen Schreie: „Oh, mein Gott! Wie siehst du denn aus? Was haben sie dir angetan?"

Die Schwestern brachten sie aus dem Raum, damit sie sich wieder beruhigen konnte. Ich glaube, Gott hatte meine Mutter irgendwie mit Blindheit für meine furchtbaren Verletzungen geschlagen.

Dabei war sie die Einzige, die nie geglaubt hatte, dass ich sterben würde. Robbie, der mich in diesem Punkt besser kannte als irgendjemand sonst, sagte mir später: „Du hast damals in dem anderen Krankenhaus ausgesehen wie jemand, der gerade noch einen weiteren Flugzeugabsturz hatte."

Ich kam in ein großes Zimmer mit drei anderen Patienten. Rechts von mir lag Bob, ein Jurastudent, der nach einem Autounfall vom Hals abwärts gelähmt war. Gegenüber lag Roy, ein Indio, der nach einer Schussverletzung von der Hüfte abwärts bewegungsunfähig war, und in der Ecke Larry, ein Farbiger, an den Beinen gelähmt, nachdem er sich bei einem Autounfall das Genick gebrochen hatte. Und dazu kam nun ich: ein früherer Athlet, Börsenhändler und Fallschirmspringer.

Nur das Schicksal kann aus einem Indio, einem Schwarzen, einem Jurastudenten und einem Fallschirmspringer Zimmergenossen machen. In unserem Lebensalltag hätten wir absolut nichts miteinander anfangen können, aber unsere versehrten Körper hatten alle gemeinsam, dass sie noch lebten. Das schweißte uns zusammen. Wir waren ein Dream-Team!

Meine Zimmergenossen waren genauso lebendig wie jedermann, aber wenn ich sie fünf Monate zuvor im Vorbeigehen gesehen hätte, hätte ich automatisch den Blick abgewendet. Vor meinem Unfall hatte ich nicht mal gewusst, dass Orte wie das Highland View überhaupt existierten.

Kranke Menschen brauchen das Leben „von draußen" genauso sehr wie Pflanzen Sonnenlicht benötigen, und da ich viele Besucher hatte, teilte ich diesen Reichtum bereitwillig mit meinen Zimmergenossen. Bald adoptierten sie meine Freunde und meine Familie.

Im Spiegel konnte ich sehen, dass ich nur noch aus Haut und Knochen bestand. Mein Kopf und meine Hand waren bandagiert, über meinem rechten Auge befand sich eine schwarze Plastikbinde und der Krankenhauskittel schlackerte um meinen knochigen Körper herum. Ich war schon ein Hingucker.

Jeden Tag wickelten die Physiotherapeuten meine Bandagen ab und ich fühlte mich wie Lazarus, der, nachdem er von den Toten auferstanden war, immer noch in seinem Totengewand herumlief. Zuerst war Lazarus zwar lebendig, aber noch stark eingeschränkt. Ich hatte bereits einige der unmöglichsten Horrorszenarien erlebt, die man sich vorstellen kann. Wovon sollte ich mich nun noch einschränken lassen?

Ich fand schon früh Gefallen an der Fliegerei.

Porträt zum Schulanfang.

Während meiner Zeit an der Börse.

Bei einer Landung mit
meinem ersten Fallschirm,
Frühjahr 1968.

Unfallfoto vom
Flugzeugabsturz am
15. August 1968.

Dezember 1968:
Zustand der Verbrennungen
und Verletzungen im Gesicht.

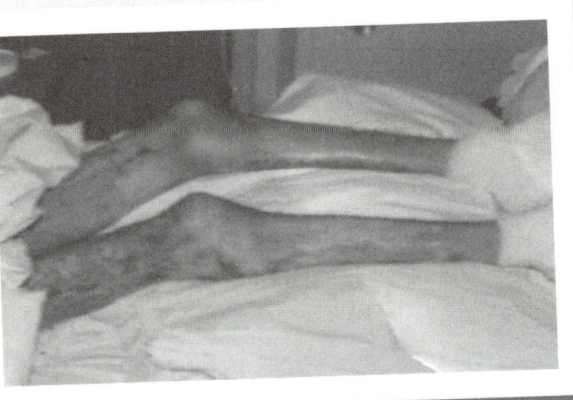

Beide Beine erlitten
schwere Schädigungen
an den Nerven.

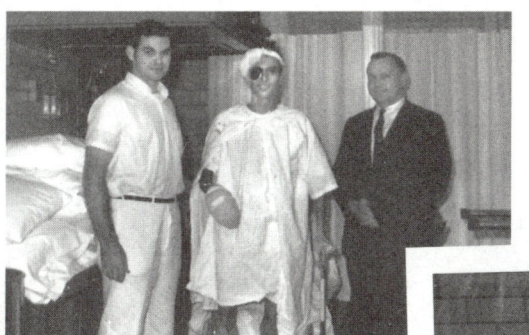

Ein kleiner Schritt für Mickey, aber ein großer als Zeichen der Hoffnung.

Mit meinem Therapeuten bei Gehversuchen.

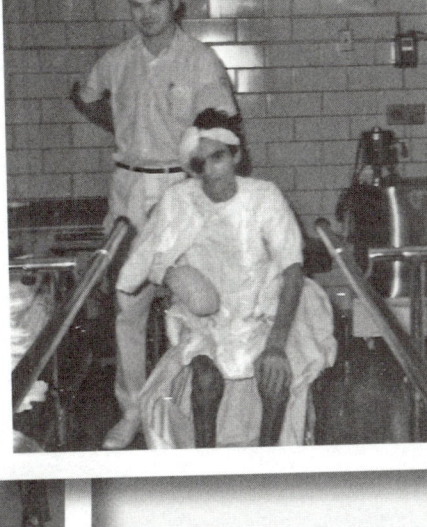

Im Krankenhaus.

Aufnahme mit einer meiner Krankenschwestern.

In der Fundy Bucht von New Brunswick in Kanada. Gemeinsam mit einem Freund bestieg ich diese Felsformation.

Beim Skifahren in den österreichischen Alpe

Meine Frau Barbara und ich.

Kapitel 16

Asche zu Gold

Eines Tages erschien ohne Ankündigung mein Vater im Krankenhaus, mitten am helllichten Nachmittag. Mit einer Hand stützte er sich auf mein Bettgeländer, sah mich an und sagte: „Hallo, Sohn. Ich hoffe, du hast nichts dagegen, wenn ich mal vorbeischaue… Ich dachte, es wäre angebracht…" Seine Stimme fing an zu zittern und er musste sich räuspern. „Warte einen Augenblick. Ich bin gleich wieder da." Er ging hinaus und verschwand im Eingangsbereich.

Nach einigen Minuten kam er zurück und stand wieder neben meinem Bett. Ich sah, dass er geweint hatte. Das war noch nie vorgekommen. Ich konnte mich wirklich nicht daran erinnern, ihn je bekümmert gesehen zu haben, außer vielleicht an dem Tag, als er erfuhr, dass seine Mutter gestorben war.

Auch mir kamen die Tränen. „Papa", sagte ich, „warum ist alles so, wie es ist?" Trotz aller Verletzungen und bitterer Gefühle liebte ich meinen Vater, und ich wusste, dass er auch mich liebte.

„Ich habe alles falsch gemacht", brachte er mit bewegter Stimme hervor. „Zu viel getrunken, zu viel Streit in unserer Familie. Aber du bist noch jung und du hast dich immer bemüht, alles richtig zu machen. Warum passiert dir so etwas? Ich verstehe das nicht."

Seine Tränen trugen bald dazu bei, dass wir uns verziehen und miteinander versöhnten. Wir hielten uns dabei nicht an Kleinigkeiten auf oder suchten nach Erklärungen. All die Spannungen zwischen uns waren plötzlich verschwunden. Jahre dauernde Konflikte und eskalierende Feindseligkeiten, die für mich mit giftigen Erinnerungen und unguten Gefühlen verbunden waren, wurden durch unsere Tränen einfach fortgewaschen. Und meine inneren Verletzungen hinterließen keine Narben wie die Flammen während des Flugzeuginfernos auf meinem Körper.

Ich verstehe nicht alles, was in der Bibel über Vergebung steht. Aber die Versöhnung zwischen meinem Vater und mir war wie ein Wunder, das wir aus eigenem Antrieb nie fertiggebracht hätten.

Später habe ich gelernt, dass Gott uns unsere Fehler vergibt, wenn wir bereit sind, anderen zu vergeben. Die folgenden Worte enthalten eine enorme Kraft: „Glücklich sind die Barmherzigen, denn sie werden Barmherzigkeit erfahren."[12] Wer allerdings unnachgiebig an seinem Standpunkt festhält, bleibt eingeschlossen wie in einer Gefängniszelle mit Gitterstäben.

Seinen Lebensstil hat mein Vater damals danach nicht geändert, aber unsere Beziehung hat das nicht mehr belastet. Manchmal ist die innere Heilung verletzter Gefühle unmittelbar mit der Heilung äußerer Wunden verknüpft.

Jahre später, kurz vor seinem Tod, hat mein gefühlsarmer, atheistischer Vater übrigens doch noch seinen Frieden mit Gott geschlossen und ist im Vertrauen auf Jesus Christus gestorben.

Eines Tages kam die Schwester herein und sagte, da wäre ein Telefonanruf für mich und ich könnte ihn von dem kostenpflichtigen Gerät im Schwesternzimmer aus annehmen. Es war ungefähr sieben Uhr abends.

Sie rollte mich ins Stationszimmer und ich nahm den Hörer. „Hier ist Mickey."

„Hi. Hier ist Julie. Ich rufe von der Uni aus an." Es war einfach nur schön, ihre Stimme zu hören. Wir hatten uns seit Weihnachten nicht mehr gesehen, sie schrieb mir aber jeden Tag. Nach einer Pause meinte sie: „Mickey, ich habe viel darüber nachgedacht, aber ich glaube nicht, dass es gut ist, wenn wir unsere Zukunft zusammen planen."

„Was sagst du da?"

„Es tut mir so leid, Mickey, aber ich habe eine Entscheidung getroffen. Es wird auch für dich das Beste sein. Ich trenne mich von dir."

Ich bekam kaum noch Luft und hielt den Hörer an mein linkes Ohr, bis es tutete. Dann legte ich auf und sah den Flur hinunter, der genauso leer war wie mein Herz.

Ich war am Boden zerstört. Julie war das Einzige, was von meinem früheren Leben übrig geblieben war, und unsere Hochzeit war eines der schönsten Ereignisse, das noch zu meinen Zukunftsplänen gehörten. Ich hätte in diesem Moment gerne mit jemandem gesprochen, aber es war niemand da. Also rollte ich langsam an meinem Zimmer vorbei in eine dunkle Ecke am Ende des Flurs, wo ich versuchte, meine Fassung wiederzugewinnen. Ich wollte nicht, dass meine Zimmernachbarn mir ansahen, was gerade passiert war.

Schließlich kehrte ich mit meinem Rollstuhl ins Zimmer zurück. Die Schwester half mir ins Bett und gab mir meine Acht-Uhr-Medizin. Ich drehte mich zur Wand und starrte ins Leere. *Wie konnte das sein?* Ich konnte unmöglich einschlafen.

So gegen drei Uhr morgens fing ich aus tiefstem Inneren an zu schluchzen und versuchte, die Geräusche mit meinem Kissen zu ersticken. Aber nach wenigen Minuten hörte ich eine Stimme: „Mann, das wird schon wieder. Sie bringen dich wieder in Ordnung. Du wirst schon bald wieder draußen herumlaufen. Du lässt dich doch von so was nicht unterkriegen. Nicht von so was." Es war Larry, mein gelähmter, farbiger Mitbewohner. Als seine Worte durch den dunklen Raum drangen, fühlte ich Wellen der Empathie, die wie an einem Strand zu mir herüberbrandeten. Es war dieselbe Vibration, die ich im Himmel gespürt hatte, dieselbe starke Liebe, mit der ich wieder auf die Erde zurückgeschickt worden war.

Mit jedem seiner Worte ließ mein Schluchzen nach und als er aufhörte zu sprechen, versiegten meine Tränen. Dass ein Mann, der selbst vom Kopf abwärts gelähmt war und nicht einmal wusste, was Julie am Telefon zu mir gesagt hatte, mich so trösten konnte … Gott hatte ihn benutzt, um mein gebrochenes Herz zu kitten. Nur Gott bringt so etwas fertig.

Am nächsten Morgen, nach dem Frühstück und vor Beginn der Therapie, rollte ich mit meinem Rollstuhl zu Larry ans Bett und legte ihm die linke Hand auf die Schulter. „Du bist echt ein guter Kumpel. Danke! Ich meine es ernst. Das hat mir geholfen, letzte Nacht."

Ich ging hinaus zu meiner Therapie und strengte mich an, so sehr ich konnte. Dabei hörte ich immer noch Larrys Stimme im Ohr: „Du lässt dich doch von so was nicht unterkriegen. Nicht von so was." Jedes Mal, wenn der Therapeut meine Muskeln dehnte, fühlte ich, wie Gottes Liebe mich tröstete.

Von diesem Tag an machte ich beständig Fortschritte. Ich wurde kräftiger und nahm etwas an Gewicht zu. Meine Gehversuche klappten auch außerhalb des Geländers. Der Therapeut gab mir eine Metallkrücke mit vier Stützen, die ich mit meiner linken Hand halten konnte. Ich war ziemlich wackelig, aber ich konnte damit laufen, sogar ziemlich gut. Der Therapeut passte mir für die Beine einen Stützapparat von den Knien abwärts an. Diese Stützen sahen aus wie Charlie Chaplins schwarze Schuhe und hinderten meine Füße daran umzuknicken. Nach und nach konnte ich das Gleichgewicht immer besser halten und ich zog sie immer häufiger an. Als Dan, mein Fallschirmpartner, mich das erste Mal mit der vierfüßigen Krücke sah, weinte er wie ein kleines Kind. Irgendwie hatte ich ihm diesen kleinen Sieg auch zu verdanken, schließlich war er es gewesen, der mich aus dem brennenden Flugzeug geholt hatte. Er hat nie etwas Negatives von mir hören wollen und mich fast täglich besucht. Und nun lief ich wieder herum.

Drei Wochen nach Julies Telefonanruf gab es nachts in unserem Zimmer plötzlich einen lauten Schlag. Ich zog an der Schnur meiner Lampe. An beiden Seiten von Larrys Kopf war eine Metallklammer mit einer Schnur befestigt, die über eine Rolle lief und zwanzig Kilogramm Gewicht hielt, damit sein Nacken an Ort und Stelle blieb, während eine Knochentransplantation seine gebrochene Wirbelsäule zusammenwachsen ließ. Irgendwie hatte diese Klammer sich von seinem Kopf gelöst.

Ohne mir die Zeit für den Rollstuhl zu nehmen, warf ich mich auf den Boden, robbte quer durch den Raum, zog mich mit meiner linken Hand hoch und stabilisierte seinen Kopf mit meiner bandagierten rechten Hand. Während sein Blut durch die Finger meiner linken Hand strömte, schrie ich: „Schwester! Kommen Sie, schnell!"

Ich wusste, dass Gelähmte sich manchmal unwillkürlich durch Muskelkrämpfe bewegen können. Würde Larry jetzt so einen Krampf bekommen und sein Kopf von der Unterlage herunterfallen, wäre das sein sicherer Tod. Ich hielt also buchstäblich sein

Leben in meinen Händen, genauso wie er drei Wochen zuvor meines gehalten hatte. Zum Glück kamen die Schwestern und ein Arzt und befestigten seinen Kopf wieder sicher in der Metallklammer.

Ich hatte erfahren, dass Grant und Lind, das Paar, mit dem sich Julie und ich immer wieder verabredet hatten, heiraten würden. Und drei Wochen vor dem Termin einigten sich mein Therapeut und die Ärzte darauf, dass ich an der Zeremonie teilnehmen durfte. Ich unterschrieb alle möglichen Einverständniserklärungen. Das bedeutete: Sollte mir etwas zustoßen, übernahmen sie die Verantwortung dafür. Irgendjemand trieb ein paar Hosen für mich auf, ein dezentes Hemd, eine Krawatte und ein sportliches Jackett. Ich war immer noch sehr dünn, wog aber acht Kilogramm mehr als bei meiner Einlieferung in dieses Krankenhaus und hatte unglaublich an Kraft zugelegt. Die Schwestern halfen mir in die Kleider, zogen vorsichtig meine Hosen über die Beinstützen und meine Charlie-Chaplin-Schuhe. Dann kämmten sie, was von meinen Haaren übrig war. Ich war bereit.

Eine gute Freundin meiner Schwester, Sandy, holte mich in ihrem Auto ab. Ich hatte mich verspätet und sie musste aufs Gas treten, aber als wir in St. Michael ankamen, in der Kirche, in der ich aufgewachsen war, hatte die Hochzeit schon begonnen. Mit Sandys Hilfe hievte ich mich die Stufen hoch. Wir traten ein und setzten uns in die hinterste Reihe. Niemand bemerkte mich.

Die hölzerne Kirchenbank war hart für meinen knochigen Hintern, aber ich freute mich, dabei sein zu können. Insbesondere, da Julie Brautjungfer war.

Als der Priester Grant und Linda zu Mann und Frau erklärte, standen alle Anwesenden auf und sahen zu, wie Braut und Bräutigam glücklich den Mittelgang entlangschritten. Als Grant mich entdeckte, blieb er unvermittelt stehen. Die Leute, die nach ihm kamen, liefen ihm fast in den Rücken. Sie alle wollten zu mir und dann stand ich plötzlich im Mittelpunkt. Alle wollten mich umarmen – alle außer Julie. Sie lächelte nur und ging einfach weiter. Beim anschließenden Empfang redete ich mit all meinen alten Freunden, ihren Freundinnen und Familienangehörigen. Julie kam auch, beugte sich zu mir und kniff mich in die Wange und meinte: „Du siehst toll aus, Mickey." Als sie das sagte, wusste ich, dass es endgültig aus war zwischen uns. Mein früheres Leben war vorbei.

Ich blieb nicht sehr lange, denn die Feier strengte mich emotional und körperlich zu sehr an. Trotzdem war ich allen Leuten dankbar, die mir den Ausflug aus dem Krankenhaus heraus ermöglicht hatten.

Als Sandy mich zurückfuhr, fühlte ich mich wie ein Mann ohne Heimat. Alles, was mir etwas bedeutet hatte, war nicht mehr da. Der alte Mickey Robinson war tot. Er war bei dem Flugzeugabsturz gestorben und würde nicht wiederkehren. Aber ich war entschlossen, den Mann kennenzulernen, der seinen Platz einnehmen würde. Ich wusste zwar nichts über Psychologie, aber ich hatte das Gefühl, dass ich die Vergangenheit loslassen musste, um bereit zu sein für meine neue Zukunft.

Eines Tages saß ich nach meinem Trainingsprogramm auf dem Bett und wies meine Beine an: „Ich will, dass ihr euch bewegt. Los jetzt, bewegt euch!"

Sofort wurde mein linkes Bein mobil. Ich hatte Kontrolle über meinen Fuß und meinen Knöchel und wieder ein Gefühl in den Bereichen, die vorher taub gewesen waren. Ich stand ohne Stock auf und fing an, im Kreis umherzugehen. Dann klingelte ich und fing an, die Ärzte und Schwestern herbeizurufen. Als sie das Zimmer betraten, rief ich aufgeregt: „Seht euch das an! Ich kann mich wieder bewegen! Ich kann wieder laufen!"

Göttliche Wunderheilungen waren bisher nicht mein Thema gewesen; ich wusste überhaupt nicht, was dazu in der Bibel steht. Aber ganz offensichtlich war ich gelähmt gewesen und konnte plötzlich wieder laufen. Das war ein ganz reales, greifbares Wunder. Meine Zimmergenossen freuten sich wie verrückt mit mir. Den Schwestern war es ein bisschen unheimlich. Von diesem Moment an wusste ich, dass ich die Gehhilfen nie mehr benutzen würde.

Nach dieser Wunderheilung nahm der Arzt, der primär für mich zuständig war und plastischer Chirurg werden wollte, mich in verschiedene Abteilungen der Klinik mit. Den anderen Ärzten sagte er: „Ich habe heute etwas Neues ausprobiert. Seht euch das an." Er tippte auf meine Nase und ich zog mein Bein nach oben. Jedem Mediziner im Krankenhaus war bekannt, dass ich nur mit Gehhilfen laufen konnte. Und jetzt das! Ein Wunder.

Gott hat einmal zu Mose gesagt: „Traust du mir das etwa nicht zu?"[13]

So wie Mose fühlte ich mich auch.

Doch jetzt hatte ich einen unglaublichen und wunderbaren Meilenstein erreicht. Die Nerven in meinem Bein waren fast ein Jahr lang wie tot gewesen, um dann in einem einzigen Augenblick, allen Naturgesetzen zum Trotz, wieder zum Leben zu erwachen.

Gott hat dem verstreuten Volk Israel einmal gesagt: „Gold statt Bronze."[14] Ich hatte Gott um eine zweite Chance gebeten und ihm meine Asche hingeworfen. Er nahm sie an sich und schenkte mir Gold.

(Viele Jahre später wurde in einem Zeitungsinterview ein Neurologe und Rehabilitationsspezialist zu meinem Fall befragt. Er sagte, dass er in dreiunddreißig Jahren Praxiserfahrung noch nie eine so plötzliche Wiederherstellung der Nervenverbindungen gesehen habe wie bei mir. Eigentlich hätten die Nervenfasern eine Langzeittherapie gebraucht, und was sein medizinisches Fachwissen anbelange, würde er nicht zögern, in meinem Fall von einem *Wunder* zu sprechen.)

Meine Genesung schritt weiter voran, während sich bei meinen Zimmergenossen nur wenig veränderte. Sie hatten alle noch einen weiten Weg vor sich. Bob hätte gerne sein Jurastudium fortgesetzt. Roy plante seine Rückkehr ins südliche Ohio, sobald er gelernt hatte, seinen Rollstuhl selbstständig zu lenken. Larrys Nacken war noch nicht viel besser geworden und er litt unter Atemproblemen. Und weil es bei ihnen stagnierte, verursachten mir meine Fortschritte ein schlechtes Gewissen.

Je kräftiger ich wurde, desto länger wurden meine Ausflüge. Mein Therapeut und das übrige Pflegepersonal signalisierten mir, dass meine Zeit im Krankenhaus dem Ende entgegenging. Sie hatten mich ein gutes Stück begleitet. Tatsächlich hatte die übernatürliche Kraft, die ich in mir spürte, mehr Wirkung gezeigt, als die Ärzte es sich je hätten träumen lassen.

Andere Menschen benötigten mein Krankenhausbett nun dringender als ich. Und ich wollte nicht dauerhaft abhängig sein von der Fürsorge, inklusive Essen und Medikamenten. Meine Seele befand sich auf der Suche, unterwegs ins Ungewisse.

Kapitel 17

Ein schmaler Grat

„Wir werden dich vermissen", sagte Larry, als ich den Krimskrams, der sich auf meinem Nachttisch angesammelt hatte, in einen Karton füllte. Am 28. Juni 1969 wurde ich aus dem Highland View Krankenhaus entlassen. Obwohl mir noch Dutzende von Operationen bevorstanden, war ein ständig stationärer Aufenthalt nicht mehr notwendig. Der lang ersehnte Tag war gekommen und ich durfte endlich nach Hause gehen!

„Was hast du jetzt für Pläne, wo du wieder auf freiem Fuß bist?", fragte mein Freund Bob.

„Keine Ahnung", gestand ich. „Das muss ich noch herausfinden. Aber ich werde garantiert bald wieder Fallschirmspringen."

„Du hast offensichtlich erhebliche Gehirnschäden davongetragen", witzelte Larry.

Die beiden würden viel länger im Krankenhaus bleiben als ich – sie waren für immer gelähmt. Ihre Zukunft stand in den Sternen. Aber neidisch waren sie bestimmt nicht, sondern sie freuten sich mit, dass wenigstens einer von uns es geschafft hatte.

Wir waren gute Freunde geworden, zunächst dadurch, dass wir alle als ziemlich hoffnungslose Fälle galten und uns gegenseitig unterstützt und aufgebaut hatten. Ein passender Song über das, was uns verband, wäre: „He ain't heavy, he's my brother" („Er fällt mir nicht zur Last, er ist mein Bruder"). Trotzdem machten wir jetzt nur Small Talk, denn ein ernsthafter Abschied wäre zu schmerzlich gewesen.

„Ich habe nie gedacht, dass du hier wieder rauskommst", gab eine Schwester zu, die mir beim Packen half. „Ich hätte nicht mal zwei Cent auf dich gewettet, als du hier im Januar hereingerollt wurdest." Sie meinte, sie hätte noch nie eine so erstaunliche Genesung gesehen wie meine.

„Tja, er war wirklich in einem kläglichen Zustand", bestätigte Bob. „Aber schaut ihn euch jetzt an. Der Junge könnte ein Vermögen als Verkäufer von Feuerversicherungen machen." Wir blödelten herum, bis ich gehen musste. Schließlich stand ich auf und lief zur Tür. Ich hatte es tatsächlich geschafft: Ich verließ diesen Raum auf meinen eigenen Beinen und ein Stück meines Lebens blieb hinter mir zurück. Ich hatte mental und emotional mit dem Thema Krankheit und den täglichen medizinischen Routinen abgeschlossen. Sobald ich den Eingangsbereich des Krankenhauses durchschritt und hinaus in die Sommersonne trat, war ich ein freier Mann.

Zu Hause hätte ich am liebsten sofort alle meine Freunde angerufen und gesagt: Hey, Leute, ich bin wieder da. Aber Studium, Hochzeiten und Vietnam hatten die meisten meiner Klassenkameraden und Kumpels in alle Winde zerstreut. Und diejenigen, die sich noch in der Gegend herumtrieben, hatten sich ebenfalls verändert. Meine früher so vertraute Heimatstadt war einer bizarren Welt von Schlaghosen, hippen Lederschuhen, langen Haaren und bunten Perlenketten gewichen. Ich wusste nicht mehr, wie ich mich anziehen oder benehmen sollte, und fühlte mich einfach deplatziert. Obwohl ich nur etwa ein Jahr verpasst hatte, schien sich unglaublich viel verändert zu haben.

Nach meiner Rückkehr hatte ich meine Mutter in ihrem ganzen Leben noch nie so glücklich erlebt. Sie lächelte von morgens bis abends und alles, was ich essen wollte, erschien auf magische Weise zwischen ihren Händen. Meine Mutter hatte eine heroische Stärke in all den Krisen bewiesen: ihre Scheidung, der Verlust ihres Hauses und schließlich meine Katastrophe. Wer solche Dinge tapfer aushält, entwickelt nicht nur zwangsläufig eine gewisse charakterliche Stärke, sondern zeigt auch, was in ihm steckt. Und zu einer solchen *Beharrlichkeit* gehört wohl auch eine gewisse *Härte*. Aber die war nun gar nicht mehr nötig.

Eine Woche verging, dann statteten mir drei Kumpels aus meiner Fußballmannschaft einen Besuch ab. Clint hatte mich als Einziger von ihnen auch im Krankenhaus besucht und war ziemlich beeindruckt von meinen Fortschritten. „Du siehst richtig gut aus Mickey. Ehrlich."

Bob hatte mich seit dem Unfall nicht gesehen und starrte mich so unverhohlen an, dass ich nervös wurde. „Wow, Mann, was haben sie mit dir bloß gemacht?" Das war ziemlich provokant und er wusste es auch, aber mein Anblick war wohl trotzdem ein Schock für ihn.

Um die angespannte Atmosphäre etwas zu lockern, meinte ich: „Ich sehe vielleicht komisch aus, aber wer hat schon ein Gesicht wie eine Patchworkdecke?" Meine vernarbte Haut hatte von dem Silbernitrat, mit dem ich behandelt worden war, viele verschiedene Farben zurückbehalten. Und Patchwork lag 1969 voll im Trend.

Wir tauschten Erinnerungen an unsere aktive Fußballzeit aus und wärmten einige der Anekdoten aus der Highschool auf. Die

Jungs blieben nicht sehr lange, aber es tat gut, sie zu sehen, und sei es nur als Erinnerung an frühere Zeiten.

Zugegeben, ich hatte mich wirklich verändert. Die Menschen, die mich direkt nach dem Unfall gesehen hatten, waren überrascht, wie gut alles geheilt war. Aber für diejenigen, die mich unversehrt in Erinnerung hatten und mir nun in der Öffentlichkeit begegneten, war mein Anblick sehr gewöhnungsbedürftig. Das Ausmaß meines entstellten Körpers war für sie kaum auszuhalten, und das konnten sie vor mir auch nicht verbergen.

Das Gesicht ist ja das Erste, das man bei der Begegnung mit einem Menschen wahrnimmt. Und meins war einfach entstellt. Auf meinem Gesicht sowie auf der einen Seite meines Schädels und Nackens war die Haut furchtbar gespannt, verfärbt und narbig. Meine einst glänzende Haarfülle endete mehrere Zentimeter über der Stelle, wo früher mein rechtes Ohr gewesen war. Und mein rechtes Auge sah aus, als hätte ich einen gigantischen, graublauen Star, und es war immer noch teilweise zugenäht.

Mein rechter Arm war fast zu nichts mehr nütze, denn die Finger waren alle amputiert und der Daumen bestand nur noch aus einem Stummel. Aber verglichen damit, wie schlimm es für mich nach dem Absturz ausgesehen hatte, befand ich mich inzwischen wieder in einem ausgezeichneten Zustand.

Als meine drei Kumpels gegangen waren, fragte ich mich: *Und wohin gehöre ich jetzt?* Das ist natürlich eine universelle Frage. Sie beschäftigt die Menschheit schlechthin. Jeder für sich sucht nach einem Sinn im Leben: *Wo stehe ich? Was ist meine Aufgabe? Und ich...?* Ich war totgesagt worden und hatte überlebt. Ich konnte nicht laufen und hatte durch ein Wunder wieder gehen gelernt. Aber wohin sollte ich meine Schritte nun lenken?

Wenige Tage nach diesem Besuch hielt Dan Hardings Auto vor unserem Haus. Mein Bruder warf einen Blick durch das Fenster in der Haustür und sah ihn neben seinem Auto stehen.

„Hey, Robert", rief Dan ihm zu. „Sag deinem Bruder, er soll seine Augen schließen. Ich habe etwas für ihn mitgebracht, was ihn sonst um den Verstand bringen wird."

Gehorsam schloss ich die Augen und hörte, wie Dan zu mir kam. „Okay, jetzt kannst du gucken." Als ich die Augen öffnete, lag vor mir ein nagelneues Super-Pro-Fallschirmgurtzeug mit Verpackung, alles vom Feinsten und federleicht. „Dein rot-weiß-blauer Para-Commander steckt innen drin."

„Wow!" Ich hatte von dem Gurt in der Fallschirmzeitschrift gelesen, kannte aber niemanden, der diese Neuheit schon besaß.

„Meinst du, wir können das Samstag in drei Wochen mal ausprobieren?", fragte Dan.

Er meinte das als sportliche Herausforderung und ich versicherte ihm, zu allem bereit zu sein.

„Nur wir drei: ich, du und Robbie. Und wir sollten es vielleicht besser geheim halten. Wir erzählen vorher niemandem davon."

Während ich den Fallschirm betrachtete, packte mich die altbekannte Sehnsucht nach dem Fallschirmspringen – und zwar nicht nur, weil ich vor meinem Unfall damit so erfolgreich gewesen war, sondern auch, weil die kleine, elitäre Gruppe von Fallschirmspringern während der schlimmen Zeit, die ich durchgemacht hatte, so zu mir gehalten hatte. Das ist nämlich eher ungewöhnlich für diesen Schlag Mensch.

An einem meiner letzten Tage im ersten Krankenhaus, bevor ich mit der Reha anfing, hatte mich sogar der Besitzer des Fallschirmklubs mit einem anderen Kollegen besucht. Sie stellten in meinem

Zimmer einen Projektor auf und ließen einen der neuesten Fallschirmspringer-Filme laufen. Es waren beeindruckende Aufnahmen, aber mehr noch bedeutete mir, dass diese Männer sich überhaupt die Mühe gemacht hatten und zwei Stunden zu mir gefahren waren, nur um mich in einem Moment aufzubauen, in dem ich es wirklich nötig hatte.

Als ich mich für meinen ersten Sprung nach dem Unfall vorbereitete, fing ich an, intensiv über diesen Sport nachzudenken, der mir zur zweiten Natur geworden war. Es war nicht so, dass ich Angst hatte oder irgendwie in eine negative Stimmung geriet. Aber ich fragte mich, ob ich mit meinem um fast dreißig Kilo verringerten Gewicht überhaupt noch genug wog, um bei meinem Fall zur Erde nicht von einem Luftstrom erfasst zu werden. Ich stellte mir vor, wie in den Sechs-Uhr-Nachrichten die Meldung kam, dass nachts eine Kaltfront erwartet wurde und ob dieser Kerl nach seinem Fallschirmsprung vor einer Woche wohl immer noch um die Erde kreiste?!

Dan rief am Donnerstagabend an. „Es gibt eine Planänderung. Wir machen es eine Woche früher. Ich habe mir die Wettervorhersage angesehen und Freitag, Samstag und Sonntag wären perfekt. Bist du bereit?"

„Ich bin bereit."

Am Samstagmorgen um halb sieben holte Dan mich, Robert und meine Mutter ab. Wir hatten ihr nicht erzählt, dass wir zum Fallschirmspringen fuhren und sie dachte, es handelte sich um einen Ausflug mit Picknick. Als wir am Fallschirmklub hielten, schwante ihr aber, was wir vorhatten.

„He", sagte sie, „was soll das werden?"

„Das geht schon in Ordnung", meinte Dan beruhigend. „Ich passe gut auf ihn auf. Behalte du einfach entspannt das Landefeld im Auge."

Wir sahen zu, wie das Flugzeug mehrere Male startete und andere Fallschirmspringer abwarf, die alle eine perfekte Landung hinlegten. Um die Mittagszeit zog ich meinen Anzug an, die Stiefel und das schöne neue Gurtzeug. Dann kletterten Dan, Robert und ich ins Flugzeug. Dale, der Pilot und Klubbesitzer, legte noch eine besondere Matte auf den Boden, damit ich es bequem hatte, und schon ging es hinauf, immer höher. Wir wollten nach ganz oben – 3 800 Meter hoch.

Je schneller die kleine Maschine in die Höhe kletterte, umso ruhiger wurde ich innerlich. Ich stand auf der Stufe, Robbie hockte am Rand und wir verließen das Flugzeug alle so schnell wir konnten. Mein geringes Gewicht ließ mich langsamer fallen als die anderen, aber nach ungefähr zehn Sekunden, als wir schon dreihundert Meter gefallen waren, bildeten wir drei gemeinsam einen perfekten Stern. Ich hielt mein Bein hoch und benutzte es als Ruder, damit wir uns wie ein Propeller im Kreis drehten. Als ich das andere Bein nach oben brachte, ging es in die andere Richtung. Sechzig Sekunden lang fühlte es sich so an, als könnte ich unendlich lange in der reinen, dünnen Luft schweben.

In siebenhundert Metern Höhe drehten wir in unterschiedliche Richtungen ab und bewegten uns voneinander fort. Das Öffnen des Schirms klappte bei mir hervorragend, Robbie und Dan zogen etwas später die Reißleine. Weil ich so klein und leicht war, blieb ich viel länger oben. Was für eine spektakuläre Aussicht! Die Stille war unglaublich.

Meine Landung absolvierte ich punktgenau und fast ohne spürbaren Aufprall. Während ich zum Stehen kam und der Fallschirm um mich herum zu Boden glitt, rannten die besten Fallschirmspringer Amerikas und der ganzen Welt auf mich zu, um mir zu gratulieren. Und sie trugen sich alle in mein Sprungbuch ein. Ich sah ihre strahlenden Gesichter und freute mich, dass ich so gefeiert wurde. Aber anders als bei allen anderen früheren Sprüngen, verspürte ich nicht den drängenden Wunsch, sofort wieder hinaufzufliegen. Irgendetwas anderes lockte mich, wobei ich nicht genau sagen konnte, was es war.

Eine Woche später musste ich zurück ins Krankenhaus, weil ein kleines Loch in meinem Bauch sich nicht so geschlossen hatte, wie es sollte. Der Chirurg machte einen vertikalen, etwa zwölf Zentimeter langen Schnitt durch meine Bauchwand, durchtrennte das Fettgewebe (auch wenn davon nur wenig vorhanden war) sowie sämtliche Muskeln. Danach wurden alle Schichten meiner Haut wieder vernäht, um sicherzugehen, dass die Wunde sich gut wieder schloss.

Niemand hatte mich vorher gewarnt, wie schmerzhaft das sein würde! Jede Bewegung meines Zwerchfells verursachte scheußliche Schmerzen. Wenn ich hustete, aufstieß oder mich irgendwie falsch bewegte, durchdrang mich ein unglaublicher Schmerz. Die Schwestern gaben mir Morphium, aber daran war ich so gewöhnt, dass ich eine Riesendosis brauchte, damit es überhaupt irgendeine Wirkung zeigte.

Nach dem Eingriff wickelte ich mich in ein großes Handtuch und zog es eng um mich, damit die Muskeln die Naht nicht so sehr auseinanderzogen. Nach ein paar Tagen versuchte Robert mich zum Lachen zu bringen und wenn es ihm gelang, musste ich das Handtuch noch mehr straffen. So wie eine Frau, die ein Korsett aus dem neunzehnten Jahrhundert trägt.

Als der Schnitt heilte, sah es aus, als hätte ich zwei Bauchnabel. Die Ärzte sagten mir, ich solle mich einige Monate lang schonen.

Das bedeutete natürlich, dass Fallschirmspringen ausfiel. Womit sollte ich nun meine Zeit verbringen? Ich hatte kein eigenes Auto und so bestand mein Alltag hauptsächlich aus dem Nichtstun. Ich hielt Kontakt zu Dan Harding, meist am Telefon, weil er so viel am Springen war. Auch mit einigen anderen Fallschirmspringern, zu denen ich eine enge Beziehung entwickelt hatte, blieb ich in Verbindung. Aber auch sie waren meist im Klub und übten ihre Sprünge.

Also hörte ich Musik. Viel Musik. Dabei setzte ich mich mit der psychedelischen Erfahrung auseinander, die meist mithilfe verschiedener Drogen und bewusstseinserweiternder Mittel geschah und ein mystisches und spirituelles Verständnis ermöglichen sollte. Nachdem die Beatles nach Indien gereist waren und dort die östlichen Religionen kennengelernt hatten, verbreiteten sie den Begriff der transzendentalen Meditation. Andere „Wahrheitssucher" hielten regelrechte Sitzungen an verschiedenen, angemieteten Orten ab, sogar in Kirchen. Die Transzendentale Meditation versprach angeblich, den eigenen „inneren Frieden" finden zu können.

In dieser Musikrichtung war viel von Liebe die Rede. Früher hatten Liebeslieder immer von potenziellen Freunden und Freundinnen gehandelt, manchmal auch von Ehemännern und Ehefrauen. Diese Musik hingegen thematisierte eine ganz neue Art von Liebe – man sollte jedermann lieben, die Natur und wer auch immer sich gerade in der Nähe befand. Dieses *Konzept* eines von Liebe erfüllten Miteinanders stand über der in einer *Beziehung* gelebten Liebe.

Die Veränderungen, die ich an den Menschen um mich herum beobachten konnte, waren wirklich *radikal*. Immer häufiger sah man lange Haare mit Bärten und Schnurrbärten, Batik- oder Flanellhemden, im Sommer Sandalen und bei kühler Witterung Arbeitsstiefel.

Die Mädchen trugen Schlaghosen oder lange, fließende Röcke. Büstenhalter waren keine Pflicht mehr und es galt als altmodisch, auf ein sittsames Äußeres zu achten. Die moralischen Grenzen gerieten ins Fließen. Aus der Forderung nach Frieden und Freiheit ergab sich, dass Dinge, die früher unmöglich gewesen wären, plötzlich akzeptiert oder gar gutgeheißen wurden. Wer mitmachte, erschien manchen Leuten als Pionier, während andere das völlig abwegig fanden.

Die Grenzen dessen, was gesellschaftlich angesagt und akzeptabel war, verlagerten sich nicht nur, sie lösten sich teilweise auch vollständig auf. So brauchte man sich zum Beispiel zum Rauchen von Haschisch nicht mehr heimlich in den Wäldern oder leer stehenden Gebäuden zu verkriechen. Es war zwar noch illegal, aber jeder ging offen damit um. Manche Leute kifften auch öffentlich und waren stolz darauf.

Einmal war ich zu einer Übernachtungsparty bei einigen von Dannys neuen Freunden eingeladen, deren Eltern gerade eine riesige Villa außerhalb der Stadt bauten. Ihre Kinder, die in meinem Alter waren, nutzten das abgelegene Gästehaus für eine große, psychedelische Party.

Als die Sonne unterging, wurden kleine „Geschenke" verteilt. Die Leute rauchten dort sehr starken Haschisch.

Jemand fragte mich, ob ich schon einmal „auf einem Trip gewesen wäre". Ich hatte keine Ahnung, was das war und sagte Nein, wobei ich versuchte, cool zu wirken. Der Kerl legte mehrere Dutzend kleine Papierquadrate aus, die in der Mitte einen farbigen Punkt hatten.

„Das ist der reinste Stoff der Welt", sagte der Gastgeber. „Nimm es einfach auf deine Zunge, bis es sich auflöst."

Ich tat, was er sagte, und einige andere Gäste schlossen sich an. Die Musik wurde lauter und heftiger. Es vergingen fünfundvierzig Minuten, aber ich hatte noch keine Wirkung von dem LSD gespürt.

„Nimm noch eins", sagte der Gastgeber mit einem spöttisch herausfordernden Gesichtsausdruck.

Ich beschloss, lieber noch etwas abzuwarten. Und dann dauerte es nur noch wenige Minuten, bis die Dosis wirkte. Es war eine bewusstseinsverändernde, übersinnliche Erfahrung. Das Innere des ganzen Hauses fing an, mit mir zu atmen. Die Schatten der Menschen tanzten an den Wänden zu der Musik. Ich hatte zwar keine Halluzinationen, aber der visuelle Effekt war so stark, als schaute man durch ein Kaleidoskop in einen Jahrmarktspiegel.

Nach der anfänglichen, fesselnden Euphorie kippte meine Stimmung. Mental und emotional wurde das, was ich anfangs als surreal und aufregend empfunden hatte, zu einer Paranoia und machte mir schließlich einfach nur noch Angst.

Stundenlang versuchte ich, von dem Trip wieder herunterzukommen, ging hinaus in die sternenklare Nacht und suchte Ruhe. *Hatte ich mich vergiftet?* Mir fiel ein Zeitungsbericht ein, den ich vor Kurzem gelesen hatte: „22. Juni, 1969: Judy Garland stirbt an einer Überdosis Drogen." Ich bekam solche Angst, dass ich mir die Finger in den Hals steckte und mich zum Erbrechen brachte. Nach mehreren Stunden ließ die Wirkung der Droge endlich nach und ich dankte Gott, dass es vorbei war.

Als die Sonne wieder aufging, luden einige der jungen Männer mich auf ein Musikfestival ein. Sie zeigten mir die ziemlich imposante Liste der eingeladenen Rockstars, und obwohl ich von dem Drogentrip noch ziemlich benommen war, stieg ich zu ihnen ins Auto. Bevor sie aber aus der Einfahrt herausfuhren, hatte ich einen klaren Moment, in dem mein gesunder Menschenverstand die Oberhand gewann. „Stopp", sagte ich. „Ich komme doch nicht mit. Lasst mich raus, bitte."

Später erfuhr ich, dass sie nach Woodstock gefahren waren. Der Termin des Festivals, 15.–18. August 1969, lag genau auf dem Jahrestag meines Flugzeugabsturzes. Für mich wäre die Fahrt dorthin eine Katastrophe geworden.

Manches aus der damaligen Drogenkultur hat sich sprachlich bis heute gehalten, wie „auf einem Trip sein" oder „schlecht drauf sein". Das Risiko, bei diesen Experimenten gesundheitlichen Schaden zu nehmen, war stets da. Aber als es am schlimmsten war, rief ich nach Gott, und er warf mir einen Rettungsring zu.

Wieder zu Hause dachte ich bei klarem Verstand darüber nach, was passiert war. Wie konnte dieser Wahnsinn dabei helfen, eine Friedensbewegung in Gang zu setzen?

„Der Dieb kommt, um zu stehlen, zu schlachten und zu vernichten. Ich aber bringe Leben – und das im Überfluss."[15] Diese Person, diesen Retter, sollte man nicht allzu selbstverständlich nehmen.

Kapitel 18

Auf der Suche nach Frieden

Am Ende der Straße, in der unser Haus stand, gab es einen kleinen Park mit schmalen Spazierwegen, auf denen ich gut zur Ruhe kommen und nachdenken konnte. Während meiner Krankenhausaufenthalte war ich vollständig auf die Fürsorge und Ratschläge anderer angewiesen und nun musste ich erst wieder lernen, meine Zukunft selbst in die Hand zu nehmen. Das Laufen beruhigte mich. Es erinnerte mich daran, dass ich nicht alles sofort lösen musste. Allein das stille Sinnieren würde mich auch in der Richtung weiterbringen, in die ich zu gehen hatte.

Das Wort Frieden war damals in aller Munde. Den Kreis mit dem Friedenssymbol darin kannten vermutlich mehr Leute als das Markenzeichen von Coca-Cola und das „Peace"-Zeichen mit den zwei Fingern wurde zum Gruß einer ganzen Generation. Diejenigen, die eine andere Einstellung vertraten, blickten einfach starr geradeaus oder verwendeten das wesentlich unfreundlichere Ein-Finger-Symbol. Aber darauf kannten die Friedensaktivisten nur eine Reaktion – nämlich ein noch breiteres Lächeln.

Ich kratzte genug Geld für ein Auto zusammen, dann fing ich an, Ausflüge zu unternehmen. Die Kent State Universität war ungefähr eine Stunde Fahrt von meinem Wohnort entfernt. Dort gab es ein Viertel, in dem sich ein Klub an den anderen reihte, wo junge Leute Musik hören konnten. Es ging gar nicht darum zu tanzen oder jemanden kennenzulernen; im Mittelpunkt standen wirklich nur die neuen „Sounds" und die Botschaft, die sie vermittelten.

Eine Band mit elektrischer Gitarre, Bassgitarre und Schlagzeug gefiel mir ganz besonders. Das Publikum wollte unbedingt immer wieder die bereits bekannten Songs hören, wünschte sich aber auch neue, überraschende. Es war nicht immer ganz klar, was die Lieder denen, die sie schrieben, bedeuteten, aber ich konnte mit den Texten durchaus etwas anfangen. Frieden und universelle Liebe wurden leidenschaftlich besungen und ich identifizierte mich damit, denn auch ich wollte die Welt gerne verändern.

Nach dem Tag der Arbeit, 1969, unterzog ich mich meiner ersten plastischen Operation in der Universitätsklinik von Cleveland, Ohio. Es handelte sich um eine Klinik mit einem angesehenen wissenschaftlichen Ruf und ich war ein klassisches Lehrobjekt. Krankenhauskleidung brauchte ich jedoch nicht mehr anzuziehen, was meine Stimmung etwas hob.

Dr. John war während der folgenden fünfeinhalb Jahre der für mich zuständige Arzt. Er führte so viele Operationen an mir durch, dass ich sie gar nicht mehr alle aufzählen kann. Bei der ersten handelte es sich um die Entfernung von vernarbtem Gewebe auf meiner rechten Gesichtshälfte, wobei ein L-förmiges Gewebestück von der linken Seite meines Nackens dorthin transplantiert werden sollte. Der Erfolg war spektakulär. Aber es tat enorm weh.

Der körperliche Schmerz war weniger schlimm als die Qual des Wartens, bis man sehen konnte, ob der Eingriff wirklich erfolgreich gewesen war. Denn es stellte sich die Frage, ob die rechte Seite meines Gesichts überhaupt gut genug durchblutet war, um so ein großes Stück Hautgewebe zu versorgen.

Glücklicherweise sah die Hauttransplantation sehr zufriedenstellend aus, als mir die Fäden gezogen wurden. Alles war sogar so gut verlaufen, dass Dr. John gleich weitermachen wollte. Direkt unter meiner Nase befand sich eine weitere große Narbe und rechts hatte ich gar kein Nasenloch mehr. Der Plan war, ungefähr ein Drittel der Haut von meinem linken Ohr sowie einen Teil vom Knorpel zu entfernen und daraus eine neue Nase zu formen.

Nach diesem Eingriff standen das Operationsteam und eine ganze Reihe von Medizinstudenten in meinem Zimmer, um zu sehen, was dabei herausgekommen war. Alle lächelten erwartungsvoll. Jemand reichte mir einen Spiegel und ich staunte nicht schlecht: Ich hatte eine neue Nase bekommen!

Sieben Tage später wurden die Fäden gezogen und das ganze Verbandsmaterial aus meiner Nase entfernt. Aber als das ganze Paket abgenommen wurde, blieb der untere Teil meiner Nase einfach daran hängen. Also gab es eine kleine Korrektur an dem, was von der ersten Operation noch übrig geblieben war, und die Ärzte bastelten mir noch einmal eine neue Nase.

Sie waren von diesem Fehlschlag ziemlich enttäuscht. Ich natürlich auch. Aber ich dachte mir: *Zwei Schritte vor und einen zurück.* Der Heilungs*prozess* ist das Ziel.

Eines Morgens fuhr ich zu einem großen Park und machte dort einen langen Spaziergang, um darüber nachzudenken, was Frieden eigentlich bedeutet. Ich horte von den östlichen Religionen und ihrer Lehre eines „inneren Friedens", aber das, was in der amerikanischen Gesellschaft vorherrschte, war mehr ein Ruf nach politischem und sozialem Frieden. Wenn ich in der Stille der Wälder umherlief, wo es weder Musik noch Leute gab, die aufgebrachte Reden hielten, kehrte in mir durch die äußere Ruhe auch ein innerer Frieden ein. Und dieser Frieden erschien mir noch größer und tiefer als das Erleben der reinen unnachahmlichen Natur.

Ich begutachtete meine rechte Hand. *Vor einem Jahr hatte ich keine Hoffnung mehr gehabt und hatte geglaubt, ich müsste sterben.* Das flammende Herbstlaub, gerahmt vom tiefblauen Himmel, war eine lebhafte Erinnerung daran, dass das Leben auch seine „Jahreszeiten" hat. Langsam lernte ich, wie man die Dinge betrachtet, hört, interpretiert und wie man am vernünftigsten darauf reagiert. Am liebsten hätte ich die Gewalt geheilt, an der die ganze Welt litt, aber gleichzeitig war ich selbst noch in meinem eigenen Heilungsprozess.

Wieder begab ich mich in die Universitätsklinik zu einer Besprechung mit Dr. John, diesmal ging es um einen ziemlich gewagten Versuch, meine rechte Hand wieder so weit herzustellen, dass ich sie normal benutzen konnte. Nach dem Eingriff sah sie so aus, dass ich einen kleinen Boxhandschuh über meiner früher verkrüppelten Hand trug, und zwar in einem hübschen Pink.

Da ich mich einige Wochen zu Hause erholen sollte, bevor der nächste Eingriff unternommen werden sollte, kaufte ich mir eine akustische Gitarre und umwickelte ein Stück meiner rechten, verbundenen Hand mit Klebeband. Ich hatte seit meiner Schulzeit keine Gitarre mehr gespielt und war auch nie besonders gut gewesen. Aber nun saß ich stundenlang damit herum, brachte mir Akkorde bei und machte durchaus Fortschritte. Ich konnte die Musik nicht nur hören, ich fühlte sie auch. Ich lernte einige Folk- und Rocksongs, aber am liebsten begleitete ich einfach, während meine Langspielplatten im Hintergrund liefen.

Jeden Tag wechselte ich meinen Verband. Meine Hand sah inzwischen ziemlich gut aus, aber die Seite meines Brustkorbs, dem das Gewebe für die Transplantation entnommen worden war, heilte nur langsam. Glücklicherweise schmerzte es nicht übermäßig, als der junge Arzt den Verband abriss.

Mit der Gitarre wurde ich richtig gut. Und das, obwohl ich ohne Finger gar nicht richtig greifen konnte. Aber ich spielte rhythmische Akkorde und brachte mir einfach den Bass und die Melodie bei.

Nach einigen Tagen beschloss ich, dass meine operativen Wunden ausreichend geheilt waren, um der Kent Universität und einem Klub einen Besuch abzustatten. Ich war früh dort und sah an der Eingangstür einen Zettel, auf dem stand: „Heute Abend: Glass Harp." *Wer zum Teufel sollte das sein?* Ich ging hinein und hockte mich in eine kleine Nische links von der Bühne.

Glass Harp war eine Band mit drei Leuten, wie die James Gang, mit einem großen Schlagzeug, einem Bassgitarristen und einer elektrischen Gitarre. Sie spielten ein Medley bekannter Songs von den Beatles bis Jimi Hendrix, aber auch klassischen Blues-Rock. Ich war begeistert! Sie spielten die klarste Musik, die ich je gehört hatte, mit unglaublich knackigen melodischen Stimmen. Der Gitarrist Phil Keaggy war umwerfend, er war vielleicht achtzehn oder neunzehn Jahre alt und für mich der beste Gitarrist, den ich je live oder auf einer Platte gehört hatte.

Von da an verpasste ich keine Gelegenheit, Glass Harp und diesen brillanten, jungen Gitarristen zu hören.

Als ich nach der nächsten Operation an meiner Hand wieder nach Hause kam, besuchte ich meinen Freund Dr. William Jeric, um mit der Arbeit seiner Fachkollegen anzugeben. Wir staunten gemeinsam über all die beeindruckenden, operativen Möglichkeiten, ehe er mir anschließend etwas zeigen wollte, was ihn sehr beschäftigte. Dann sah ich Bilder von Hunderten medizinischen Operationen, die er in dreizehn Monaten an Zivilisten in Vietnam durchgeführt hatte. Er hatte dort zwölf Stunden am Tag gearbeitet, sieben Tage die Woche, um die entsetzlichen Folgen der modernen Kriegsführung etwas zu mildern. Während er mir die Bilder zeigte, erklärte er immer wieder die Schwere der Eingriffe. In den Vereinigten Staaten wäre er vermutlich gerichtlich belangt worden, wenn ein Patient starb oder eine Operation missglückte. In Vietnam bekam er keinen Penny für seine Arbeit bezahlt. Was er tat, war reine Barmherzigkeit… und darin war er sehr erfolgreich.

Mitten in unserem Gespräch sagte Bill plötzlich: „Ich hasse religiöse Vereinigungen, aber für das, was dir passiert ist, gibt es nur eine einzige Erklärung, und das ist die wunderbare Gnade eines Gottes."

Ich erzählte ihm von einigen meiner Erlebnisse im Himmel, dann redeten wir wieder über Physiotherapie und medizinische Dinge – woran er vermutlich mehr interessiert war. Plötzlich aber legte er unvermittelt die Hand auf meinen Unterarm und sagte ruhig, mit Tränen in den Augen: „Mickey, du bist schön."

„Danke", antwortete ich, ebenfalls mit den Tränen kämpfend. Und ich spürte: Immer, wenn jemand Gottes Werk erkennt, zeigt er sich in seiner ganzen Pracht.

Der nächste Schritt sollte eine radikale operative Neugestaltung meiner rechten Hand sein, die in einen fetten, babyweichen Handschuh transplantierten Gewebes eingeschlossen war. Geplant war der Eingriff zum nächstmöglichen Termin.

Zwischendurch erhielt ich eine Einladung nach Toronto, Kanada, zusammen mit den anderen Fallschirmspringern von unserem Klub in Ohio. Einige Mitglieder des kanadischen Teams kannte ich, weil sie gelegentlich bei uns übten. Abends gingen wir alle in ein nettes Lokal, um eine quirlige Bluesband zu hören, die unser Gastgeber mit einem Tonbandgerät aufnahm. Die Party ging bis in die Nacht hinein und zwei Kumpels aus Ohio luden mich ein, anschließend noch ins Universitätsviertel im Herzen der Stadt mitzukommen.

Wir landeten in einem angesagten Coffeeshop mit Schwarzlicht und Bildern von San Francisco. Es wurde öffentlich gekifft, und zwar hochgradig wirksamer Stoff. Einer meiner Kumpels wollte dortbleiben und weiterfeiern, während ich mit dem anderen zurück zu unserem Hotelzimmer lief, nur einen guten Kilometer entfernt. Die Nachtluft war ganz still und Schneeflocken groß wie silberne Münzen segelten aus der Dunkelheit auf uns herab.

Plötzlich stand ein Mann im Weg, mit dem Rücken zu uns. Große Schneeflocken lagen auf seinem langen, dunklen Haar. Im Vorbeigehen drangen seine Augen bis auf den Grund meiner Seele und sein Gesicht sah irgendwie traurig aus.

Ich wusste sofort, dass es Jesus war. Seine Gegenwart veränderte die Atmosphäre auf so übernatürliche Art, dass alles anders aussah und sich anders anhörte. Mein Kumpel sagte etwas und ich hörte jede Silbe wie ein Echo und um zwei Sekunden verzögert. Ich fühlte mich wie in einer riesigen, nachhallenden Kammer.

Als wir an Jesus vorübergingen, versuchte ich, meinem Kumpel ein Zeichen zu geben, aber die Worte kamen mir nur mühsam über die Lippen, so als befände sich um uns eine übernatürliche Blase. Ich befand mich wie in einem Schockzustand.

Ich spürte, Jesus verurteilte mich nicht. Vielmehr brachte er mir eine Art von allwissendem Mitgefühl entgegen. Er kannte mich durch und durch. Seine starke Liebe und das Mitgefühl, die von ihm ausgingen, überwältigten mich. Ich gab es auf, mich meinem Kumpel verständlich zu machen.

Sprachlos stolperte ich in mein Hotelzimmer, während das Bild von Jesu Gesicht immer noch vor meinem inneren Auge schwebte. *Warum hatte er so traurig ausgesehen?* Während ich darüber grübelte, pendelten meine Gedanken von richtig zu falsch, von gut zu böse, von irdisch zu übernatürlich. Ich war hin- und hergerissen von den Gefühlen, die er für mich hegte.

Meine Freunde bekamen von all dem, was da geschehen war, nichts mit. Als sie am nächsten Morgen aufwachten und anfingen, sich zu unterhalten, wurde mir ganz elend zumute. Sie wirkten so oberflächlich, zynisch und sarkastisch – geradezu fratzenhaft verzerrt und böse.

Ich hatte gehofft, mich während der Reise nach Toronto zwischen den anstrengenden Operationen ein wenig zu entspannen und Spaß zu haben, doch nun wollte ich einfach nur noch wieder nach Hause nach Cleveland.

Über sechsunddreißig Stunden befand ich mich in einer Art geistlichen Lähmung und hatte niemanden um mich herum, mit dem ich hätte darüber reden können. Ich fühlte mich unendlich allein.

Als der Schock schließlich nachließ, versuchte ich, mein inneres Gleichgewicht wiederzufinden, konnte aber meine Parkspaziergänge nicht wieder aufnehmen, weil es dazu zu kalt war. Also blieb ich in meinem Zimmer sitzen und hörte Musik. Was mich normalerweise gut unterhielt, erschien mir nun flach und stumpfsinnig.

An diesem Wochenende beschloss ich, nach Kent State zu fahren und mir etwas Livemusik anzuhören. Ich war früh im Klub und es spielte gerade eine Vorband. Ich setzte mich rechts vor die Bühne.

Glass Harp trat anschließend auf und machte eine Riesenshow. Der Schlagzeuger John war bereits nach dem ersten Song klatschnass geschwitzt, wie immer.

Aber bei Phil Keaggy hatte sich etwas verändert. Seine Gitarrenanschläge waren schärfer denn je und sein Gesicht hatte eine besondere Ausstrahlung. Er sang nicht nur seinen Text; es war, als würde er uns zwischen den Zeilen etwas mitteilen wollen.

Als er seine neuen Songs vorstellte, bemerkte ich, dass er eine Lederkette mit einem großen Holzkreuz um den Hals trug.

Glass Harp hatte ich schon mindestens zehn Mal gehört und dachte, ich würde alle Songs kennen. Aber das nächste Stück begann mit einem dramatischen musikalischen Intro und den Worten: „Sieh in den Himmel". Der folgende Text war wunderschön und ich spürte, dass Phil Keaggy über etwas sang, was ihm mehr bedeutete als Worte oder Musik.

Nach dem zweiten Lied fing er an, ganz unbefangen über Jesus zu sprechen. Offensichtlich war mit diesem jungen Künstler etwas ganz Erstaunliches passiert, seit ich ihn zuletzt gesehen hatte.

Als die Band weiterspielte, hörte ich nicht nur der Musik zu. Ich fühlte, dass die Texte auch für mich eine Bedeutung trugen.

Und als ich heimfuhr, lächelte ich vor Verwunderung.

Am nächsten Morgen hörte ich einige der Freunde meiner Schwester sagen, dass sie abends in den Klub gehen wollten. Glass Harp würde wieder spielen. Ich schloss mich ihnen an, ohne ihnen zu verraten, was mir am Abend zuvor passiert war.

Wir bekamen gute Plätze. Die Band spielte einige neue Songs mit geistlichen Texten. Während der zweiten Pause kam dann Phil herübergeschlendert und sagte mir Hallo. „Wenn wir heute Abend fertig sind, gibt es im Anschluss noch ein Gebet. Hast du Lust?"

Ich hatte davon noch nie gehört, aber es klang nach einer freundlichen Einladung. „Okay – ich muss das nur noch mit den Leuten klären, mit denen ich heimfahre."

Ich erzählte meinen beiden Begleitern von der Gelegenheit, die sich da bot. „Du willst beten?" Sie starrten mich an, als würde ich sie zum Stricken einladen. Offensichtlich hatten sie kein Interesse. Sie erzählten mir aber von einer Party, die sie anschließend noch besuchen wollten, und zwar bei einem Freund, den wir noch aus der Schule in Independence kannten und der jetzt an der Kent State Universität studierte.

Weil ich mit ihnen zurückfahren wollte, gab ich nach.

Auf der Fahrt hielten wir an einer Ampel und die Beifahrerin kurbelte ihr Fenster herunter, um mit den Leuten im Auto neben uns zu sprechen. „Hey, kommt ihr mit zu einer Party? Es wird bestimmt gut."

Das Gesicht des anderen Fahrers leuchtete auf. „Klar! Solange Jesus mit dabei ist." Er schloss das Fenster und fuhr los, während ich das Gefühl bekam, im falschen Auto zu sitzen.

Bei der sogenannten Party handelte es sich dann um ein Treffen von ungefähr sechs Personen, die sich irgendwann über Jesus unterhielten. Es stellte sich heraus, dass einige der früheren „Revoluzzer" auf unserer Schule „Jesus Freaks" geworden waren. Sie sahen noch genauso aus, redeten aber über nichts anderes als über die Bibel, die Liebe Gottes und Jesus, den sie offensichtlich gut kannten und von dem sie behaupteten, dass er bald auf die Erde zurückkehren würde.

Ich sagte nicht viel dazu, hörte aber aufmerksam zu.

Unser Gastgeber erklärte uns alles Mögliche, was ihm zu Gott einfiel. „Ich glaube, dass die Menschen die Religion nicht richtig verstanden haben. Sie reden über das Ende der Welt und darüber, dass Gott böse auf uns Sünder ist. Sie sagen, dass er kommen wird, um die Erde durch sein flammendes Urteil zu vernichten. Tja, dieses Zeug haben sie uns jedenfalls in der Kirche immer erzählt. Aber was nützt das? Ich glaube, das Leben findet hier und jetzt statt. Karl Marx hat gesagt: ‚Religion ist das Opium des Volkes.'" Ironischerweise zitierte er diese kryptische Aussage, während er eine große Wolke Haschisch ausatmete.

Ich war aufgewühlt und unruhig. Und ich wünschte, ich wäre statt auf diese Party besser zu dem Gebetstreffen gegangen, auch ohne Mitfahrgelegenheit.

Überall, wo ich hinging, schienen die Leute über Jesus zu reden. Robert war in seinem letzten Jahr an der Highschool und einer seiner Freunde erzählte von einer Gruppe von Leuten, die sich abwechselnd zu Hause trafen, um Gitarre zu spielen, zu singen und über die Bibel zu reden. Ich beschloss, mir das mal anzusehen, bevor die nächste größere Operation anstand.

Obwohl ich als fast Einundzwanzigjähriger in einem Raum voller Teenager saß, waren sie erstaunlich warmherzig, intelligent und kontaktfreudig. Ich fühlte mich wohl, als sie volksliedartige, zeitgenössische christliche Lieder, begleitet von einer Akustikgitarre, sangen. Steve, ein Mann Anfang zwanzig, der eine leitende Stellung am Campus hatte, erteilte den Anwesenden Bibelunterricht. Da ich keine dabeihatte, reichte mir jemand ein Exemplar.

Steve hätte ebenso gut Griechisch sprechen können. Was er sagte, war interessant, aber ich konnte nichts damit anfangen, als er las: „In deinen Augen sind wir unrein geworden, selbst unsere guten Werke sind bloß ein schmutziges Kleid."[16]

„Was glaubst du, was das bedeutet, Mickey?", fragte er.

Ich zuckte ratlos mit den Schultern.

„Sogar das Beste, was wir zustande bringen, ist vor Gott nur ein Lumpenhaufen."

„Das verstehe ich nicht."

„Erinnerst du dich an deine letzte gute Tat?"

„Klar", erwiderte ich selbstbewusst.

„Und würdest du dich wegen dieser guten Dinge, die du tust, als einen guten Menschen bezeichnen? Als einen, der im Leben den richtigen Ansatz hat?"

„Schon", antwortete ich.

Steve erklärte daraufhin, dass der Mensch von Natur aus vor allem an sich selbst denkt und dass wir aus eigener Kraft den hohen Anspruch, den Gott an uns stellt, nie erreichen können. Er nahm sich selbst als Beispiel und skizzierte seine Lebensgeschichte.

„Ich schaffe es nicht aus eigener Kraft und ihr genauso wenig", wandte er sich an die ganze Gruppe.

Nachdem wir gebetet hatten, war das Treffen beendet. Steve kam zu mir. „Ich würde gerne morgen mit dir frühstücken. Hast du Lust?"

Ich gab ihm meine Adresse; er wollte mich abholen kommen.

Beim Frühstück machten wir zuerst etwas Smalltalk und lernten uns besser kennen. Dann redeten wir darüber, warum ich nicht verstand, was er uns am Abend zuvor zu erklären versucht hatte. Erneut benutzte er konkrete Beispiele sowie Bibelzitate, um es mir verständlicher zu machen. Selbst wenn ein Mensch alles gibt, ist das gar nichts im Vergleich zu dem heiligen Gott und seinen Möglichkeiten. Heilig wird etwas nur durch Jesus und dadurch, dass er unsere Sünden auf sich genommen hat. Wenn wir uns ihm anschließen, haben wir teil an der Rechtschaffenheit Gottes.

Obwohl ich mit diesen Begriffen aus der Bibel nicht vertraut war, verstand ich ihn jetzt besser. Es schien, als hätte ich das tief in mir schon immer gespürt. Ich berichtete kurz von einigen meiner Begegnungen mit dem Glauben, ganz unaufgeregt, obwohl ich darüber noch nie mit jemandem gesprochen hatte. Interessiert hörte er mir zu.

Mitten in meine persönliche Lebensbeichte hinein brach Steve in Gelächter aus.

„Was ist daran so lustig?"

„Ganz klar: Gott hat einen Plan für dich. Du hast eine Aufgabe von ihm bekommen."

Das machte in meinen Augen noch weniger Sinn als die Bibelverse vom vergangenen Abend. Eine geistliche Aufgabe – die einzige, die ich kannte, war das Zölibat, und ich assoziierte damit Männer in schwarzer Amtskleidung. Ich nahm an, dass er mir das Priesteramt antrug, und das lag mir absolut fern.

Einige Tage später musste ich erneut ins Krankenhaus. Es wurden weitere Röntgenaufnahmen gemacht und skizziert, was nun bei der nächsten Operation erfolgen sollte. Der Arzt erklärte, dass er eine funktionierende Hand formen wollte, mit einem gegengreifenden Daumen. Dieses Vorgehen war noch unerprobt, aber er schien daran zu glauben, dass es klappen könnte.

Die Operation dauerte acht Stunden. Mein Chirurg und sein Assistent kamen am späten Nachmittag bei mir vorbei und hatten erfreuliche Nachrichten. Die Operation wäre gut verlaufen, sagten sie. Er sei nun erst einmal für ein Seminar in der Karibik unterwegs, solange sollte ich meine Hand schonen … und nicht mehr auf der Gitarre spielen.

Am dritten Tag kam ein Kollege des Chirurgen, um meinen Verband zu wechseln. Als er die letzte Schicht abrollte, hörte ich ihn wispern: „Oh Gott, nein."

Ich warf einen Blick auf meine Hand. Die transplantierte Haut war schwarz und roch wie ein totes Tier. Die ganze aufwendige Operation war fehlgeschlagen.

„Es tut mir so leid. Das ist schiefgegangen."

Er sagte, er würde am folgenden Morgen wiederkommen und in einem sterilen Umfeld das tote Gewebe entfernen. Dann verließ er schnell den Raum.

Ich starrte aus dem Fenster und sah zu, wie die Sonne unterging. Irgendwo tief in mir drin tauchte ein Gedanke auf, und obwohl er dem gesunden Menschenverstand widersprach, beschloss ich, ihm nachzugeben.

Ich klingelte nach der Schwester. Als sie kam, bat ich um sechs oder sieben Kissen und eine helle Stehlampe.

Sie fragte nicht weiter nach, vermutlich, weil alle mit mir fühlten.

Ich stapelte die Kissen auf einer Seite meines Bettes, dann legte ich meine Hand und den rechten Arm obenauf, unter die Lampe. Mein biologisches Grundwissen sagte mir, dass meine Blutgefäße mit getrocknetem Blut verstopft waren und die Durchblutung blockierten wie ein fester Leim. Trotzdem blieb ich die ganze Nacht wach, starrte meine Hand und meinen Arm an und befahl dem Blut hindurchzufließen.

Am nächsten Morgen kamen früh der Arzt und zwei Schwestern in mein Zimmer, ausgerüstet mit Handschuhen, Masken und Kitteln, um das sterile Umfeld an meinem Bett zu errichten. Die Stationsschwester trug ein Tablett voller glänzender, scharfer Instrumente.

Als der Arzt mir den Verband abnahm, stieß er hervor: „Das glaube ich nicht. Das ist unmöglich." Nachdem er die Gesichtsmaske heruntergezogen hatte, beugte er sich näher über das Bett.

Das vermeintlich tote Gewebe an den Rändern meiner Hand war gar nicht tot. Nicht einmal Rötungen waren zu erkennen. Er wich zur Wand zurück. „So etwas habe ich in all den Jahren meiner Berufstätigkeit noch nicht gesehen." Er wirkte sichtlich verstört.

Stillschweigend packten er und die Schwestern ihre Instrumente und Materialien wieder zusammen und verließen mein Zimmer. Ein großes Wunder war geschehen, irgendwann zwischen Sonnenuntergang und Sonnenaufgang.

Als ich nach Hause kam, genoss ich es, wieder beide Hände für all das benutzen zu können, was ich bisher nur mit einer hatte tun können. Einfache Dinge wie Ankleiden, Schuhe binden, Gesicht waschen, Rasieren oder Duschen.

Ich rannte in die Küche und holte aus der Küchenschublade meiner Mutter eine Rolle Klebeband. Dann öffnete ich meinen Gitarrenkasten und wickelte es um eine der Saiten, und zwar so, dass die klebende Seite außen lag. Zwischen meinem neuen Daumen und Zeigefinger konnte ich nun endlich greifen. Wie erstaunlich! Es fühlte sich an, als hätte ich einen Schatz gehoben!

Am Freitag fuhr ich wieder nach Kent State, um abends bei großartiger Musik zu feiern. Ich ging alleine hin, denn ich brauchte die Einsamkeit. Viele Wochen war ich nicht da gewesen. Der Frühling lag in der Luft und auch in meinem Herzen fühlte es sich entsprechend an.

Glass Harp spielte und der Klub war rappelvoll. Ich quetschte mich bis nach vorne durch. Die Band legte einen großartigen Auftritt hin.

Während der Pause kam Phil zu mir und sagte Hallo. Wir saßen am Billardtisch und er zeigte mir verschiedene Bibelstellen.

Nach einer Weile zeigte er mir auch seine rechte Hand. „Sieh mal, ich habe da auch etwas." Sein Mittelfinger war ein wenig kürzer als die anderen.

Er erzählte mir, dass er sich als Dreijähriger den Finger abgetrennt hatte, beim Spielen mit einer altmodischen Wasserpumpe.

Wir lachten beide über unsere eigenartige Gemeinsamkeit.

Bevor er wieder spielen musste, sagte Phil: „Ich kenne da einen Ort, wo du mal vorbeischauen solltest." Er riss ein Stück Pappe von einem Karton ab, machte eine Zeichnung und schrieb eine Telefonnummer dazu. „Es heißt Grace Haven Farm. Es gibt da ein paar Leute in deinem Alter, die sich wirklich auf Jesus konzentrieren und andere, die dort in einer Gemeinschaft zusammenarbeiten. Sieh dir das mal an."

Phil wusste nichts über mein früheres Leben, aber er war ganz anders als die Jesus Freaks, die ich kennengelernt hatte. Irgendwie wirkte er authentisch und ich hatte Vertrauen zu ihm.

Als ich heimfuhr, dachte ich über die Art nach, wie er mir seine Hand gezeigt hatte, und murmelte: „Ich habe da auch etwas." Dann warf ich einen Blick auf die Karte, die er mir mitgegeben hatte und beschloss, seinem Ratschlag zu folgen.

Kapitel 19

Der Friede kehrt ein in Person

Wenige Wochen später erfuhr ich, dass an der Kent State Universität eine politische Veranstaltung geplant war. Ein ähnliches Treffen im Herbst hatte mir gut gefallen und ich beschloss, früh aufzustehen und den ganzen Tag dort zu verbringen, um abends noch im Klub Musik hören zu können.

Ich parkte mein Auto und lief auf den Campus, wo eine Bühne aufgebaut war, vor der sich bereits eine größere Menschenmenge versammelt hatte, wenn auch keine solchen Massen wie im Herbst. Jemand stieß mit bellender Stimme über die Lautsprecher Flüche gegen die Regierung aus. Direkt vor der Bühne stand eine Gruppe von Leuten, die laut schrien und eine Pappmaché-Figur von Präsident Nixon hochhielten, die in eine amerikanische Flagge gehüllt war. Je höher sie gehalten wurde, desto fanatischer brüllte die Menge. Plötzlich wurde die Figur angezündet und ging in Flammen auf.

Ich traute meinen Augen kaum. *Was waren das für Leute?* Unmöglich konnten das dieselben sein, die im vergangenen Herbst noch „Give peace a chance" gesungen hatten. Hier ging es überhaupt nicht mehr um Frieden. Das war ein aufgebrachter Mob.

Leute, die sich gegenseitig in ihrem rebellischen Ärger aufstachelten. Von Pazifisten keine Spur, eher das Gegenteil.

Als Fernsehkameras auf die Bühne zoomten und die Reporter anfingen, wie wild auf die Menge einzureden, drehte ich mich um und ging weg. *Damit will ich nichts zu tun haben. Das unterstütze ich nicht.* Ich glaubte immer noch an den Frieden, die Liebe und Harmonie – aber die sahen für mich definitiv anders aus.

Ich fuhr nach Hause. Ich war zu traurig, um noch am Abend Musik genießen zu können. In einem Fernsehinterview, das ich erst kürzlich gesehen hatte, hatte einer von den Textschreibern, die ich damals gut fand, gesagt: „Jesus Christus war der erste friedliche Revolutionär." Anschließend spielte er einen seiner Songs. Obwohl die Musik mir gefiel und ich dem Text damals etwas hätte abgewinnen können, erschien mir das nicht mehr glaubwürdig. Für mich stand fest: Jesus war eine ganz andere Art von Revolutionär gewesen.

Unser Fallschirmklub hatte einige unserer Freunde vom kanadischen Team eingeladen, zur gemeinsamen Vorbereitung auf ein internationales Treffen. Ich kam für die Tage bei einem Freund unter und wir wollten uns gemeinsam um die Gäste kümmern. Wie immer schlugen wir dabei über die Stränge, vor allem, was die Menge des eingekauften Essens anging.

Als unsere Freunde mit zwei Busladungen voller Kanadier eintrafen, gab es erst mal ein Fest. Ich kannte die meisten bereits, entdeckte aber auch einige neue Gesichter.

Einer brachte seine Freundin mit. Sie schien nett zu sein, kannte aber offenbar niemanden. Damit sie sich willkommen fühlte, stellte ich mich ihr vor und fragte nach ihrem Namen.

„Kathryn", sagte sie schüchtern mit europäischem Akzent.

Ich fragte, ob sie auch Fallschirmspringerin sei. Ihre aktive Zeit lag einige Jahre zurück, aber sie wollte wieder mehr springen.

Während wir uns unterhielten, stellte sich heraus, dass sie gar keine eigene Ausrüstung dabeihatte. Ich bot ihr mein Gurtzeug an. Sie errötete.

Später war ich in einer der ersten Gruppen, die einen erfrischenden freien Fall absolvierten. Kurz darauf benutzte Kathryn meine Ausrüstung für einen 10-Sekunden-Fall, den sie gut meisterte. Dann machte ich einen zweiten Sprung mit den Kumpels von unserem Klub. Es war ein ereignisreiches Wochenende und wir waren alle aufgeregt wegen des internationalen Wettkampfs – trotzdem fühlte es sich für mich ungewohnt an. Immer wieder fragte ich mich: *Warum tue ich mir das eigentlich noch an? Ich mag zwar meine Freunde, aber mein Ehrgeiz ist verschwunden. Was ist nur los mit mir?*

Am folgenden Tag sollte ich mit dem dritten Team springen, zu dem auch die kanadische Titelverteidigerin gehörte. Kathryn hatte diesmal die Ausrüstung meines Freundes geliehen. Wieder beschlich mich das seltsame Gefühl, dass etwas nicht stimmte. Ich schüttelte die Gedanken ab und stieg in die winzige Cessna.

Laut Plan sollte Kathryn aus 1 600 m Höhe springen und einen freien Fall von zwanzig Sekunden machen – zweimal so lang wie am Tag zuvor mit meiner Ausrüstung. Cynthia, die kanadische Weltmeisterin, war erst in 2 000 m Höhe an der Reihe, so die vorgeschriebene Höhe für Wettkämpfe. Ich war als Letzter vorgesehen, in 2 300 m – ein Routinesprung zur Einübung von Luftmanovern und Zielgenauigkeit.

Als Kathryn in das Flugzeug einstieg, bemerkte ich ihren seltsamen Gesichtsausdruck. Vielleicht schüchterte es sie ein, mit der

Weltmeisterin an Bord zu springen. Ich lächelte ihr beruhigend zu und hielt meinen Daumen hoch, als wir abhoben.

Als wir die 1 600 Meter Höhe erreicht hatten, öffnete der Pilot die Tür. Kathryn nahm die klassische Position zum Absprung ein.

„Los!", sagte der Sprungmeister.

Und Kathryn sprang.

In Kreisen schraubten wir uns weiter nach oben. Der Pilot sah durch das offene Fenster nach unten. Und als wir bei 2 300 Metern ankamen, war ich letztlich an der Reihe.

Mein Sprung verlief unspektakulär und ich machte Anstalten, genau das Ziel zu treffen. Aber als ich mich näherte, bemerkte ich, dass die kanadische Weltmeisterin wie angewurzelt genau dort saß, wo ich landen wollte. Ich zog an meiner Steuerleine und drehte scharf ab. Am Boden kam mir dann eine der Ehefrauen der Männer entgegengelaufen.

„Was ist los?", fragte ich und deutete auf die Frau, die immer noch am Zielpunkt saß. „Hat sie sich verletzt?"

„Kathryns Fallschirm hat sich nicht geöffnet!"

Ich streifte meine Ausrüstung ab und rannte in den Wald. Hoffentlich hatte sich ihr Reserveschirm geöffnet und sie hing irgendwo in den Bäumen. Aber so war es nicht. Sie war aus 1 600 m heruntergefallen, ohne auch nur einen Zweig zu streifen. Ihr kleiner Körper lag mit dem Gesicht nach unten auf der Erde. Sie sah aus wie etwas, das nie Leben in sich gespürt hat.

Ich blieb stehen und nahm den Anblick in mich auf. Vor wenigen Minuten war dieses Mädchen noch lebendig gewesen.

Jetzt kamen andere hinzu. Niemand sagte etwas. Als wir sie umdrehten, bemerkte ich, dass ihre kleine Hand immer noch die Hauptreißleine umklammert hielt.

Betroffen hoben wir ihren zerschmetterten Körper in den Jeep und fuhren langsam davon.

Später stellte sich heraus, dass beide Fallschirme in Ordnung gewesen waren; sie war lediglich vor Angst erstarrt. Zwei Jahre zuvor hatte sie erlebt, dass einer ihrer Fallschirme total versagt hatte, aber damals hatte sie den Reserveschirm ordentlich geöffnet und war sicher gelandet. Danach hatte sie aufgehört zu springen. Aber einer der kanadischen Fallschirmspringer war ihr Freund und sie wollte zur Gruppe dazugehören. Also hatte sie verzweifelt versucht, ihre Angst zu überwinden und wieder anzufangen. Es war ihr nicht gelungen.

Der Sheriff nahm meinen Augenzeugenbericht auf. Ich bemühte mich zu helfen. Dann packte ich mein Zeug zusammen und fuhr nach Hause.

Dort saß ich in meinem Zimmer und versuchte zu rekonstruieren, was passiert war. Immer wieder sah ich Kathryns Lächeln vor mir, den Spaß, den sie gehabt hatte, als sie mit meiner Ausrüstung gesprungen war, und dann … ihren leblos am Boden liegenden Körper.

Irgendwann hörte ich in mir eine Stimme, die flüsterte: „Sie wollte einfach nur dazugehören." Dieser Satz wiederholte sich mehrmals.

Am 4. Mai 1970, fünf Tage nach diesem tödlichen Fallschirmsprung, kam mein Bruder nach Hause gerannt und schrie: „Hast du gehört, was an der Kent State Universität passiert ist? Schalte mal den Fernseher ein."

Auf dem Bildschirm war eine Massenhysterie zu sehen. Der Campus, den ich so gut kannte, wimmelte von hysterisch aufgebrachten Studenten, Krankenwagen, Soldaten und Dutzenden von Reportern.

Offenbar hatte der Gouverneur die Nationalgarde von Ohio angewiesen, die Eskalation der gewaltsamen Proteste nach der Bombardierung des ROTC-Gebäudes zu stoppen. Daraufhin war auf eine Gruppe von Protestlern das Feuer eröffnet worden. Vier Studenten waren dabei getötet worden, weitere schwer verletzt. Eine der Studentinnen hatte nicht einmal an dem Protest teilgenommen, sie war nur zufällig vorbeigelaufen, als sie von einer Kugel getroffen wurde. Sie war auf der Stelle tot.

Eine Stimme in mir sagte immer wieder: „Es ist sehr wichtig, was du mit deinem Leben anfängst."

Die Dichter und Propheten meiner Generation hatten laut nach Liebe und Frieden geschrien. Kathryn hatte für die Liebe ihre Ängste unterdrückt und die Studenten wollten mit Gewalt für den Frieden kämpfen. Nun waren sie tot. Ironischerweise waren sie auf der Suche nach dem gestorben, was sie für ihre Freiheit gehalten hatten.

Ich wusste nicht mehr, woran ich glauben sollte, aber ich spürte, dass es da etwas gab, was über dem leidenschaftlichen Aufruhr meiner Generation stand. Ganz sicher gab es das.

Einige Tage später spielte Glass Harp in einer Schulaula nicht weit von uns entfernt und ich beschloss, allein ihren Auftritt zu besuchen.

Nachdem ich einige ihrer Lieder gehört hatte, schloss ich meine Augen und betete: *Lieber Gott, bitte hilf mir. In der ganzen Welt weiß niemand, was ich durchmache und wie ich mich fühle. Ich kann mit niemandem darüber reden.*

Während ich innerlich diese Worte sprach, fühlte ich, wie zwei Hände sich unglaublich freundlich auf meine Schultern legten. Ich öffnete die Augen und sah ein junges Mädchen mit langen braunen

Haaren und Schlaghosen vor mir stehen. Ihr liefen Tränen über das Gesicht. „Gott ist wunderbar. Du kannst ihm noch viel näherkommen. Mach weiter damit."

Kleine, warme Liebeswellen gingen über mich hinweg – dieselbe Art von Liebe, wie ich sie im Himmel erlebt hatte und genauso tröstend wie Larry, als er im Highland View Krankenhaus nachts zu mir gesprochen hatte. Diese Art von Liebe ist sehr persönlich.

Ich hörte eine Stimme, die zu mir sagte: „Ich verstehe dich, Mickey, und ich weiß alles von dir. Ich bin da."

Bevor ich mich bei dem Mädchen bedanken konnte, war es schon wieder verschwunden. Ich habe nie herausgefunden, woher es wusste, was in mir vorging. Bestimmt hatte Gott es geschickt, mitten in dem überfüllten Klub, extra für mich. Ein unbeschreiblicher Friede erfüllte mich.

Die Musik, die an diesem Abend gespielt wurde, bedeutete mir viel mehr als nur Musik. Es fühlte sich an wie die Darbietung eines Opfers, und ich trug dazu bei, dass es in den Himmel hinaufstieg.

Als ich nach Hause fuhr, wusste ich, dass wahrer Friede nicht in politischen oder philosophischen Gruppen entsteht und auch nicht durch körperliche Vergnügungen wie den freien Fall oder einen zeitweisen Zustand von Konfliktfreiheit. Wahrer Friede kommt immer nur durch eine Person zu uns.

Einige Tage später traf ich ein Mädchen, das in Cleveland in einer bekannten Musikkneipe arbeitete. Wir hatten gemeinsame Freude und fingen an, miteinander auszugehen. Laura war ungefähr so alt wie ich, hübsch und wir hatten ähnliche Interessen – z. B. hörten wir die gleiche Musik. Es war schön, Zeit mit ihr zu verbringen.

Als sie anfing, unsere Beziehung ernster zu nehmen, musste ich wieder zu meinem Arzt, um die nächsten anstehenden Operationen zu besprechen.

Dr. John erklärte mir, dass er meine Kopfhaut radikal erneuern wollte, damit ich wieder einen symmetrischen Haaransatz bekam. Wie immer klang er ausgesprochen optimistisch.

Während des Eingriffs sollte ich bei Bewusstsein sein und aufrecht sitzen. Sie betäubten meinen gesamten Kopf, aber als die Wirkung nachließ, brachte mich der Schmerz fast um den Verstand. Offenbar hat die menschliche Schädeldecke viel mehr Nervenenden, als ich geahnt hatte – jedes einzelne schien vor Schmerzen zu schreien.

Als die Operation vorbei war und ich das Ergebnis begutachtete, war ich geschockt. Ich sah aus wie ein Irokese.

Während ich mich zu Hause erholte, stellte ich fest, dass auch Laura im Glauben meiner Generation aufgewachsen war – für sie vermischte sich Jesus mit dem Buddhismus, der Mystik, psychedelischer Psychologie und dem Glauben der indianischen Ureinwohner zu einer Art geistlichem Gemischtwarenladen.

Eines Abends liefen wir Arm in Arm durch die dunkle Stadt und die Scheinwerfer der vorbeifahrenden Autos warfen unsere Schatten gegen die Wand. Laura strahlte. „Mickey, ich glaube, das ist ein Zeichen, dass wir für immer zusammenbleiben werden."

Je mehr wir uns über den Glauben und geistliche Dinge unterhielten, umso unwohler fühlte ich mich allerdings. Meine innere Stimme sagte mir: *Mit dieser Person kannst du nicht zusammen sein.*

Also teilte ich ihr mit, dass wir uns trennen müssten, zumindest für eine Weile. Sie war sehr verletzt und ich fühlte mich schrecklich.

In der darauffolgenden Nacht war ich alleine und betete: „Lieber Gott, ich will mit dem Menschen zusammen sein, den du für mich auswählst. Ich will niemandem wehtun und will auch selber nicht mehr verletzt werden. Bitte schicke mir die richtige Person."

Am liebsten hätte ich Laura angerufen. Ich wollte sie trösten. Ich wusste aber, dass es dadurch nur schlimmer für sie sein würde.

Einige Wochen später wachte ich an einem heißen Sommermorgen auf und fühlte mich innerlich sehr gestärkt. Meine Sinne waren klar und geschärft. Mir war plötzlich bewusst, dass in meinem Leben ganz gewöhnliche Dinge eine besondere Bedeutung trugen und die Ereignisse auf der Erde eine himmlische Verbindung hatten.

Dieser Zustand dauerte den ganzen Tag, bis zum Abend. Ich konnte nicht einschlafen.

Kurz nach zwei Uhr in der Nacht kamen drei gute Freunde zu mir. Sie waren bei einem dreitägigen Rockfestival in Cincinnati gewesen. Als ich auf einen von ihnen zuging, der unter einer Straßenlampe stand, fröstelte es mich plötzlich eisig. Ich wusste, dass hier etwas ganz stark schiefgelaufen war. Sein Gesicht wirkte leer, und als er mich ansah, gingen seine Augen durch mich hindurch. Er stand unter dem Einfluss irgendeiner heftigen Droge. Ich fühlte mich verantwortlich für diesen Kerl und versuchte, zu ihm Kontakt aufzubauen, aber er befand sich in einem derartigen Rausch, dass keine normale Unterhaltung möglich war.

Dann wurde mir klar, dass ich wieder etwas ganz real erlebte, was sich in meiner Vision im Himmel abgespielt hatte. Die damalige Eingebung führte direkt zu dieser Begegnung und ich wusste, dass ich dieses Unheil von meinem Freund hätte fernhalten sollen.

Diese Erkenntnis war so heftig für mich, dass ich Hilfe brauchte, um sie auszuhalten. Sobald er sich im Haus in Sicherheit befand, rief ich ein Taxi, das mich zu meinem Freund Eddie brachte.

Er schlief noch halb, als ich ihm in einem wilden Monolog berichtete, was ich gesehen hatte. Ich wollte nicht den Frieden verlieren, der in mir herrschte, und gleichzeitig war es, als müsste ich in zwei Welten gleichzeitig agieren.

Plötzlich schimmerte ein weißes Licht direkt über Eddies Nacken auf und umkreiste seinen Kopf von beiden Seiten. „Du hast die Macht, viele Menschen mit deinem Einfluss zu retten."

Ich wusste, dass nicht Eddie diese Worte sagte. Die Stimme Gottes sprach zu mir durch meinen vor Müdigkeit fast bewusstlosen Freund. Gleichzeitig wusste ich, dass ich für meinen drogengeschädigten Freund keine erleuchtende Funktion gehabt hatte.

Das Licht verschwand genauso schnell, wie es gekommen war. Dann sagte Eddie: „Mensch, bin ich müde. Können wir das nicht ein anderes Mal besprechen?"

Er hatte tatsächlich keine Ahnung, was gerade geschehen war.

Als er ins Bett ging, fiel ich in seinem Wohnzimmer auf die Knie und betete. *Gott, es tut mir leid, aber ich weiß einfach nicht, was du mit mir vorhast. Bitte zeig mir, was ich tun soll!*

Ein leuchtender Blitz fuhr durch die Fenster und erhellte den ganzen Raum, während ein anderer in einen Baum in Eddies Garten einschlug, gefolgt von einem Wolkenbruch.

Ich brach in Tränen aus und weinte aus tiefstem Herzen mehrere Minuten lang. Als ich aufhörte, waren die Schuld und die Angst, die ich gehabt hatte, wie weggewaschen und ich spürte, wie Wellen der Liebe mich durchfluteten. Eine Wolke des Friedens hüllte mich ein.

Am nächsten Morgen war der Himmel noch wolkenverhangen, aber der Regen hatte aufgehört. Immer noch erfüllte mich ein tiefer Friede, jedoch vermischt mit dem Bedürfnis, mich jemandem anzuvertrauen.

Ich fuhr zu St. Michael und klopfte dort an die Tür. Ein gedrungener Mann, Bruder Peter, ließ mich herein. Ich gab ihm einen kurzen Überblick über mein Leben und erwähnte auch, dass ich in dieser Kirche aufgewachsen war. Ich konnte gar nicht so schnell reden, bis er alles wusste, auch die jüngsten Ereignisse wie die Tragödie von Kathryns Fallschirmtod und die Schüsse an der Kent State Universität. Nicht einmal die Stimme Gottes, die ich wiederholt gehört hatte, verschwieg ich. Als ich die Ereignisse der vergangenen Nacht zusammenfasste, versuchte er mit zitternden Händen, sich eine Zigarette anzuzünden.

Dann kam ich zu dem Blitzeinschlag in Eddies Garten, und in diesem Augenblick schlug tatsächlich ein Blitz in das Gebäude ein, in dem wir saßen. Der Priester griff sich an die Brust und schrie: „Oh, mein Gott!" Er sprang so schnell auf, dass sein Stuhl umfiel und seine Zigarette durch die Luft flog. „Ich fürchte, ich bin noch nicht bereit zu sterben!"

Mich beeindruckte der Blitz überhaupt nicht, ich wollte nur weiterreden, aber der Priester drängte mich zur Tür. Er drückte mir ein kleines Buch in die Hand und sagte: „Lies das erst mal."

Als ich es nahm und erneut ansetzte zu erzählen, winkte er ab.

„Ich kann dir nicht helfen. Bitte komm nicht noch einmal zu mir!"

Dann stand ich alleine im Flur und ein entsetzter Priester auf der anderen Seite der Tür.

Zu Hause las ich den kleinen Katechismus, den er mir mitgegeben hatte in einem Zug durch, wusste aber nach der letzten Seite immer noch nicht, was ich tun sollte.

Ich fing an, die Glaubenssätze zu überprüfen, die es in unserer Kultur gab, auch wenn ich nicht alles persönlich ausprobiert hatte.

In den folgenden beiden Jahren, die von Operationen und Genesungsprozessen ausgefüllt waren, fand ich meinen Frieden beim Gitarrespielen und in Gedanken an Jesus.

Ein neues Jahr begann – 1973 – und mein Freund Jim wollte mir ein Mädchen vorstellen, das er lose über gemeinsame Freunde in Brecksville, Ohio, kannte. In einer kalten, verschneiten Nacht im Februar stand ich in meiner italienischen Eskimojacke vor der Tür, die ein schlankes Mädchen mit langem blondem Haar öffnete.

„Mickey Robinson", sagte Jim. „Das ist Barbara Newport."

Sie machte einen schüchternen Eindruck, aber ich war sofort bezaubert von ihrem Lächeln.

Nachdem ich meinen Mantel auf einen Haufen anderer Jacken geworfen hatte, den sie mir zeigte, bemerkte ich an ihrer Wand ein fröhliches Bild mit der Unterschrift: „Unser Leben verliert sich in Details. Einfachheit, Einfachheit, Einfachheit!" Thoreau war auch einer meiner Lieblingsphilosophen und das schürte mein Interesse an diesem Mädchen. Nachdem ich mich von Laura getrennt hatte, wollte ich eigentlich keine neue Beziehung mehr eingehen, aber im Laufe dieses Abends, an dem Barbara mir ihre ganze Aufmerksamkeit schenkte, bröckelte mein Widerstand schnell.

Zu Hause angekommen rief ich sie sofort an und wir redeten, bis die Sonne aufging. Tag für Tag trafen wir uns, und in mir erwachte etwas zum Leben, was ich seit meinem Unfall nicht mehr gespürt hatte.

Am Tag nach Valentinstag trafen wir uns auch – und da hatte ich schon einen Liebespfeil direkt in meinem Herzen sitzen.

Kapitel 20

Der Mensch denkt, Gott lenkt

L iebe macht blind – vielleicht stimmt ja dieser Satz. Jedenfalls
schien Barbara den ganzen Abend mein vernarbtes Äußeres
nicht zu bemerken. Später sagte sie mir, für sie sei es Liebe auf den
ersten Blick gewesen. Schon bald verbrachten wir jeden Tag miteinander. Sobald ich nach Hause kam, rief ich sie an und wir telefonierten stundenlang miteinander, bis wir mit einem „Gute Nacht,
träume etwas Schönes" schließlich auflegten.

Barbara war die Zweitälteste in einer Familie mit fünf Kindern.
Ihr älterer Bruder hatte vor Kurzem geheiratet, und sie hatte in
den vergangenen Jahren schon viel Verantwortung in ihrer Familie
übernommen, besonders, wenn ihre Eltern gerade nicht in der Stadt
waren. Barbara war an der Ohio State Universität eingeschrieben,
dem einzigen College, dessen Besuch ihr Vater nicht gutgeheißen
hatte. Allerdings brach sie dort ihr Studium aus Mangel an Interesse
an Weihnachten ab.

Barbaras Vater war ein erfolgreicher geschäftsführender Partner
in einem ehrgeizig expandierenden und ausgezeichneten Architek-
tenbüro. Er hatte sich selbst alles von Grund auf erarbeitet, nachdem er in einem armen irischen Viertel geboren und aufgewachsen

war. Unbedingt wollte er es in seinem Leben zu etwas bringen – wobei er bereits viele seiner Ziele erreicht hatte. Seine Pläne für Barbara sahen eine Heirat mit einem Arzt, Juristen oder wohlhabenden Geschäftsmann, wie er selbst einer war, vor. Mich hielt er nicht für einen ernst zu nehmenden Kandidaten.

Die Beziehung zwischen Barbara und mir entwickelte aber eine ungeheure Dynamik, nichts konnte uns aufhalten. Und Barbaras Freunde verrieten mir: „So eng zusammen war sie noch mit niemandem.“

Zum Glück mochte meine Mutter Barbara.

Eines Nachts kamen Barbara und ihre Freundin in der Luxuslimousine ihres Vaters angefahren, um mich zu einer Dinnerparty in einem angesagten Restaurant abzuholen. Sie trug ein schwarzes Abendkleid, High Heels mit Pfennigabsätzen und sah aus wie ein Hollywood-Filmstar. Bevor wir uns kennenlernten, hatte sie eigentlich vor, im Frühling mit einer Freundin nach Florida zu fahren und dort im Wohnmobil der Familie zu campen.

Nun aber meinten wir beide es so ernst mit unserer Beziehung, dass sie ihre Pläne änderte. Wir waren es nun, die gemeinsam nach Florida fuhren und von dort nach Jamaika. Wir brannten miteinander durch und heirateten heimlich. Obwohl wir keine Ahnung hatten, wie wir unser Leben gestalten wollten, waren wir sicher, dass wir zusammenbleiben wollten.

Für die Flitterwochen fuhren wir in ein kaum erschlossenes Dorf im Nordwesten Jamaikas, wo es die schönsten zuckerweißen Sandstrände gab, das hübscheste smaragdgrüne Wasser und alle möglichen tropischen Pflanzen und majestätisch blaugrünen Berge am Horizont. Die jamaikanischen Eingeborenen umringten amerikanische Touristen immer sofort, weil sie glaubten, die Amerikaner seien alle steinreich, und boten sich als Touristenführer an. „He, ich will euch gerne was zeigen." Sie verkauften auch Perlen, Strohhüte, frische Früchte und ein starkes, jamaikanisches Kraut – Marihuana.

Ich war eine ganz besondere Sensation für sie. „He, du Mann, der mit dem Flugzeug abgestürzt ist, ich komme mit euch. Ich passe gut auf."

Wir wohnten in einer einfachen Hütte direkt am Strand und ließen uns jeden Morgen das Frühstück bringen. Abends dinierten wir bei Kerzenlicht in unserer Bambusvilla unter dem Sternenhimmel. Das kostete gerade mal drei Dollar pro Übernachtung, inklusive Essen. An dieses Leben konnte man sich gewöhnen.

Inmitten dieser romantischen Strandidylle gaben Barbara und ich uns ein schlichtes Versprechen. Uns war klar, dass ihr Vater unsere Blitzheirat nicht gutheißen würde, während ich eine einmal geschlossene Ehe als rechtskräftig verbindliche Einrichtung, einen lebenslangen Bund, ansah, der nicht mehr geschieden werden konnte. Außerdem standen bei mir wieder einige Operationen an. Wir hatten einfach keine Lust, all diese Dinge abzuwarten. Daher beschlossen wir, unsere Hochzeit geheim zu halten, bis wir einen Weg gefunden hatten, unser Ja öffentlich zu machen.

Nach einer Woche in Jamaika flogen wir wieder nach Florida und kehrten zurück nach Ohio, in unsere getrennten Wohnungen, wo wir uns weiterhin trafen, ohne dass jemand Verdacht schöpfte – zumindest glaubten wir das.

Phil Keaggy wollte ein Konzert in Barbaras alter Highschool in ihrer Heimatstadt Brecksville, Ohio, veranstalten. Obwohl Glass Harp schon ihr drittes Album herausgebracht hatten und ziemlich bekannt waren, hatte Phil zu diesem Zeitpunkt beschlossen, die

Band zu verlassen und sich als christlicher Künstler mit einer akustischen Gitarre selbstständig zu machen.

Barbara und ich gingen früh zu dem Konzert, um gute Plätze zu ergattern. Wie immer war die Musik unglaublich gut. Phil erzählte zwischen den Songs von Jesus und nach dem letzten Lied sprach er eine überraschende Einladung aus: „Einige von euch wollen jetzt vielleicht von ihren Sitzen aufstehen, alles hinter sich lassen und Jesus Christus nachfolgen."

So eine Aufforderung hatte ich noch nirgendwo erlebt. Ich wäre so gerne aufgestanden, spürte aber gleichzeitig, wie Bleigewichte mich unten hielten. Es dauerte nur einen Moment, fühlte sich aber an wie ein stundenlanges Ringen. Ich saß auf glühenden Kohlen und die Zeit schien stillzustehen. Schließlich sprang ich doch auf.

Phil nickte in meine Richtung. „Danke, Bruder."

Ich dachte, ich sei der Einzige, der aufgestanden war, aber als ich einen Blick nach links warf, sah ich Barbara neben mir, die mich voller Vertrauen anblickte. Wir beide waren die Einzigen im Publikum, die standen. Wir beteten zusammen. Dann sang Phil noch ein weiteres Lied, und zwar keine einfache Zugabe, sondern ein Dankeslied. Ich fühlte mich immens erleichtert, als wären all diese Gewichte mit einem Mal von mir genommen. In einem öffentlichen Glaubensbekenntnis liegt so viel Kraft.

Am Montag darauf hatte ich einen Termin im Krankenhaus wegen meiner geplanten Operationen. Barbaras Eltern besichtigten in Washington D.C. ein neues Haus, denn sie planten einen Umzug mit der ganzen Familie. Mr Newport würde die Leitung einer internationalen Zweigstelle seiner Firma übernehmen. Nach mehreren Fahrten fanden sie schließlich etwas in einem Vorort von

Washington und erwarteten natürlich, dass die ganze Familie mitkam, auch Barbara. Der Umzug sollte schon im Juni stattfinden – bis dahin waren es nur noch ein paar Wochen.

An einem Mittwoch unterzog ich mich einer Operation am rechten Mittelhandknochen und des Daumens, damit ich wieder besser greifen konnte. Dabei wurden Hautstücke an beide Seiten meines Fingers sowie auf dem Handrücken angepasst.

Als ich wieder in meinem Zimmer war, zog ich mich an und fing an herumzulaufen. Ich hatte scheußliche Schmerzen, wie immer, aber gewöhnen konnte ich mich an sie nicht.

Am folgenden Tag konsultierte ich Dr. Thomas, einen Augenspezialisten und berühmten Pionier in diesem Bereich. Im zweiten Jahr nach meinem Unfall hatten meine Ärzte beschlossen, dass ich kein passender Kandidat für eine Hornhauttransplantation war – es schien, als würde man jemanden anders der Chance auf sein Augenlicht berauben, wenn man eine gespendete Hornhaut an mich und mein blindes rechtes Auge verschwendete. Dort war durch die Vernarbung bereits irreparabler Schaden entstanden, und so kam ich gar nicht erst auf die Warteliste.

Trotzdem hatte ich Dr. Thomas von der Uniklinik bereits mehrere Male wegen einer Operation angesprochen, und eines Tages sagte er schließlich: „Ist gut, Mickey, gib mir etwas Zeit. Ich denke darüber nach."

Dann fühlte es sich irgendwie so an, als sei mit meiner Hand etwas nicht in Ordnung. Ich brauchte einen frischen Verband. Mein Arzt war nicht im Hause und der Chefarzt hielt sich in Washington auf, wo er an einer Fortbildung für plastische Chirurgie teilnahm. Also sollte sich ein mir unbekannter Arzt um mich kümmern. Ich ließ ihn benachrichtigen, erhielt jedoch keine Antwort.

Schließlich schlich ich mich durch den leeren Korridor ins Schwesternzimmer und entdeckte dort ein Verbandsset. Die Stationsschwester erwischte mich dabei, wie ich es auf mein Zimmer schmuggeln wollte, beschlagnahmte es und sagte streng, dass nur der Arzt den Verband wechseln dürfe.

„Ich bin aber sicher, dass die Zeit drängt", sagte ich nachdrücklich.

„Gehen Sie zurück auf Ihr Zimmer. So lautet die ärztliche Anweisung."

Ich war schon so oft im Krankenhaus gewesen, dass jeder mich duzte und ich mir viele Freiheiten erlauben konnte. Aber diese Frau war nur am Wochenende da und kannte mich kaum.

Barbara rief mich an und versicherte mir, wie gerne sie mich besuchen kommen würde. Sie sagte aber, dass ihr Vater es nicht erlaubte. Sie fühlte sich offenbar schlecht deswegen. „Ich werde versuchen, mit ihm zu reden. Ich habe es wirklich vor."

Doch ihr Vater gab nicht nach.

Ich fühlte mich verletzt und allein.

Mein Arzt kam am Montag zurück und wechselte meinen Verband. Als er den Mull abwickelte, fielen plötzlich Hautfetzen von meiner Hand ab und auf den Boden, mitsamt dem vernähten Faden. Die ganze schmerzhafte Operation war umsonst gewesen. Er war so verlegen, dass er mir nicht in die Augen sehen konnte.

Ich versuchte meine Trauer nicht zu zeigen, fragte aber später im Schwesternzimmer leise nach einem Ort, wo ich alleine sein konnte.

„Im ersten Stock gibt es eine Kapelle", bekam ich zur Antwort.

Ich stieg hinauf, stieß die riesigen Holztüren auf und warf mich mit dem Gesicht auf den Boden.

Als ich aufhörte zu weinen, öffnete ich meine geschwollenen Augen und starrte direkt auf ein großes Wandbild. Es stellte Jesus dar, wie er die Bergpredigt hält. Unter dem Bild stand in großen Buchstaben: „Der Mensch denkt, Gott lenkt." Diese fünf Worte prägten sich mir ein. Plötzlich wusste ich, dass ich in niemanden auf dieser Erde mein absolutes Vertrauen setzen durfte. Jeder Mensch, egal wie gut er es meint, kann irren und scheitern. Nur Gott war in der Lage, mich wirklich zu heilen.

Gott ist im Grunde ein großer Opportunist, denn er macht sogar aus vermeintlich schlechten Nachrichten noch etwas Gutes. Zwar wirkt er durch den Menschen, aber am Ende vollbringt er selbst das, was kein Mensch vermag.

All die negativen Gefühle gegenüber dem Arzt, der nicht gut gearbeitet hatte, verschwanden. Ein kleiner Augenblick hatte zu einem medizinischen Fehler geführt; für mich aber verwandelte er sich in einen lebenslangen Schatz: Vertrauen.

Es ist nicht so, dass der, der sieht, glaubt, sondern der, der glaubt, sieht.

Im Laufe des Tages kam Barbara vorbei, aber ich erzählte ihr nicht, was geschehen war. Sie hatte durch den Konflikt mit ihrem Vater bereits genug gelitten. Ich freute mich einfach, dass sie da war, und versuchte sogar, sie zu trösten. Da konnte ich sie nicht noch mit meinen Problemen belasten.

Als mein Arzt aus der Stadt zurückkehrte, sah er sich das Gewebe auf meiner rechten Hand noch einmal an. Dafür musste ich länger als geplant im Krankenhaus bleiben. Währenddessen erzählte Barbara ihren Eltern von unserer heimlichen Hochzeit und ihr Vater reagierte alles andere als begeistert. Er drohte, sie zu enterben, wenn sie sich nicht von mir trennen und mit ihren Eltern nach Maryland ziehen würde. Barbaras Beziehung zu mir wurde auf eine harte Probe gestellt.

Als ich die Klinik endlich verlassen durfte, beschloss ich, ihr und ihrer Familie etwas Zeit zu geben, damit die Gemüter sich wieder beruhigen konnten, bevor ich mit ihrem Vater redete. Mit Barbara telefonierte ich täglich und hörte mir die hitzigen Details an, mit denen er versuchte, sie kleinzukriegen.

Als es schließlich zur Aussprache kam, hatte ihr Vater viele Fragen an mich, die ich nur schwer beantworten konnte. „Was hast du überhaupt für Ziele im Leben?", erkundigte er sich mit rasierklingenscharfer Stimme. „Willst du eine Million Dollar verdienen? Oder fünfhunderttausend? Na los, womit kann ich rechnen?"

„Ehrlich gesagt, Mr Newport, ist es mein Hauptziel, Jesus nachzufolgen."

„Tja, das ist wohl das Enttäuschendste, was ich je gehört habe", meinte er aufgebracht. „Und sonst hast du keine Pläne für dein Leben?"

Barbaras Mutter, die an einer fortschreitenden Lungenkrankheit litt, kam ins Zimmer. „Was soll denn der ganze Wirbel, den du hier veranstaltest?", fragte sie ihren Ehemann.

„Sie machen einfach, *was sie wollen*", bellte er, wobei er sarkastisch einen damals bei den Hippies populären Satz zitierte.

Am Ende ging Barbara mit mir. Es war noch relativ früh am Abend und wir suchten uns einen Parkplatz. Als wir dort im Auto nebeneinandersaßen, sah sie mich an und lachte – nicht etwa über ihre Eltern oder die ganze schwierige Situation, sondern einfach aus einem kindlichen Urvertrauen heraus. Sie brachte mir so viel Vertrauen entgegen, dass sie ihre Eltern fortziehen lassen konnte. Das war ein mutiger Entschluss für eine junge Frau.

Kurz nachdem meine Verbände entfernt und die Fäden gezogen waren, lud Barbaras Familie den Umzugswagen voll und fuhr in die amerikanische Hauptstadt. Natürlich erwarteten sie, dass Barbara mit ihren Habseligkeiten in Potomac, Maryland, bereits wartete, wenn sie ankamen. Ihr Vater konnte nicht glauben, dass sie auf seine finanzielle Unterstützung verzichten würde.

Aber Barbara hatte sich anders entschieden.

Sie wurde enterbt. Niemand durfte mehr ihren Namen nennen, weder innerhalb der Familie noch in der Öffentlichkeit.

Die Trennung war am Ende dann doch sehr emotional, insbesondere, weil es ihrer Mutter gesundheitlich nicht gut ging und Barbara sehr an ihr hing. Ihr Vater benutzte diesen Umstand, um weiter Druck auf sie auszuüben und sie gegen mich und ihren Glauben auszuspielen.

Wir befanden uns mitten in einer großen Herausforderung. Der Ankläger, der Durcheinanderbringer und der Besserwisser fingen an, um Raum in unserem Leben zu kämpfen. Und Barbara und ich fühlten uns nicht in der Lage, uns dagegen gut verteidigen zu können. Was wir brauchten, war ein ganz besonderer Sachverständiger, der sich damit auskennt: einen wunderbaren Ratgeber.

Kapitel 21

Wo kommen wir unter?

Nachdem Barbaras Familie nach Washington umgezogen war, besaß sie nichts mehr außer ihren Kleidern. Bis ich aus der Klinik entlassen wurde, kam sie bei einer Freundin unter. Ich kannte einen Mann, der westlich von Cleveland einige Mietobjekte besaß. Er bot uns ein Haus als kostenlosen Unterschlupf an, wenn wir als Gegenleistung dort die Vandalen davon abhielten einzubrechen oder anderen Schaden anzurichten. Es war sehr anders als das, was sie von ihrem Elternhaus her gewohnt war; eher das Gegenteil. Geschirr und gebrauchte Möbel bekamen wir geschenkt. Dann zündeten wir viele Kerzen an – Hauptsache wir hatten uns.

Jeden Tag schlenderten wir Hand in Hand über den örtlichen Landmarkt, um unseren täglichen Bedarf an frischem Gemüse, Käse und Brot einzukaufen. Abends lasen wir meist in einem Magazin, das eine ziemlich idealistische Back-to-the-Roots-Philosophie vertrat. In den Artikeln stand, dass man jederzeit und überall Nahrungsmittel anbauen, ein bewohnbares Haus aus Recycling-Materialien errichten und Strom für den Eigenbedarf produzieren konnte. Mir gefiel die Idee, eine geodätische Kuppel zu bauen und darin zu wohnen. Ich war allerdings nie besonders gut mit den Baukästen klargekommen, die ich als Kind zu Weihnachten bekommen hatte. Aber Bilder von anderen Leuten, die das konnten, sahen großartig aus.

Der Sommer ging zu Ende und ich erhielt für meinen Unfall eine Entschädigungssumme. Es war zwar nicht viel, aber nun besaßen wir ein kleines Startkapital. Schon auf Jamaika hatte ich mit der Idee eines Aussteigerlebens gespielt, und plötzlich schien sich eine reale Chance für unsere Zukunft zu bieten.

In einem Laden, der Armeeartikel führte, kauften wir eine Abenteuerausrüstung für eine ausgedehnte Reise auf karibische Inseln und ihren Dschungel. Dann mieteten wir dieselbe Hütte in dem Dorf, das wir während unserer Flitterwochen sechs Monate zuvor schon einmal besucht hatten. Ich wurde mit dem Besitzer der lokalen Bar einig, dass ich einen Teil seiner Bar pachten durfte. Dort wollte ich zur Strandseite hin einen Stand mit frisch gepressten Säften eröffnen und außerdem eine Kinoleinwand auf der Rückseite errichten.

Es lag mir nicht länger daran, die Welt zu verändern. Die wurde sowieso immer nur verrückter, ganz gleich, was ich dazu beitrug. Ich wollte einfach mit allen gut klarkommen und mich um meine eigenen Angelegenheiten kümmern.

Ein Grundstücksmakler erzählte uns von einem 400 000 Quadratmeter großen Stück Land, das ungefähr fünfzehn Kilometer von unserer Basis entfernt lag. Barbara und ich fuhren mit einigen unserer neuen Bekannten dorthin, um es uns anzusehen. Als wir auf dem grünen Anwesen zwischen Bananen- und Mangobäumen herumspazierten, entwarf ich heimlich Pläne für unser kleines Königreich am Meer – ein Paradies des zwanzigsten Jahrhunderts –, denn dieser Ort war absolut traumhaft.

Als der Grundstücksmakler uns einen steilen Gebirgspfad hinaufführte, von dem aus man einen wunderschönen Blick aufs Meer hatte, sah ich plötzlich Tausende Möglichkeiten vor mir liegen. Ich stellte mir vor, wie sich eine geodätische Kuppel in die Landschaft einpassen würde. Es war dermaßen beeindruckend, dass ich vor lauter Verzauberung ausstieß: „So sieht also das Paradies aus!"

In dem Moment, als ich diese Worte aussprach, fiel es mir wie Schuppen von den Augen. Das war der Ort, den ich in meiner himmlischen Vision gesehen hatte! Es war derselbe Pfad, das Sonnenlicht, die Blumen am Wegrand. Sogar diese Worte hatte ich schon einmal gesagt! Mein Herz fing wie wild an zu schlagen und ich hörte eine Stimme in mir: *Auf der Erde gibt es kein Paradies. Diese Utopie ist nicht echt! Ihr könnt in diesen Garten nicht zurückkehren.* Auch diese Worte kannte ich aus meinem Himmelserlebnis. Fünf Jahre zuvor war mir genau das gezeigt worden.

Ich hatte bereits unser ganzes Geld auf eine jamaikanische Bank transferieren lassen und die Papiere lagen zum Unterzeichnen bereit. Aber die innere Stimme und die Erinnerung an mein Himmelserlebnis hielten mich im letzten Moment davon ab, den entscheidenden Schritt zu tun.

Barbara lachte mit ihren Freunden, doch als sie mein Gesicht sah, änderte sich auch ihre Stimmung. „Stimmt etwas nicht?"

„Ich weiß auch nicht. Lass uns später sprechen." Vor dem jamaikanischen Makler wollte ich nicht reden. Ich konnte mein Zögern nicht wirklich begründen, aber irgendetwas Geistliches stimmte nicht. Gott hatte dieses Paradies, diesen Garten Eden, nicht für mich freigegeben, und die Bananenstauden und Kokospalmen erschienen mir wie verbotene Früchte.

In dieser Nacht, in der die Luft von Gelächter und Marihuana-rauch erfüllt war, sagte ich zu Barbara: „Das ist es nicht, was Gott für mich geplant hat." Obwohl ich es ihr nicht näher erklären konnte, spürte sie meine innere Erschütterung.

Jeder würde mich für blöd erklären, dass ich diese Gelegenheit nicht ergriff. Aber darum ging es nicht. Ich musste dem gehorchen, was ich in mir hörte.

Als sich unser dreiwöchiger Aufenthalt dem Ende näherte, sollte ein Hurrikan 300 Meilen weiter nördlich über die Insel hinweg-fegen, wobei riesige Wellen aufgeworfen wurden, die einen Strom-ausfall verursachen konnten. Die normalerweise so entspannten Einwohner waren furchtbar angespannt über diese Vorhersage. Sie konnten sich nicht richtig schützen, weder gab es einen sicheren Ort noch ein sicheres Versteck auf der Insel.

Der Hurrikan dauerte drei Tage und schien ein passendes Ende zu sein für unseren geplatzten Traum. Mein tropischer Traum sollte einfach nicht sein. Trotzdem spürte ich keine Enttäuschung, son-dern vielmehr eine mysteriöse Art von Erleichterung.

Heute wären dieses Grundstück und alles, was dazugehört, viele Millionen Dollar wert. Aber ich habe meine Entscheidung nie mehr infrage gestellt oder bereut; meine Vision aus dem Himmel und die dazugehörige Stimme hatten mich restlos überzeugt.

Wir kehrten nach Ohio zurück.

In Cleveland wünschte sich Barbara einen Irish-Setter-Wel-pen. Wir fanden ein schönes Exemplar und nannten ihn Abraham. Ich fing an, über dem Immobilienteil der Zeitung zu brüten und schaute dabei vor allem nach Grundstücken auf dem Land. Schließ-lich entdeckten wir ein altes viktorianisches Bauernhaus mit einer großartigen Scheune. Das Anwesen bestand aus dem Wohngebäude sowie Nebengebäuden und besaß etwas mehr als 30 000 Quadrat-meter Grundstücksfläche. Wir unterschrieben den Vertrag und zahlten in bar.

Weder Barbara noch ich hatten bisher irgendwelche landwirt-schaftlichen Erfahrungen gesammelt, nicht mal Radieschen auf der Fensterbank gezogen. Aber wir waren bereit, uns alles anzulesen, und stellten es uns nicht allzu schwierig vor.

Am 1. Dezember 1973 zogen wir ein. Doch schon bald darauf stellte ich fest, dass es noch Wichtigeres zu tun gab als das Pflanzen von Gemüse: Unser altes Haus wurde nicht richtig warm.

Ich besorgte die passende Ausrüstung für die anstehenden Maß-nahmen: Schrauben, eine Spitzhacke, eine doppelseitige Axt, Werk-zeug, Seile … praktisch alles, was es im Landhandel zu kaufen gab. Barbara und ich besorgten uns außerdem die gleichen Overalls, Baumwollhemden und Fellmützen, lauter Zeug, mit dem wir auch einen sibirischen Winter aushalten würden.

In diesen Tagen sprachen wir auch über ihre Familie und den Umzug nach Washington. Für sie war die ganze Situation weiterhin belastend. Und auch ich fühlte mich unter Druck gesetzt. Wir glaub-ten, es läge an uns, eine Brücke zu schlagen. Also beschlossen wir, das Risiko auf uns zu nehmen und Barbaras Familie einen Überra-schungsbesuch abzustatten mit der Absicht, uns wieder zu vertragen. Wir nahmen unseren Hund Abraham mit und fuhren in einem alten gebrauchten Dodge Pick-up, den ich gekauft hatte, zu ihnen.

Als Barbaras Mutter die Tür öffnete, standen wir beide in unse-ren Partnerlook-Overalls vor ihr. Ganz offensichtlich freute sie sich, ihre Tochter wiederzusehen, und ihr Vater duldete mich. An ihren Einwänden hatte sich zwar nichts geändert, aber immerhin redeten sie mit uns. Das Eis schien gebrochen.

Wieder zu Hause stöberten wir weiter in verstaubten Antikläden nach Hausrat für unser neues Heim. Ich wollte unser erstes gemeinsames Weihnachtsfest besonders festlich gestalten. Eines Nachmittags, als Barbara ein Schläfchen machte, schlichen Abraham und ich uns aus dem Haus zu einer Baumschule. Es war das erste Mal, dass ich selbst einen Weihnachtsbaum kaufte.

Für unsere 3,50 Meter hohe Zimmerdecke suchte ich den größten und teuersten Baum aus, den ich auftreiben konnte. Barbara war ganz überrascht und wir stellten ihn gemeinsam in das Erkerfenster des Wohnzimmers. Dann veranstalteten wir eine kleine Einweihungsfeier. Barbara fädelte dekorative Ketten aus Cranberrys und Popcorn auf und wir besorgten viele Kisten mit Silberlametta und einige andere neue Dekorationen, um den riesigen Baum zu schmücken. Außerdem kauften wir alle möglichen praktischen Geschenke für die Einweihungsparty. Barbara, Abraham und ich feierten unser erstes Weihnachtsfest und freuten uns am Geben und Nehmen gleichermaßen.

In Ohio ist der März ein nasser, kalter, matschiger Monat. Wohl auch deshalb verkauften unsere Nachbarn ihr Haus und zogen nach Florida. Zum Abschied luden sie Barbara und mich zum Essen ein und wir kauften ihnen 25 000 Quadratmeter ihres Landes ab, das an unseres grenzte, sodass wir nun insgesamt über 55 000 Quadratmeter verfügten, alles eingezäunt. Der Nachbar hatte auch einiges an landwirtschaftlichen Geräten abzugeben: einen hübschen kleinen Traktor mit sämtlichem Zubehör und eine alte Dungspritze, die mir besonders gefiel.

Barbara wünschte sich bereits seit einiger Zeit, sich einen lebenslangen Traum zu erfüllen: ein eigenes Pferd. Und plötzlich lag die Gelegenheit vor uns und wir kauften unser erstes echtes

Bauernhoftier: ein kleines rotes Quarterpferd, das wir Shannon nannten.

Eines Tages betrachtete ich gerade meinen Traktor von allen Seiten, als Barbara hinter mir auf ihrem Pferd heranritt und sagte: „Mickey, ich glaube, sie ist einsam."

„Wen meinst du?"

„Shannon. Sie braucht Gesellschaft." Das Tier war erst eineinhalb Jahre alt und auf einem Familienhof groß geworden, von wo wir sie gekauft hatten. Also ging ich wieder dorthin und erkundigte mich, ob es nicht noch einen Gefährten für sie gäbe. Als Junge hatte ich von einem großen schwarzen Hengst geträumt, den ich Cherokee nennen wollte, weil ich die amerikanischen Ureinwohner irgendwie sympathisch fand.

Als ich den Hofbesitzer nach seinen anderen Pferden fragte, deutete er auf eine Appaloosa-Stute mit kurzem Fell, die im hohen Gras stand. „Sie ist drei Jahre alt und nie geritten worden."

„Sie sieht aber robust aus. Wie heißt sie?"

„Cherokee." Damit hatte sich die Sache für mich entschieden und die Stute kam zu uns.

Ich wollte sie ganz sanft zureiten: keine Trense, nur ein gewöhnliches Halfter und zwei Leinen. Die meiste Zeit verzichtete ich auch auf einen Sattel und abends gewährte ich ihr viel freie Zeit.

Obwohl ich meist rein intuitiv handelte, schien dies zu funktionieren. Bald konnte mein Pferd in einem kleinen Bereich Achten laufen. Und wenn ich sie herausließ, erreichten wir innerhalb kürzester Zeit galoppierend die Höchstgeschwindigkeit. Wer hätte anfangs geahnt, dass Cherokee eines Tages meine Therapeutin, meine Gebetspartnerin und meine treue Freundin werden würde – ich jedenfalls nicht.

Saß ich auf dem Rücken dieses schönen Pferds, konnte ich hervorragend beten, vor allem, wenn ich unter freiem Himmel ritt. Cherokee zeigte mir, wie schön die Welt war.

Ich hängte die Düngemaschine an meinen Traktor und lud tonnenweise alten Dung in unserem Garten ab. Dann pflügte und kultivierte ich das Land, bis es zu einem der fruchtbarsten Flecken Erde in Nordamerika wurde. Es fühlte sich gut an, bei der Arbeit schmutzig und müde zu werden.

Gerade hatte ich alles weggeräumt und stand an unserem rostigen Tor, wo der Flieder duftete, als Barbara den schmalen Pfad hinter unserer Hintertür auf mich zukam. Plötzlich erinnerte ich mich an meine himmlische Vision: das Tor, den Flieder und das Gesicht vor mir. Dieses hübsche Mädchen war Barbara gewesen! Und mich überkam das Gefühl eines wunderbaren Friedens bei unserem neuen, gemeinsamen Leben auf dem Lande. Gottes Geist hatte diese Erkenntnis für den richtigen Moment aufbewahrt. Und ich erinnerte mich an die Worte eines Freundes: „Gott verbirgt die Dinge nicht vor uns; er verbirgt sie für uns."

Barbara kuschelte sich an mich und ich legte meinen Arm um sie. Es war ein wunderbarer Augenblick.

An den Wochenenden bekamen wir oft Besuch von Freunden aus Cleveland und Columbus. Wir ritten abwechselnd aus und spielten abends Karten. Obwohl Gott mir unmissverständlich gezeigt hatte, dass es ein Paradies auf Erden nicht gab, wünschte ich mir immer noch eine kleine Nische, in der ich Frieden und Ruhe finden konnte. Den Traum von einer Garteninsel auf Jamaika hatten wir aufgegeben, aber in Ohio lebten wir ohne Gewissensbisse in einer Idylle.

Mit den Jesus Freaks in unserer Gegend hatten wir nichts zu tun, aber eine Frau aus einem der Vororte von Cleveland zeigte Interesse an unserem Glaubensleben. Sie beeindruckte uns durch ihr Vorbild und zeigte uns Wege auf, um eine solide Grundlage im Glauben zu finden, indem sie unsere Bibelkenntnisse erweiterte und uns die Vorstellung eines gottgefälligen Lebens vermittelte.

Oft erwachte ich des Nachts aus Träumen, die irgendetwas Geistliches enthielten. Die darin auftauchenden Symbole machten mir klar, dass ich in meinem Glaubensleben ausgetrocknet und hungrig war.

Mir wurde bewusst, dass ich den Partys, die am Wochenende bei uns stattfanden, nichts mehr abgewinnen konnte. Außerdem wurde das Geld knapp. Mehr hingegen erfüllte es mich, auf Cherokee auszureiten und zu beten.

Barbara und ich bauten in unserem Gemüsegarten vierundachtzig Tomatenpflanzen an. Als die Tomaten alle gleichzeitig reif wurden, geriet unser Leben vorübergehend aus den Fugen. Barbara lernte, wie man sie einkocht bzw. einfriert und stellte eine ganze Jahresration Spaghettisoße her. Trotzdem mussten wir immer noch eine Menge Tomaten verschenken. Wir hatten viel Spaß während unseres ersten Jahres auf dem Bauernhof.

Als ich eines Tages mit dem Traktor übers Feld fuhr, kam Barbara aus dem Haus gelaufen. „Mickey! Dr. Thomas von der Uniklinik hat angerufen. Er sagt, du sollst sofort nach Cleveland kommen. Es geht um die Transplantation einer gespendeten Hornhaut."

Diese Operation musste innerhalb von vierundzwanzig Stunden erfolgen, nachdem der Spender gestorben war. Ich duschte in aller Eile, dann machten Barbara und ich uns auf den zweistündigen Weg zum Krankenhaus.

Die Operation war aufregend für mich, aber ich hatte auch starke Zweifel. Angst hatte ich keine. Viele Jahre hatte ich mich darauf vorbereitet, und nun war der Tag endlich gekommen. Schließlich wusste ich, wie zögerlich die Augenärzte diesem Versuch gegenüberstanden.

Glücklicherweise war ich so oft in der Uniklinik gewesen, dass meine Laborwerte allseits bekannt waren. Auch mit der Routine der Operationsvorbereitung war ich bestens vertraut.

Früh am Morgen holten die Ärzte mich ab. Ich würde während der langwierigen Prozedur bei Bewusstsein sein. Ein riesiges, herabhängendes Stereoskop hing über dem Operationstisch und mein Kopf war von Sandsäcken umgeben, damit ich während des heiklen Eingriffs nicht mal zucken konnte. Dr. Thomas und ein weiterer erfahrener Augenspezialist arbeiteten zusammen und ich konzentrierte mich lediglich darauf, sehr langsam zu atmen und keinen Muskel zu bewegen.

Nach dem Eingriff bedeckte der Arzt mein Auge mit einem Plastikschutz und bandagierte meinen Kopf. Barbara wartete in meinem Zimmer auf mich. Ich bat die Schwester, das Zimmer abzudunkeln. Für insgesamt sieben Tage lag ich dort auf Station. Barbara blieb die meiste Zeit bei mir. Um unseren Hof und die Pferde kümmerten sich in dieser Zeit auch Freunde. Ich war wortkarg und konzentrierte mich einfach nur darauf, wieder sehen zu können.

Schließlich kam Dr. Thomas herein und nahm Verband und Augenklappe ab.

„Ich kann sehen! Ich kann sehen! Das ist unglaublich!"

„Was sagst du, Mickey?", fragte der Arzt. „Kannst du hell und dunkel unterscheiden?"

„Nein, ich sehe ganz deutlich mit beiden Augen." Fünfeinhalb Jahre war ich auf dem rechten Auge blind gewesen, und jetzt war mein Sehvermögen schlagartig zurückgekehrt. Das einzige Problem bestand darin, dass ich doppelt sah, weil die Muskeln in meinem Auge während dieser Zeit erschlafft waren.

Als Dr. Thomas mich in seine Augenpraxis mitnahm und dort mehrere Tests durchführte, war er sehr überrascht. Während der Operation, als sie die alte Hornhaut abgelöst hatten, war mein Auge vollkommen tot gewesen. Die Pupille reagierte nicht auf Licht und die Iris war eingeschrumpelt und verklebt. Dr. Thomas hatte während der OP seinem Kollegen zuflüstert: „So ein Pech. Tja, wenigstens wird er nachher seine alte Augenfarbe wiederhaben, auch wenn er mit dem neuen Organ nichts sieht."

Dr. Thomas rief meinen plastischen Chirurgen herbei, er solle sich das ansehen. Der setzte sich hin und schüttelte nur den Kopf. „Das ist eigentlich ein Ding der Unmöglichkeit. Dr. Thomas ist der Beste, aber eine stichhaltige Erklärung hierfür gibt es nicht."

Die heikle Operation hatte darin bestanden, die neue Hornhaut mit einem Faden, dünner als eine Spinnwebe, dreiundzwanzig Mal um den Rand zu winden. Der Augenchirurg war so besorgt, dass sie möglicherweise abgestoßen werden könnte, dass er die Fäden sicherheitshalber sechs Monate an Ort und Stelle ließ.

Barbara und ich kehrten begeistert auf unseren kleinen Hof zurück. Ich holte zur Feier des Tages Cherokee aus dem Stall und tobte wild mit ihr herum. Barbara regte sich auf, ich solle nach dem erfolgreichen Verlauf der Augenoperation nichts riskieren. Verrückt und riskant wäre das, aber ich fühlte mich in dem Moment mit Cherokee so verbunden, dass ich meine Freude unbedingt mit ihr teilen musste.

Das, was ich mit meinem Auge an übernatürlicher Heilung erlebt hatte, war ein Meilenstein. Doch damals wusste ich noch nicht, dass mir schon bald eine weitere wunderbare Lektion bevorstand.

In der Zeit nach dem Eingriff merkte ich, wie der Konflikt, als Christ ein gottgefälliges Leben in dieser Welt zu führen, immer stärker wurde. Praktisch jedes Mal, wenn ich in der Bibel las, sprangen mir die Worte nur so entgegen und packten mich emotional, weil sie so perfekt auf mich und meine Situation passten. Aber ich nahm immer noch an vielen Dingen teil, weil *die Leute* das gut fanden, obwohl ich immer entschlossener wurde, konsequent Jesus nachzufolgen.

Barbara und ich fuhren eine reiche Ernte ein und stockten unsere Vorräte auf. Aber mein Interesse an der Landwirtschaft nahm ab und damit auch das Geld, mit dem wir uns dieses Leben leisteten. Ich begann einen Halbzeitjob als Nachtwächter an einer Schule und bewachte das Gelände von 23 Uhr abends bis zum nächsten Morgen. Nach meinem Schlaf ging ich zu Cherokee und ritt bei jedem Wetter aus, als wäre ich ein Krieger. Gemeinsam beobachteten wir Sonnenaufgänge und ich betete intensiv darum, dass Gott mir den richtigen Weg für mein Leben zeigen würde. Aber irgendwie reichten meine Unternehmungen nicht aus. Es klingt vielleicht merkwürdig, aber ich glaube wirklich, dass Cherokee mein inneres Ringen gespürt hat und mir zu helfen versuchte.

Dann bekam Barbara einen Telefonanruf von ihrer Mutter. Panisch lief sie zu mir: „Meine Mutter hatte eben einen Blackout. Sie braucht Hilfe."

„Lass uns zuerst beten", sagte ich.

Das taten wir. Dann kratzten wir auf der Bank unser letztes Geld zusammen und kauften Flugtickets nach Washington D. C. Barbaras Eltern benachrichtigten wir nicht von unserem Kommen.

Doch als wir eintraten, hatte sich die Haltung ihrer Mutter völlig verändert. „Was wollt ihr hier?", fuhr sie uns an. Offensichtlich waren wir nicht willkommen. Barbaras Mutter hatte ihr das Versprechen abgenommen, nicht über den Blackout zu sprechen, und so konnten wir unseren unangekündigten Besuch nur schwer erklären. Plötzlich wirkte unsere noble Geste wie eine sehr dumme Idee.

Barbara versuchte, diskret mit ihrem Vater zu sprechen und bot unsere Hilfe bei der Pflege ihrer Mutter an.

„Ich weiß nicht, wovon du überhaupt redest", unterbrach er barsch. „Deiner Mutter geht es gut. Sie braucht keinerlei Unterstützung von euch."

Am Abend vor unserer Abreise hatten Barbara und ihr Vater ein Gespräch unter vier Augen. Er machte sie verbal nieder und endete schließlich mit den Worten: „Du bist einundzwanzig und machst nichts aus deinem Leben. Du bist nichts wert und hast dich mit einem Loser eingelassen. Keiner von euch beiden wird es auf diese Art zu irgendetwas bringen."

Das war der Lohn für ihr großzügiges Hilfsangebot. Er flößte ihr regelrecht Gift ein.

Kurz darauf wusste Barbara selbst nicht mehr, wie sie zu unserer Beziehung stand. Sie beschloss, sich für einige Zeit von mir zu trennen. Monate vorher hatte ihr Vater ihr einen neuen Wagen zum Geburtstag geschenkt, damit sie flüchten konnte, wenn sie wollte. Damit fuhr sie nun zum Haus ihrer Tante und nahm die meisten ihrer Habseligkeiten mit. Ich war am Boden zerstört.

Meine Versuche, sie zu besuchen, scheiterten. Sie lehnte ab. Ich sagte Barbara, dass ich unser Zusammensein für Gottes Willen und absichtsvollen Plan hielt, aber sie zog sich immer mehr von mir zurück. Sie verließ das Haus ihrer Tante und fuhr in die Stadtwohnung ihrer Eltern nach Washington D.C. Barbaras Familie freute sich natürlich und sie durfte dort alles tun und lassen, was sie wollte.

Zum ersten Mal seit vielen Jahren war ich vollkommen alleine. Unser großes Haus fühlte sich ohne Barbara leer an. Nichts schien mehr irgendetwas zu bedeuten. Trotzdem verspürte ich den dringlichen Wunsch, nach Gottes Willen zu handeln, und war ganz sicher, dass mein Leben mit Barbara zu seinem Plan gehörte.

Tage vergingen, Wochen, und es schien, als würde sie nicht mehr zurückkommen. Manche Leute rieten mir, sie zu vergessen und mich nach einer neuen Partnerin umzusehen. Obwohl sie es nur gut meinten, wussten diese Leute überhaupt nicht, was sie da sagten.

Regelmäßig stand ich früh auf und fuhr als Erstes zu einer kleinen katholischen Kirche zum Sechs-Uhr-Gottesdienst. Dort setzte ich mich in die hinterste Bank und betete voller Verzweiflung. Nachdem einige Wochen vergangen waren, machte ich das drei Tage hintereinander, ohne zu essen oder zu trinken. Das war kein Fasten aus dem Glauben heraus; ich war einfach so verzweifelt, dass ich nichts anderes mehr tun wollte, außer zu beten.

An einem besonders kalten Tag zog ich meine Skijacke an und ging auf den Reitwegen um unser Anwesen herum joggen. Eine Erinnerung blitzte plötzlich in mir auf. Ich sah das Bild eines meiner Freunde, als wir noch zur Schule gingen. Er kniete auf einem anderen Klassenkameraden und hatte ihm gerade mehrfach eine verpasst. Der Junge unter ihm schrie: „Ich ergebe mich." Das waren ganz und gar ungebräuchliche Worte, aber ich wusste um ihre Bedeutung für mich.

Also ging ich mitten auf dem schlammigen Pfad in die Knie, blickte in den dunklen Himmel hinauf und rief: „Ich ergebe mich." Es fühlte sich echt und authentisch an.

Als ich wieder zurück zum Haus kam, setzte ich mich an unseren Bach. Eine böse Stimme machte sich Luft und wob Anschuldigungen in meine Gedanken. Listig und mit viel Geschick versuchte diese Stimme mir einzureden, dass ich selbst für meinen Unfall verantwortlich war, dass es falsch gewesen war, diese Farm mit dem Grundstück zu kaufen, dass ich Barbara dadurch verloren hatte, dass ich es mit Gott nicht ernst meinte und meine Probleme selber verursacht hatte. Die Attacke dieser Stimme dauerte Stunden. Ich fühlte mich wie gelähmt von ihren niederdrückenden Argumenten, unfähig, diesen Lügen Einhalt zu gebieten.

Doch dann vernahm ich die Stimme des Heiligen Geistes, der hinter mir zu stehen und durch mich hindurchzusprechen schien: „Was du getan hast, hast du aus Liebe getan." Die Stimme stellte sich den Lügen des Feindes entgegen und bestätigte, dass der Kauf des Hauses und überhaupt alles in meinem Leben mit Barbara durch Liebe motiviert war. Diese Worte lösten eine Vollmacht in mir aus, die alles Böse wegblies, bis ich vergaß, wo ich war und fast mein Bewusstsein verlor.

Schließlich erhob ich mich, wischte mir den Schmutz von der Hose und ging ins Haus. Sobald ich eingetreten war, ging ich wieder auf die Knie und betete zu Gott: „Herr, ich weiß, dass es dein Wille ist, dass Barbara und ich zusammen sind. Aber wenn sie nicht zu mir zurückkommt, beschütze du sie bitte und sei bei ihr. Gott, ich weiß nicht, was du mit mir vorhast, aber ich bin bereit, mit dir zu gehen und deinem Plan zu folgen, wie immer er aussieht. Jesus, ich will kein Schwindler sein. Ich will tun, was du sagst – hier, heute und bis in alle Ewigkeit."

Dann holte ich mir an der Imbissbude auf der gegenüberliegenden Straßenseite etwas zu essen, legte mich ins Bett und schlief friedlich ein.

Am nächsten Morgen rief ich Barbara an und bemerkte, dass ein anderer Klang in ihrer Stimme war. Am Abend zuvor, als ich Gott auf dem Reitweg begegnet war, hatte ein Priester sie eingeladen zu einem Beratungsgespräch. Ich denke, dass er sich in besonderem Maße für sie einsetzte, jedenfalls hatte sie dort eine Gottesbegegnung, die ihr Leben veränderte. Sie ging in dieser Nacht wieder in ihr Zimmer, stellte sich auf ihren Stuhl, und schrieb unter dem starken Einfluss des Heiligen Geistes ein Gebet als Lobpreis Gottes mit einer persönlichen Widmung. Sie war wie verwandelt und bat mich, sie wieder nach Hause zu holen – in unser Zuhause.

Als ich losfuhr, wurde mir bewusst, dass ich bereit war, alles im Leben aufzugeben, nur nicht Barbara. Wie Abraham in der Bibel hatte ich offenbar erst bereit sein müssen, meinen „Isaak" zu opfern, als Beweis für Gott, wie ernst es mir war.

Während unserer Trennung hatte Gott Barbara auf eine ganze ehrliche Art und Weise berührt. Sie hatte sich so weit aus meinem Schatten herausbegeben, dass er sie erreichen konnte.

Als wunderbarer Ratgeber hatte Gott den Feind aus meinem Leben wie auch aus Barbaras verbannt. Und er zeigte mir: Wahre Liebe erträgt alles, glaubt alles, hofft alles, duldet alles und sie hört niemals auf.

Kapitel 22

Auf in den Himmel!

Barbaras Eltern waren betroffen und enttäuscht, als ich wieder in ihrem Haus auftauchte, aber sie versuchten nicht, meine Versöhnung mit ihr zu verhindern. Wir hatten jeweils durch einen mühseligen, aber erstaunlichen Prozess göttlicher Vorhersehungen und Umstände seinen Willen akzeptiert und mit der Kraft *seiner* Liebe *unsere* Liebe füreinander erneuern können.

Damit stand unsere Beziehung auf einer neuen Basis. Seit meinem Unfall waren nun sechseinhalb Jahre vergangen. Damals hatte ich Gott in meiner Verzweiflung angerufen, himmlische Visionen gehabt, dann kraftvolle Wunderheilungen erlebt und war dem lebendigen Gott auf übernatürliche Art begegnet.

Zu Anfang waren mir auch radikale Leute über den Weg gelaufen, die ihr Vertrauen in Jesus setzten, und ich hatte vor allem die Botschaft erhalten, dass er mein Retter ist. Ganz offensichtlich war ich erlösungsbedürftig und wurde tatsächlich vor allen möglichen Gefahren und zerstörerischen Kräften gerettet, vor allem vor der ewigen Trennung von Gott. Mit der Zeit aber lernte ich Jesus einfach als den Herrn über mein Leben kennen, denn er bekam in meinem Alltag zunehmend die oberste Priorität.

Als wir zu unserer Farm zurückkehrten, herrschte in Barbaras und meiner Beziehung eine neue, friedvolle Stimmung, so als kehrten wir aus einer großen Schlacht zurück. Finanziell waren unsere Mittel und Rücklagen jedoch erschöpft und ich suchte mir verschiedene Gelegenheitsjobs, um unsere Rechnungen begleichen zu können. Barbara schrieb sich am College ein und ihr Vater freute sich, dass sie wenigstens etwas tat, was seiner Einschätzung nach „eine lohnenswerte Anstrengung" darstellte.

Wir arbeiteten weiter zusammen in unserem Garten und ich ritt regelmäßig mit den Pferden aus, aber wir bekamen nicht mehr so viel Besuch wie früher. Offenbar waren wir gesetzter geworden.

Irgendwann entdeckte ich auf einem Fernsehkanal ein christliches Fernsehprogramm, das eine interessante Talkshow mit Interviews und persönlichen Lebensberichten übertrug. Sie zeigten aber auch Dokumentationssendungen, die mir sinnvoll erschienen. Außerdem las ich regelmäßig in der Bibel. Sie verlieh mir jedes Mal neue Energie, wenn ich sie las. Es war, als würde ich mit geistlichen Hanteln trainieren und durch das Lesen und Meditieren über die Texte mich innerlich stärken.

Barbara hatte als Studentin einen Professor kennengelernt, der abgesehen von seinem exzellenten Wissen ein guter und gläubiger Christ war. Sie bekam in seinem Kurs die Bestnote, obwohl sie vorher nicht gerade geglänzt hatte. Er stammte aus dem südamerikanischen Dschungel und war anschließend Professor geworden, an und für sich schon eine erstaunliche Lebensgeschichte. Wir trafen uns mit ihm und seiner Frau und sie gaben uns eine Menge gute Ratschläge.

Obwohl er nachvollziehen konnte, dass wir beide bereits geheiratet hatten, wies er uns darauf hin, wie ehrenhaft und heilend es für Barbaras Eltern und meine Mutter wäre, wenn wir noch einmal ganz offiziell in einer katholischen Kirche heiraten würden.

Ich empfand den Ratschlag von Pastor Juan als sehr wertvoll. In dieser Hinsicht hatte Barbaras Vater tatsächlich recht gehabt – ich hatte eine traditionelle Hochzeit aus reinem Idealismus abgelehnt und es war unklug gewesen, einfach durchzubrennen; die Situation hatte vieles für Barbaras Familie und unsere Zukunft schwieriger gemacht.

Barbara und ich erwärmten uns für die Idee, und erstaunlicherweise stimmte ihr Vater nicht nur von ganzem Herzen zu, er bot sogar an, die Feier zu bezahlen... Also bekräftigten Barbara und ich an einem wunderschönen Tag noch einmal in aller Form, was für uns beide schon längst feststand.

In den darauffolgenden Monaten las ich eifrig in der Bibel und in anderen Büchern, die ich normalerweise nie verstanden hätte. Irgendwie aber entdeckte ich bei mir eine neue Befähigung, den Geist Gottes zu begreifen. Er nahm Raum in meinem Inneren ein und jedes Mal, wenn ich mich mit geistlichen Dingen auseinandersetzte, schenkte er mir immer mehr Energie.

Als Barbara mir mitteilte, dass sie schwanger sei, stand ich erst einmal unter Schock. Wir hatten nie wirklich darüber geredet, wann wir Kinder haben wollten, und wir kamen mit dem Bezahlen unserer Rechnungen gerade so über die Runden. Aber sie freute sich unheimlich. Also suchte ich ernsthaft nach einem besser bezahlten, sichereren Job und wurde erstaunlich schnell fündig.

Im siebten Monat erlitt Barbara zwar Blutungen, aber die Ärzte bekamen das Problem in den Griff. Unser Sohn Michael wurde am 4. März 1976 geboren, fünf Wochen zu früh. Er wog 2,3 Kilogramm und war dem Anschein nach gesund.

Als er sechs Wochen alt war, nahmen wir an einem Ostergottesdienst in einer Kirche namens Grace Haven teil. Es war eben jene Gemeinschaft, von der Phil Keaggy mir vor einiger Zeit erzählt und eine Karte gezeichnet hatte, die ich seither in meinem Bücherregal aufbewahrte. Was wir dort erlebten, konnten wir kaum glauben. Jesus Freaks jeden Alters und jeder Hautfarbe kamen dort zusammen, von einem Wunsch beseelt: Sie fanden Gott toll, wollten authentisch in einer Gemeinschaft leben und andere für Christus begeistern. Gitarren, Flöten und Tamburine tönten zusammen und ließen eine erstaunliche Lobeshymne für Gott erklingen. Dass es tatsächlich Leute gab, die solche Gottesdienste veranstalteten, bei denen alle willkommen waren und niemand kritisch beäugt wurde, fanden wir erstaunlich. Barbara und ich genossen das Singen, Händeklatschen und Tanzen ebenso wie die Gebete und als der Gottesdienst vorbei war, wollten wir gar nicht gehen.

An einem Sonntag im Herbst 1976 nahm ich jedes Lied und jedes Wort des Gottesdienstes besonders intensiv wahr. Ich spürte tief in mir, dass ich bereit war für ein öffentliches Bekenntnis, konnte mich aber nicht dazu durchringen. Mein Gefühl wurde so stark, dass ich kaum am Abendmahl teilnehmen konnte, weil ich dachte, es sei nicht richtig, wenn ich Gottes unmissverständliche Anweisung nicht befolgte. Meine Angst versetzte mich immer stärker in Panik. Aber bevor die Versammlung sich auflöste, stand ich auf und sagte: „Wartet einen Augenblick. Ich will etwas sagen."

Sofort herrschte Stille.

„Eigentlich sollte ich längst tot sein. Ich habe genügend Fehler in meinem Leben gemacht, dass ich das zehn Mal verdient hätte. Aber Gott hat mich gerettet und geheilt. Eigentlich sollte ich jetzt nicht in dieser Kirchenbank sitzen. Ich sollte eigentlich durch die Straßen rennen und jedem erzählen, was für großartige Dinge der Herr für mich getan hat!" Ich plumpste wieder auf meinen Sitz zurück und schlug die Hände vor mein Gesicht, während Schluchzer mich schüttelten.

Plötzlich wurde aus der Stille, die den ganzen Raum erfüllt hatte, ein ehrfurchtsvoller Lobpreis für den, den ich gerade mit meinem Zeugnis geehrt hatte – unbeholfen zwar, etwas wacklig, aber auch unglaublich machtvoll.

Ich hatte schon davon gehört, dass das Reich Gottes andere Maßstäbe kennt und besitzt, als wir sie als Menschen oft haben. Denn bei Gott ist es so, dass neue Stärke daraus erwächst, gerade wenn wir schwach sind. Sanftmut ist also kein Zeichen von Schwäche, sondern gerade sie verleiht uns Kraft. Und wer selbst bescheiden ist, den wird Gott nach vorne bringen. Insofern hatte ich gerade am eigenen Leib erfahren, wie ein Eingeständnis andere Leute zu einem explosiven Lob veranlasst.

Ich machte im Glauben viele Fortschritte und während die Wochen vergingen, passierten noch etliche andere Dinge. Der Heilige Geist inspirierte mich dazu, öffentlich zu sprechen, sowohl sonntags bei den Gottesdiensten als auch, wenn wir uns zu Hause in einer kleineren Gruppe trafen, wo jeder etwas beitragen und mitnehmen konnte.

Eines Nachts hatte ich hohes Fieber und konnte nicht schlafen, aber ich war nicht krank. Das Fieber hinderte mich einfach nur am Einschlafen und ich sollte am folgenden Tag zwölf Stunden arbeiten. Barbara sagte immer wieder: „Liebling, ich glaube, Gott möchte, dass du deinen Job kündigst und ihm deine Zukunft anvertraust."

Aber der Macho in mir fühlte sich nun einmal dafür verantwortlich, das tägliche Brot heimzubringen. Doch irgendwann überzeugte Barbara mich schließlich. Am nächsten Morgen rief ich bei meinem Arbeitgeber an und sagte, dass ich nicht mehr kommen würde. Dann legte Barbara ihre Hand auf meine Stirn und betete für mich. Meine Temperatur sank, noch bevor sie ihre Hand von meiner verschwitzten Stirn genommen hatte.

Ich hatte eine Botschaft erhalten. Aber wie sollte ich jetzt meiner Verantwortung als Ehemann und Familienhaupt nachkommen und die Rechnungen bezahlen? Das war schließlich besonders wichtig, jetzt, da wir ein Baby erwarteten.

Die zeitgenössische Botschaft der Jesus-Bewegung beruhte vor allem auf dem Glauben, dass Jesus wiederkommen würde... und zwar bald. Für einige Leute war diese Erwartung so real, dass sie aufhörten, ihre Zähne zu putzen oder Zahnseide zu benutzen. Ich aber musste finanzielle Vorsorge für unsere Zukunft als Familie treffen und konnte mir diese Haltung nicht erlauben.

Inzwischen bekam ich gelegentlich Anfragen, ob ich in Kirchengemeinden, bei Geschäftstreffen oder anderen Versammlungen als Redner auftreten wollte – um meine Geschichte zu erzählen und die Bibel auszulegen. Weder hatte ich das so geplant geschweige denn mir gewünscht, dass es so käme. Es entwickelte sich fast ohne mein Zutun. Wenn ich aber anfing zu sprechen, merkte ich, dass dies vielleicht der wahre Grund war, warum ich aus dem Himmel zurückgekehrt war. Ich hatte eine zweite Chance bekommen und musste mich meinem Schicksal stellen.

Der Versuch, mich in Jamaika niederzulassen, war eine Art Flucht gewesen, nicht nur aus meiner Lebenssituation, sondern ich hätte mich damit Gottes Plan verweigert, der mich auf eine Art und

Weise einsetzen wollte, wie ich es nie geahnt hatte. Jesus hat einmal gesagt: „Wer an seinem Leben festhält, wird es verlieren. Wer aber sein Leben loslässt, wird es für alle Ewigkeit gewinnen. Wer mir dienen will, der soll mir folgen. Denn wo ich bin, soll er auch sein. Und wer mir dient, den wird mein Vater ehren."[17] Und ich stellte fest: Gott öffnete Türen für mich, damit ich Zeugnis geben sowie sein Wort lehren und verbreiten konnte. Ich bekam immer öfter Gelegenheit, mein Zeugnis vor Publikum abzulegen und sah, wie der Heilige Geist Dinge bewirkte, die ich alleine nie fertiggebracht hätte.

Als unser Sohn mehrere Monate alt war, bemerkte Barbara, dass Michaels Muskeln sich nicht richtig entwickelten – er konnte zum Beispiel seinen Kopf nicht alleine halten. Ansonsten wirkte er gesund und zufrieden. Für sein Alter besaß er bereits einen erstaunlichen Wortschatz, aber körperlich kam er nicht richtig voran.

Wir gingen mit Michael zum Arzt und es wurde eine zerebrale Lähmung diagnostiziert, wobei es sich um ein rein körperliches Defizit handelte, das seine geistige Entwicklung nicht beeinträchtigen würde.

Wir glaubten daran, dass Gott unseren Sohn heilen würde. Schließlich vertrauten wir ihm auch in allen anderen Lebensbereichen.

Als Michael zwei Jahre alt war, bekamen wir ein weiteres Kind, Matthew, am Ostersonntag des Jahres 1978. Kurz darauf wurden bei Michael einige Tests durchgeführt und die Prognose für seine gesundheitliche Perspektive fiel nicht sonderlich positiv aus. Aber wir setzten weiter unser volles Vertrauen in Gott.

Nachdem wir viel wertvolle Zeit in Grace Haven verbracht hatten, ließ Gott uns in einer Kirche in unserer Heimatstadt Ashland Fuß fassen. Immer häufiger wurde ich nun zu Vorträgen eingeladen.

Einige unserer neuen Freunde erwähnten, dass sie während ihrer Teenagerzeit in Bands Rockmusik gemacht hatten, und es dauerte nicht lange, da spielten wir gemeinsam Gitarre und brachten die zeitgenössische Lobpreismusik in unsere Kirche ein.

In dieser Zeit knüpfte unsere kleine Gemeinde viele Kontakte zu anderen Kirchen in der Region, sie wuchs zahlenmäßig wie auch geistlich.

Als ich einmal in einem Fitnessstudio trainierte, hörte ich einen Pfarrer sagen, dass er beratend für eine große Reformschule in unserer Gegend tätig wäre. Ich fragte ihn, ob ich nicht auch dort mein Zeugnis ablegen könnte und er wusste, dass es dort seit Kurzem einen neuen Rektor gab, der sich sehr um die schwer erziehbaren Jugendlichen bemühte. So kam unsere kleine Band zu einer Einladung in die Reformschule.

Normalerweise tauchten nur etwa zwanzig der 130 Schüler am Sonntagmorgen in der Aula auf. Aber nachdem sie Samstagnacht unseren Soundcheck mit Gitarre, Schlagzeug und Synthesizern gehört hatten, erschienen sie am folgenden Morgen fast alle. Wir spielten unsere Rockmusik und ich erzählte meine Geschichte. Dann machten wir noch mehr Musik und ich lud sie ein, ihr Leben neu zu überdenken. Anschließend kamen mehr als neunzig dieser Kinder nach vorne und öffneten ihr Herz für Jesus.

Eigentlich war unser Auftritt eine einmalige Angelegenheit, aber es sprach sich herum, was passiert war, und wir erhielten daraufhin immer mehr Einladungen, in ähnlichen Einrichtungen zu spielen.

Sogar im Gefängnis hatten wir einen Auftritt, als dort der Film *The Shawshank Redemption* gedreht wurde. Es handelte sich um einen der düstersten Orte, die man sich vorstellen kann und als wir das erste Mal dorthin kamen und ich diese Männer sah, erfüllte mich eine übernatürliche Liebe. Gottes Liebe berührt schließlich jeden Einzelnen – nicht nur eine brüderliche Zuneigung, sondern eine überirdische Liebe gerade für diese Leute, die auf den ersten Blick nicht übermäßig liebenswert schienen.

Unsere kleine Band spielte schließlich fünf oder sechs Mal im Jahr dort, außerdem boten wir einen monatlichen Bibelkurs an und wurden direkt vor Ort missionarisch tätig.

Vor einigen Jahren sprach mich ein Mann an: „Sie erinnern sich vermutlich nicht an mich, aber Sie haben mit einer Rockband gespielt, als ich im Gefängnis war. Ich wollte Ihnen nur sagen, dass ich Gott seitdem all die Jahre treu geblieben bin." Dieser Mann hatte inzwischen geheiratet, eine Familie gegründet und einen soliden Job angenommen. Er hatte ein neues Leben erhalten. Es war ein Wunder.

Barbara und ich bekamen zwei weitere Kinder, Jacob im April 1981 und Elizabeth im April 1983. Trotz unserer vertrauensvollen Gebete konnte Michael immer noch nicht laufen und wir schafften zögernd einen Rollstuhl für ihn an. Es ist schwer in Worte zu fassen, wie es sich für einen Vater anfühlt, wenn der erstgeborene Sohn so stark beeinträchtigt ist. Trotzdem kenne ich niemanden, der das Leben so sehr liebt wie unser Michael.

Er und sein Bruder Matthew sind einmal auf Missionsreise in Afrika gewesen, wo Michael für die ärmsten Länder der Welt betete. Ich kann vor Rührung die Filmaufnahmen dieser Reise kaum ansehen – die beiden haben eine solche Gabe für Barmherzigkeit, dass sie in dieser Welt, spätestens aber in der nächsten, dafür belohnt werden müssen.

Barbara und ich beten immer für alle unsere Kinder, aber Michael liegt uns besonders am Herzen. Er ist wirklich jemand, der die Welt verändern will, und die Welt hätte das bitter nötig.

1977, als er ein Jahr alt war, hatte ich einen erstaunlichen Traum. Ich stand in der Tür unseres Bauernhauses und beobachtete einen Reisebus, der von der Straße abgekommen und im Schlamm stecken geblieben war. Im nächsten Augenblick sah ich durch die Fenster des Busses, dass die Leute innen eingeschlossen waren und versuchten herauszukommen. Am anderen Ende des Busses stand ein berühmter Prediger, der häufig im Anzug im Fernsehen auftrat. Ich hingegen trug Jeans, meine Stiefel und ein Baumwollhemd. Ich beobachtete die Szene und wartete darauf, dass dieser erfahrene und kluge Mann irgendeine Maßnahme ergriff, damit diese Leute freikamen. Aber er starrte nur zu mir herüber.

Also hob ich meine Hand, deutete mit dem Finger auf den Bus und sagte: „In Jesu Namen ..." Doch bevor ich zu Ende sprechen konnte, öffneten sich die Fenster und Türen des Busses und die Leute kletterten erleichtert lachend heraus.

In diesem Traum hörte ich ganz deutlich, wie der Heilige Geist zu mir sagte: „Wenn ich anfange, dich dazu zu benutzen, anderen Leuten Freiheit zu schenken, dann nimm es bloß nicht zu persönlich, sonst schicke ich dich wieder zurück." In der Bibel steht, dass wir lieber im Himmel Schätze sammeln als hier auf Erden Lorbeeren einheimsen sollen.[18] Ich glaube aber schon, dass wir auch in diesem Leben mit Belohnungen rechnen dürfen, wenn wir ein gottgefälliges Leben führen. Im Hebräerbrief 11,6 steht, dass es ohne Glauben unmöglich ist, Gott zu gefallen, „wer [aber] zu Gott kommen will, muss darauf vertrauen, dass es ihn gibt und dass er alle belohnen wird, die ihn suchen".

Unsere Kirchenleitung in Ashland sandte meine Familie in eine benachbarte kleine Stadt namens Butler. Bald trug ich eine Menge Verantwortung in der neuen Gemeinde und hatte weiterhin zahlreiche Gelegenheiten, in anderen Gemeinden zu sprechen. Wir veranstalteten Tagungen an verschiedenen Orten und halfen Menschen dabei, ihre Begabungen zu finden und gut damit umzugehen.

Als die Kinder älter wurden, ging ich immer häufiger auf Reisen. Ich wurde sogar als internationaler Redner eingeladen, meist ging es dabei um Teamtraining. Ich profitierte davon, indem ich immer neue Kontakte sammelte zu Leuten, die ebenfalls geistliche Aufgaben erfüllten und meist ziemlich prominent, aber auch sehr authentisch waren.

Barbara und ich durften das Leben unserer Mitmenschen auf eine Art und Weise prägen, die uns von äußerster Bedeutung schien und meist auf lange Zeit angelegt war. Wir spürten aber auch, dass sich in unserem Leben noch einmal etwas verändern würde, vielleicht geografisch, denn wir überlegten, in der Nähe von Cleveland eine neue Gemeinde zu gründen.

1992 unterzog sich Michael einer Rückenoperation, um seine Wirbelsäule zu begradigen. Dabei wurden seine Nerven beschädigt. Einige seiner Körperfunktionen haben seither Beeinträchtigungen und er hatte extreme Schmerzen. Die Ärzte behaupteten, dass ihm nichts fehle und alles wiederkehren würde, aber sie hatten unrecht. Es war für uns als Familie eine harte Zeit und Michael war zutiefst betroffen. Viele Menschen beteten für uns und ich suchte überall in Amerika nach therapeutischer Hilfe für ihn.

Dann kam die erwartete Ortsveränderung. Wir wurden eingeladen, unsere neue Gemeinde zwei Stunden östlich von Dallas, Texas, zu gründen. Bei diesem Umzug mussten wir uns ganz auf unseren Glauben verlassen, schließlich legten wir die Leitung einer großartigen Gemeinde nieder, verkauften unseren Grund und Boden und riskierten in jeder Hinsicht einen Neuanfang. Aber wir spürten, dass Gott uns beistand und akzeptierten die Herausforderung.

Das Leben verläuft nicht immer so, wie wir uns das vorstellen. Gott hat die Fähigkeit, uns in eine neue Richtung zu lenken, wenn wir eine Kurskorrektur brauchen – so ähnlich wie das Navigationssystem eines Fahrzeugs.

In Garden Valley, Texas, in unserer neuen Kirche, hatten wir nun viel Gestaltungsfreiheit bei der Ausübung unseres Amtes und waren darüber hinaus als Leiter auch international tätig.

Etwas später verspürten Barbara und ich den Wunsch, bei uns eine Tagung zu veranstalten. Die Kirchenleitung vertraute uns, aber sie war auch skeptisch, ob die eingeladenen Redner nicht in einer anderen Liga spielten.

Die Konferenz erreichte am Ende viel mehr, als wir uns erhofft hatten. Der Sonntagmorgengottesdienst verschmolz mit den drei Tagen, in denen gefeiert und gelehrt wurde, und am Ende des Lobpreises überraschte mich wieder einmal die Stimme Gottes. Ich hörte ganz deutlich fünf Worte, die mich unglaublich ermutigten. Ich habe noch mit niemandem darüber gesprochen, denn diese Worte hüte ich als meinen ganz persönlichen Schatz.

Um damals die Menschen um mich nicht zu stören, versuchte ich mein Weinen zu unterdrücken, denn schließlich standen alle um mich herum ebenso in einem persönlichen Austausch mit Gott. Als ich mich jedoch umdrehte, sah ich Jesus, und zwar genauso deutlich wie damals, als ich ihm vierundzwanzig Jahre zuvor in Kanada auf der Straße begegnet war. Er trug einen mehrfarbigen Mantel, sein Gesichtsausdruck war diesmal jedoch überhaupt nicht traurig, sondern er lächelte, neigte leicht den Kopf zur Seite und deutete auf mich. Obwohl er kein Wort sprach, verstand ich seine Botschaft: „Mick, du hast noch einiges vor dir. Du erfüllst deine Aufgabe gut und wirst das weiterhin tun, solange du mir nachfolgst."

Kann man sich eine bessere Bestätigung vorstellen als die Worte des Heiligen Geistes und der Freude, die ich auf Jesu Gesicht gesehen habe?

Ich will mich nicht damit aufhalten, aber natürlich habe ich auch unzählige Chancen verpasst, weil ich mich mehr von meiner menschlichen Angst habe leiten lassen als vom Geist Gottes. Trotzdem glaube ich, dass uns unsere Fehler verziehen und vergeben werden, wenn wir mit dem Herzen dabei sind und dem Herrn nachzufolgen versuchen. Wir sollten unsere Zeit hier auf Erden gut nutzen, denn was wir hier vollbringen, wird in jedem Fall ein Echo in der Ewigkeit erzeugen. Das steht so nicht in der Bibel, aber es ist eine Wahrheit aus dem Spielfilm *Gladiator*, die ich für sehr bedenkenswert halte. Die meiste Zeit, die ich im Dienste des Herrn verbracht habe, gehörte der Kirche, und ich habe mich immer in Gesellschaft authentischer Anhänger und gläubiger Christen befunden. Mein Herz schlägt für die Notleidenden, die die Liebe und Allmacht Gottes noch nicht kennengelernt haben. Und Jesu Worte gelten auch heute: „Die Ernte ist groß, aber es gibt nur wenige Arbeiter. Deshalb bittet den Herrn, dass er noch mehr Arbeiter aussendet, die seine Ernte einbringen.“[19]

Eines meiner liebsten Vortragsthemen lautet „Für Gott Unannehmlichkeiten in Kauf nehmen“. Darin beschreibe ich exemplarisch, wie meine Pläne immer wieder durchkreuzt wurden, wenn ich neuen Menschen begegnet bin. Obwohl ich das Privileg hatte, vor ziemlich großem Publikum zu sprechen und sogar ins Fernsehen eingeladen wurde, war eines der dramatischsten Ereignisse, an die ich mich erinnere, jenes, dass Gott immer wieder in mein Leben unerwartet eingegriffen hat – er hat mein Leben auf strategische Art benutzt, um das Leben anderer Menschen für immer zu verändern.

Vor einigen Jahren erhielt ich eine E-Mail von einer Frau, die lebensmüde war. Aus irgendeinem Grund schaltete sie kurz vor ihrem Selbstmordversuch den Fernseher ein und gelangte durch Zufall auf einen Kanal, wo gerade eine Kurzversion meiner Lebensgeschichte gezeigt wurde. Beeindruckt durch die Geschichte sah sie im Internet nach und wurde dadurch nicht nur von ihrem konkreten Suizidversuch abgehalten, sondern sie schenkte ihr Leben, das ihr wertlos erschienen war, Gott, dem Herrn.

Ich habe auch im Flugzeug schon neben Leuten gesessen, deren Leben durch Heilungen oder Geistesgaben, die Gott ihnen schenkte, verändert wurde. Vor Kurzem habe ich eine E-Mail von einem Mann erhalten, der von Kirche zu Kirche zog, auf der verzweifelten Suche nach Gott. Dann las er meine Geschichte im Internet und sagte, dass er dadurch dem Herrn begegnet und auf vielfältige Art von seiner Niedergeschlagenheit befreit worden sei.

Solche Geschichten höre ich immer wieder, jedes Jahr. Offenbar liegt das nicht an mir, bzw. nicht an meinem aktiven Eingreifen. Alles, was ich getan habe, war, dass ich dem Herrn lediglich zugesichert habe, dass ich ihm zur Verfügung stehe.

Der Prophet Jesaja hatte eine Begegnung im Himmel, als er „ruiniert" war. Sein menschliches Bewusstsein und seine menschliche Schwäche führten dazu, dass er sich freiwillig meldete. Nachdem er von einem brennenden Stück Kohle vom Altar Gottes berührt worden war, sagte er: „Ich bin bereit, sende mich!"[20]

In Lukas 24 wird von zwei Jüngern berichtet, die Jesus trafen, ihn aber nicht erkannten, nachdem er von den Toten auferstanden war. Als ihre Augen schließlich geöffnet wurden, sagten sie zueinander: „Hat es uns nicht tief berührt, als er unterwegs mit uns sprach und uns die Heilige Schrift erklärte?"[21]

Hatten Sie auch schon mal so ein himmlisches Erlebnis wie Jesaja? Oder haben Sie gespürt, wie die Jünger, dass Jesus direkt neben Ihnen gelaufen ist? Ich bete dafür, dass dieses Buch Sie inspiriert, damit auch Ihr Herz für Gott zu brennen beginnt und Sie sein Feuer weitertragen, dass auch Sie in die Ewigkeit „abspringen" und Gottes Liebe weitergeben, wo immer Sie sind.

Kapitel 23

Ewigkeit: die letzte Grenze

Wir alle sind sterblich. Aber nicht jeder, der stirbt, hat auch wirklich gelebt." Dieses dramatische Zitat von Mel Gibson, als er in dem Film *Braveheart* William Wallace spielte, kann man ganz unterschiedlich interpretieren. Was mein Leben angeht, kann ich nur wiederholen, was ich in diesem Buch bereits mehrfach erwähnt habe: „Kaum einer stirbt und bekommt umgehend eine zweite Chance, wirklich zu leben."

Der gemeinsame Nenner für alle Menschen besteht darin, dass wir geboren werden und sterben müssen. Nach dem Tod gibt es nur zwei Möglichkeiten: Entweder wir glauben an ein Leben danach oder wir fallen dem Vergessen anheim – in ein ewiges Nichts. Die meisten Menschen ziehen daraus den Schluss, dass es keinen Gott gibt. Ich hingegen habe ohne jeden Zweifel erlebt, dass es ein Leben danach gibt und, was noch mehr zählt, dass wir durch eine beständige, intensive Liebe mit dem wahren, lebendigen Gott eine Beziehung eingehen können.

Ganz gleich, was man glaubt, jeder wird eines Tages die Schwelle des Todes überschreiten und ein Abenteuer beginnen, das ich „Die letzte Grenze" nenne. Ich möchte nicht allzu leichtfertig über so ernste Themen wie Leben, Tod und ein Leben nach dem Tod sprechen, aber ein Zitat des Comedians Woody Allen beschreibt treffend die Gefühlslage vieler Menschen: „Eigentlich habe ich keine Angst davor zu sterben, ich will nur nicht unbedingt dabei sein, wenn es passiert."[22] Die unumstößliche Wahrheit ist: Wir werden alle, egal wie jung oder alt, bei vollem Bewusstsein oder unbewusst, persönlich anwesend sein, wenn wir diese Grenze überschreiten.

Ich weiß mit Sicherheit, dass ich hierher zurückgeschickt wurde, um eine bestimmte Aufgabe zu erfüllen. Dabei ging es allerdings weniger darum, dass ich nicht sterben wollte, sondern darum, ein erfülltes Leben führen zu dürfen. Meine Aufgabe hat mich um die ganze Welt reisen lassen. Ich habe in den letzten Jahren sehr viele Kilometer Luftlinie zurückgelegt und einige der größten Städte der Welt gesehen. Und heute, an diesem Punkt meines Lebens, kann ich eines mit Sicherheit sagen: Jedes einzelne menschliche Leben hat seinen Wert und sollte Beachtung finden.

Früher dachte ich: *Das Leben ist kurz, beeil dich und nimm alles mit, was geht.* Ja, das Leben ist tatsächlich kurz, aber wir sollten jeden Tag intensiv leben und genießen und dabei immer daran denken, dass wir Gelegenheit haben, etwas Licht in diese dunkle Welt zu bringen.

Oft fragen mich die Leute: „Glauben Sie, dass das Ende der Welt bald kommt?" Ich kann nur eins mit hundertprozentiger Sicherheit sagen: dass Sie dem Ende der Welt jetzt etwas näher sind als zu Beginn dieses Buches!

In den letzten Jahren wurde die Welt heimgesucht von vielen schlechten Nachrichten und Ereignissen: die Angriffe vom 11. September 2001. Die ständige Uneinigkeit und Wortklauberei in den

Regierungen, die mehr Unsicherheit verbreiten als Solidarität vermitteln. Die Ungerechtigkeit menschlicher Versklavung, vor allem im Sexgewerbe, aber auch der Profit aus dem Drogengeschäft. Es gibt Kindersoldaten und andere unfassbare Beispiele menschlicher Brutalität. Überall sehen wir Gewalt, sei es der Horror von Amokläufen an Schulen oder der globale Terrorismus. Und wir stumpfen allmählich so ab, dass wir all das normal finden, dabei sind diese Zerrbilder alles andere als das.

Es ist natürlich einfach, auf diese Probleme hinzuweisen, und schwer, Lösungen zu finden. Aber die Wahrnehmung dessen, was alles falschläuft, ist der erste Schritt hin zu einer Besserung. Ich habe Antworten gefunden, indem ich mich der Quelle aller Weisheit zugewendet habe. Ich habe so viele persönliche Herausforderungen erlebt, dass ich die unfehlbare Güte Gottes mitten im Chaos und in scheinbarer Ungewissheit erkannt habe.

Als alle Hoffnung verloren und alle Auswege versperrt schienen, bin ich Gott auf übernatürliche Weise begegnet. Was ich im Himmel gesehen und erlebt habe, war keine unterbewusste Halluzination, die mir meine hysterische Fantasie nach einem traumatischen Erlebnis vorgegaukelt hat. Ich bin wirklich durch Gottes Wirken in einem toten Körper wieder aufgewacht und durfte einen Frieden und eine Liebe spüren, die nichts Irdisches an sich hatten. Es geschah allein durch die wunderbare Macht und Gnade Gottes. Bis heute kann ich nur beteuern – und zwar so laut ich kann –, dass es das Großartigste ist, was es gibt – die persönliche Liebe und Fürsorge des Vaters, des Sohnes und des tröstenden Heiligen Geistes zu erfahren.

Wir alle sind von Geburt an in einen geistlichen Kampf verwickelt, den man mit menschlichen Mitteln überhaupt nicht gewinnen kann. Es bringt auch nichts, ihn zu verleugnen oder nicht wahrhaben zu wollen. Vielmehr brauchen wir geistliche Waffen, so wie die Bibel sie beschreibt, und müssen regelrecht trainieren, damit wir widerstehen, uns schützen und die taktischen Schläge unseres Feindes überwinden können.

Gibt es so etwas wie eine geistliche Kampfführung? Gibt es das Böse in der übernatürlichen Welt? Gibt es einen Teufel? Ganz bestimmt. Auch meine Geschichte hier handelt von einem Kampf zwischen dem Reich der Finsternis und dem göttlichen Geist, wobei ich glaube, dass in meinem Fall die Mächte der Finsternis gleich doppelt angegriffen haben: Sie haben einerseits versucht, mich von der Aufgabe zu entfernen, wegen der ich zurückgeschickt wurde, und sie haben außerdem in vielen Bereichen meines Lebens zerstörerisch gewirkt, vor allem in meinen Gedanken.

In meiner Himmelserfahrung wurden mir sechseinhalb Jahre meines zukünftigen Lebens in Form einer Vision vorhergesagt. Bedeutet das im Umkehrschluss, dass jedes menschliche Schicksal vorherbestimmt ist? – Das glaube ich nicht. Vielmehr glaube ich, wir können uns immer wieder frei entscheiden und diese Entscheidungen wirken sich unmittelbar auf unser Leben wie auch auf das unserer Mitmenschen aus.

Ich glaube allerdings auch, dass Gott trotz unseres freien Willens die Möglichkeit hat, in unser Leben einzugreifen und falschen Entscheidungen entgegenzuwirken. Ich weiß, dass er bei meinen Plänen manchmal interveniert hat und mich vor Unfällen, verkehrten Beziehungen und verborgenen Fallen bewahrt hat. Und es gibt zweifellos eine Menge Dinge, die wir erst gar nicht wahrnehmen und die Jesus als der beste aller Hirten ohne unser Zutun einfach verhindert.

Hätte ich meinen Glauben an Gott auf dieselbe Art gefunden, wenn ich meinen Unfall nicht gehabt hätte? Darüber kann ich nur spekulieren, aber ich weiß, ich war damals sicher auf keinem guten Weg. Ich habe ganz knapp die Kurve gekriegt…

Manchmal werde ich auch gefragt, ob es mir leidtut, dass ich so viel durchstehen musste und so viel verloren habe. Ich muss sagen, ich habe gleichzeitig so viel geschenkt bekommen, viel mehr als ich hatte, bevor Gott sich mir in meinem Leben gezeigt hat. Ich bereue höchstens die Vergangenheit ohne Gott, doch ich habe beschlossen, mich auf die Zukunft zu konzentrieren, und ich warte immer noch darauf, dass in meinem Leben großartige Dinge geschehen werden und ich die Kraft habe, andere zu bereichern.[23]

Gott geht oft ganz andere Wege, als wir Menschen es gewohnt sind. Wer ihm folgen will, wird mitunter übernatürliche Fähigkeiten bei sich entdecken. Als ich damals Gott im Himmel begegnen durfte, habe ich etwas entdeckt, was meine Weltsicht für immer verändert hat. Es war die Erkenntnis: Es gibt das ewige Leben. Erst als ich wirklich am Ende meiner Kräfte war, habe ich begriffen, wie sehr ich Gott brauche. Vorher habe ich immer versucht, stark zu sein und mir selbst alles abzuverlangen. Aber Gott sucht nicht nach Leuten, die stark sind; er braucht Menschen, die ihre wahre Schwäche zugeben.

Im Gegensatz zu vielen anderen Christen, von denen ich gehört habe, gab es bei mir mindestens vier Unterschiede, wie ich angefangen habe, Jesus nachzufolgen.

Erstens: Ich wusste gar nicht, wie einsam und verloren ich war. Viele Menschen hören davon, dass sie „gerettet" werden müssen und beginnen eine Beziehung mit Gott, bevor sie sterben, um in den Himmel zu kommen. Ist also jemand von seiner Erlösungsbedürftigkeit überzeugt, wird er mit dem ewigen Leben beschenkt. Die meisten Menschen reagieren vermutlich so auf die gute Nachricht von Jesus und Gottes Königreich. Aber bei mir war es anders. Ich habe damals um Gnade gefleht, weil ich leben wollte. Dann kam ich in den Himmel und anschließend wieder auf die Erde zurück, erfüllt und erfrischt von Gottes Gegenwart.

Zweitens: Lange Zeit hatte ich niemanden, mit dem ich über meine geistlichen Fragen und mein Himmelserlebnis sprechen konnte. Gut daran war vermutlich, dass ich so wenigstens nicht menschlich beeinflusst wurde und mein eigenes Verständnis entwickeln konnte. Im Krankenhaus war ich lange für mich allein und zunächst einmal auf meine körperliche Heilung fixiert. Gott hat mich wieder hergestellt, ebenso haben natürlich die Ärzte und meine Familie dazu beigetragen. Meist aber werden Menschen, die Jesus nachfolgen, von jemandem dazu eingeladen und erfahren Unterstützung auf ihrem Weg. Ihr Glaube darf im Kreise anderer langsam wachsen. Üblicherweise findet so etwas im Rahmen einer Gemeinde statt, damit derjenige deutlich etwas vom Geist Gottes spürt und seinen persönlichen Ausdruck darin finden kann.

Drittens: Ich habe verschiedene Impulse durch den Heiligen Geist empfangen. Es war ein Privileg, dass ich einige der besten christlichen Lehrer, Gemeindeleiter und andere Leute mit großer Ausstrahlung auf der ganzen Welt kennenlernen durfte. Vor einigen Jahren, als wir noch in Ohio lebten, sprach Gott durch den Heiligen Geist zu mir: „Mickey, ich habe es wirklich gut mit dir gemeint." Ich lächelte und fühlte mich ungefähr eine Viertelstunde lang richtig gut. Dann erinnerte ich mich: „Von jedem, der viel bekommen hat, wird auch viel erwartet."[24] Und ich spürte die Ernüchterung der göttlichen Verantwortung, die mir übertragen worden war.

Viertens: Die meisten Menschen, die in Vollzeit ein geistliches Amt ausüben, haben meist in irgendeiner Form eine Ausbildung erhalten. Sie gingen auf die Bibelschule, studierten Theologie oder bereiteten sich sonst irgendwie vor. Auch das war bei mir anders. Ich habe vierzig Jahre lang Impulse von den besten Zeitgenossen erhalten und bin trotzdem immer noch so etwas wie ein routinierter Anfänger. Ich folge einfach Jesus Christus, dem Messias.

Obwohl ich sicher einzigartig bin, betrachte ich mich als ganz gewöhnlichen Menschen, der einfach nur außerordentliche Dinge erlebt hat, und zwar durch einen unglaublich großzügigen Gott, zu dem ich eine ganz persönliche Beziehung haben darf.

Immer wieder werde ich gefragt, was für eine Art von Pfarrer ich denn sei? Ich habe viele Rollen gespielt, aber die erste und wichtigste meiner Funktionen ist sicher die eines Botschafters. Ich trage die gute Nachricht der Hoffnung zu allen Menschen, egal in welcher Lebenssituation sie sich befinden. Ich durfte so viele Menschen auf der ganzen Welt ermutigen. Manchmal war ich ihnen ganz nah und es gab eine persönliche Begegnung, andere werde ich nie persönlich treffen.

Ich setze meine Hoffnung auf den allmächtigen Gott und glaube an ein Leben nach dem Tod. Ich habe eine Nahtoderfahrung gemacht, ich habe die Gnade bereits erlebt, wie es sich anfühlt, gerettet zu werden und sich als ein Bewohner des Himmels zu fühlen. Oft wird der Verdacht geäußert, dass Menschen sich hinter ihrer Religion verschanzen oder sie als Krücke missbrauchen. Das mag wohl manchmal zutreffen, aber ich erlebe die authentische Lebenskraft Gottes als hervorragenden, lebenserhaltenden Apparat, der mich bis heute aufrechterhält. Millionen Geschichten erzählen davon, wie Menschen durch Gottes gnädiges Eingreifen gerettet wurden, wenn sie sich in einer Krise befanden und ihn verzweifelt angerufen haben.

Wer weiß schon mit Sicherheit, dass er in den Himmel kommen wird, sollte er den nächsten Morgen nicht erleben? Mit dieser Frage sind schon zahllose Menschen konfrontiert gewesen und ich will gar nicht darüber diskutieren, wie wichtig es ist, sich mit der eigenen Sterblichkeit auseinanderzusetzen. Aber ich stelle mich auf jeden Fall auf Jesu Seite, wenn er sagt: „Er ist doch nicht ein Gott der Toten, sondern der Lebenden."[25] Manche glauben, das ewige Leben beginne erst mit dem Tod des Menschen. Jesus aber sagt: „Und das allein ist ewiges Leben: dich, den einen wahren Gott, zu erkennen, und Jesus Christus, den du gesandt hast."[26]

Das ewige Leben beginnt hier und jetzt. Meine Erfahrungen dazu sind natürlich ganz persönlicher Art und sehr subjektiv. Trotzdem bin ich fest davon überzeugt: Wenn ich damals in dem Rettungswagen auf dem Weg zum Krankenhaus gestorben wäre, wäre ich zu meinem Herrn in den Himmel gekommen. Warum ich davon ausgehe? Weil in der Bibel steht: „Denn jeder, der den Namen des Herrn anruft, der wird von ihm gerettet."[27] Mein Gebet „Gott, es tut mir leid, gib mir eine zweite Chance!" hat Gnade bei ihm gefunden. Es hat mich reingewaschen und ich hätte einen Platz in seiner Gegenwart bekommen, wäre ich in der Ambulanz oder auf dem OP-Tisch gestorben. In dem Augenblick, als ich diese Worte geformt habe, wurde mir ein neues Leben geschenkt, ein ewiges Leben, nicht nur eine organische Wiederbelebung.

Ich bin auch davon überzeugt, dass jeder durch Jesus von der Dunkelheit in das Reich des Sohnes und zur Liebe des Vaters gelangen wird. Niemand, selbst ich nicht, kann beurteilen, wer im Himmel aufgenommen werden wird. Gott allein ist der Richter, der bestimmt, wer das ewige Leben bekommt. Trotzdem müssen wir alle wissen, was richtig und was falsch ist, was gut und was böse.

Als ich bei der Vorbereitung für dieses Buch über den Tod und das Sterben nachgedacht habe, ist mir wieder einmal bewusst geworden, dass einige meiner Erlebnisse sehr intensiv waren. *Muss ich nicht vorsichtiger mit meinen Äußerungen sein, damit ich niemandem Angst einjage? Habe ich nicht selbst vor manchen Dingen Angst?* Wenn irgendjemand Furcht verbreiten könnte und Unsicherheit, ob er auch wirklich in den Himmel kommt, dann bin ich das wahrscheinlich selbst. Ich verfüge schließlich über ungewöhnliche Informationen. Aber ich würde lieber „wie verrückt" meine Liebe unter Beweis stellen, indem ich die hoffnungsfrohe Botschaft von Jesus weitertrage und dem Heiligen Geist sein Wirken überlasse. Ich meine, es ist immer besser, die schlechten Dinge, die Menschen in die Irre gehen lassen, durch Liebe und Mitgefühl zu thematisieren, statt Angst zu erzeugen.

Ich lebe mitten im Bibelgürtel Amerikas. Manche Leute werden hier in einem sehr traditionellen Glauben erzogen, oft über Generationen hinweg. Bestimmt bin ich nicht der Einzige, der zwar gläubig aufgewachsen ist, aber nie die Macht Gottes am eigenen Leib gespürt hat.

Ganz gleich, wie viele tausendmal ich predige, Tagungen abhalte oder meine Meinungen kundtue, am bekanntesten hat es mich gemacht, dass ich selbst so haarscharf am Tod vorbeigeschrammt bin. Damals wusste ich das noch nicht, aber was mir passiert ist, nennt man heute eine Nahtoderfahrung. Bestimmt gibt es viele Menschen, die eine „Nahlebenserfahrung" machen. Sie gehen in die Kirche, tun alles, was von ihnen erwartet wird, gewöhnen sich routinemäßig ein bestimmtes Verhalten an, haben aber noch nie die verwandelnde

Erfahrung gemacht, dass ihnen von oben buchstäblich und ganz real ein neues Leben geschenkt wurde.[28]

Ein wohlhabender junger Mann lief einmal zu Jesus hin und fragte ihn: „Was muss ich tun, um das ewige Leben zu bekommen?"[29]

Jesus antwortete: „Du kennst doch Gottes Gebote", und er zählte sechs der Zehn Gebote auf. „An diese Gebote habe ich mich von Jugend an gehalten", antwortete der junge Mann. Jesus sah ihn voller Liebe an: „Etwas fehlt dir noch: Verkaufe alles, was du hast, und gib das Geld den Armen. Damit wirst du im Himmel einen Reichtum gewinnen, der niemals verloren geht. Und dann komm und folge mir nach!" In der Bibel steht, dass dieser Man traurig wegging, denn er war sehr reich.

Dieser Mann hat eine „Nahlebenserfahrung" gemacht. Jesus hat ihm gesagt, dass er im Himmel ein Vermögen haben könnte, aber er konnte sich nicht dazu durchringen, sich selbst zu befreien und Jesus nachzufolgen. Es macht einen großen Unterschied, ob jemand einfach nur in die Kirche geht oder ob er sein ganzes Leben auf Jesus ausrichtet und sich aktiv vom Heiligen Geist führen lässt.

Warum hat Jesus gesagt: „Ich bin der Weg, ich bin die Wahrheit, und ich bin das Leben! Ohne mich kann niemand zum Vater kommen"?[30] Ich habe jahrelang verschiedene Glaubensansätze geprüft und hatte das Privileg, die ganze Welt zu bereisen. Eines weiß ich mit Sicherheit: Früher war ich blind, heute sehe ich. Ich war gelähmt und jetzt kann ich laufen. Ich hatte zwar keine Lepra, aber wirklich gravierende Hautprobleme, und ich bin geheilt worden. Ich war so gut wie tot und jetzt lebe ich. Mein Herz wurde gebrochen und ich habe nicht gedacht, dass ich jemals wieder lieben könnte. Aber mein Herz ist geheilt und die Liebe Gottes hat sich darin ausgebreitet. Ich war ohne Hoffnung; nun beginne ich jeden Tag mit neuer Hoffnung, sowohl in dieser Welt als auch in der, die kommt. Wenn jemand eine forensische Studie durchführen würde, wie diese Dinge in mein Leben gekommen sind, würde er Jesu Fingerabdrücke entdecken.

Jesus wünscht sich nichts mehr, als dass die Menschen ihn kennenlernen. Er wirkt Wunder, um zu beweisen, dass er wirklich der ist, der er zu sein behauptet. Die Gnade, die ich erlebt habe, und die Wunder, die mein Leben verändert haben, kamen alle von Gott selbst und hatten keine natürliche Ursache. Ich bin ein lebendiger Zeuge und ich will, dass jeder den größtmöglichen Anteil an diesem Schatz erhält. Wir sollen uns lediglich vor Jesus in Demut verneigen. Jesus sagt: „Ich allein bin die Tür. Wer durch mich zu meiner Herde kommt, der wird gerettet werden. Er kann durch diese Tür ein- und ausgehen, und er wird saftig grüne Weiden finden."[31] Und Jesus sagt auch: „Glücklich sind, die erkennen, wie arm sie vor Gott sind, denn ihnen gehört die neue Welt Gottes."[32] Demut zeigt nicht etwa, wie schäbig, armselig oder wertlos wir sind, sondern sie weist uns als leidenschaftliche Suchende aus nach ihm, der mit seinem Brot unseren geistlichen Hunger stillen wird. Demut ist nicht nur ein einsames Gebet, damit uns vergeben wird und wir vor Gott alles richtig machen. Es ist ein Lebensstil, der dem Herrn gefällt und den Menschen, denen wir begegnen. In der Bibel steht ganz unmissverständlich, dass der Herr uns aufrichten wird, wenn wir demütig vor ihm stehen.[33]

Im Gebet gestehen wir ein, dass wir mehr brauchen, als wir haben. Menschen, die nur an irdische Dinge glauben – die sich stark und unabhängig fühlen und sich auf ihre eigene Kraft verlassen –, glauben nicht daran, dass sie das Gebet brauchen.

Die wichtigste Person, die beim Gebet zu Wort kommt, ist nicht der Betende. Wer Jesus nachfolgt, hört seine Stimme und, was noch wichtiger ist, er gehorcht ihm. Ich habe Folgendes entdeckt: Gehorsam sollte zum Leben jedes erwachsenen Gläubigen gehören. Jeder, der häufig und regelmäßig Gott gehorcht, wird das abenteuerlichste Leben führen, das man sich nur vorstellen kann.

Es ist lebenswichtig, die Weisheit der Bibel zu kennen. Es ist ebenso unverzichtbar, dass wir Menschen um uns haben, deren Herz mit feuriger Leidenschaft für Jesus schlägt. Es lohnt sich zu sehen, wie die Kraft von Gottes Liebe das Leben anderer Menschen berührt. Tausende von Menschen in unserer Umgebung warten auf ein Wunder, ein Wort der Ermutigung, eine Heilung, ein herzhaftes Lachen oder einfach einen guten Freund.

Meine Identität beruht nicht darauf, dass ich ein Fallschirmspringer oder ein Börsenmakler bin, ein Christ oder ein Pfarrer. Ich habe Gottes Gaben eingesetzt und erstaunliche Dinge dabei gesehen. Ich habe körperlich, emotional und geistlich sehr gelitten, aber Ausdauer bewiesen. Und nun besteht meine wahre Identität darin, dass ich ein Sohn des lebendigen Gottes bin und in einer festen Beziehung zu ihm stehe.

Ich möchte Sie als Leser dazu einladen, Gott zu erleben und seine Liebe und Kraft kennenzulernen. Und ganz gleich, wo Sie stehen, habe ich eine wichtige Botschaft: Das Himmelreich ist greifbar nah für denjenigen, der sein Herz für Gott öffnet und mit eigenen Worten ein Gebet spricht, das diesen Glauben bekräftigt.

Hier habe ich ein Gebet aufgeschrieben, dass ich gerne laut mit Ihnen sprechen würde. Finden Sie eigene Worte dafür, aber beten Sie es immer wieder. Mit der Zeit werden die Worte lebendig. Der Heilige Geist hilft uns, so zu beten, wie Gott es uns lehrt:

„Jesus, danke, dass du gekommen bist und alle Verlorenen rettest. Ich bin verloren, ich brauche deine Hilfe und bitte dich um deine Gnade. Gib mir eine weitere Chance. Verzeih mir, dass ich deine Erwartungen an mich und mein Leben bisher nicht erfüllt habe. Gib mir den Geist deiner Weisheit und dein Verständnis und lass mich dich authentisch und persönlich kennenlernen.

Herr Jesus, ich sehne mich nach derselben Kraft, die auch Mickeys Leben verändert hat. Ich öffne dir mein Herz. Komm und sei mein Herr und Retter meines Lebens. Heiliger Geist, ich bitte dich, deine Gaben und die Wohltaten deines Geistes bald in meinem Leben sichtbar werden zu lassen, damit ich deine Kraft in mir besser spüren kann. Ich ordne mich dem unter, was du dir für mein Leben vorstellst, und bitte dich um den Mut, meine eigenen Belange zurückzustellen und ein nützliches Instrument für dich zu werden. Berühre andere Menschen um mich herum, wo immer du mich für den Rest meines Lebens hinschickst.

Heiliger Geist, Jesus hat gesagt, dass du mich leiten wirst. Gib mir deine überirdischen Weisungen. Danke für das ewige Leben – in dieser Welt und auch in der, die kommen wird. Du sagst, dass ich nie verschwinden muss und dass mich niemand aus deiner liebevollen Hand reißen wird.“ [Fahren Sie mit einem eigenen Gebet fort.]

Am 10. Juni 1063 hielt John F. Kennedy an der Amerikanischen Universität eine Rede vor den Absolventen, wenige Monate nachdem Amerika fast mit Russland einen atomaren Krieg begonnen hätte. Er kämpfte für den Frieden auf dieser Welt. Seine Worte waren:

„Letztendlich ist es so, dass wir alle diesen kleinen Planeten bewohnen. Wir atmen dieselbe Luft. Wir wünschen uns für unsere Kinder eine Zukunft. Und wir sind alle sterblich.“[34]

Diese Worte sind zwar wahr, aber das ist noch nicht alles. Trotz unserer menschlichen Sterblichkeit können wir Unsterblichkeit erlangen und die letzte Grenze überwinden, indem wir selbst einen freien Fall in den Himmel finden und unsere himmlische Wohnstätte beziehen.

Danksagung

Zunächst danke ich den vielen Menschen, die ich nie kennenlernen werde, die aber meine Geschichte gehört und sehr freundlich darauf reagiert haben. Jedes einzelne Leben hat einen immensen Wert, das habe ich gelernt. Sie haben meine Geschichte auf ihr Leben wirken lassen.

Ebenso möchte ich allen Nonkonformisten danken – Menschen, die ihre Einzigartigkeit bereits entdeckt haben und sie auf so unterschiedliche und bunte Art ausdrücken. Der Apostel Paulus hat geschrieben: „Passt euch nicht dieser Welt an, sondern ändert euch, indem ihr euch von Gott völlig neu ausrichten lasst. Nur dann könnt ihr beurteilen, was Gottes Wille ist, was gut und vollkommen ist und was ihm gefällt."[35] Ihr helft mir dabei, wahrhaftig zu bleiben auf meiner Reise.

Francis Frangipane hat mich als Erster ermutigt und mir die ersten Schritte gezeigt, als ich vor so vielen Jahren begonnen habe, meine Geschichte aufzuschreiben – er ist jemand, der das, was er predigt, auch vorlebt.

Chloe Lovejoy ist nicht nur eine gute Autorin, sondern eine erstklassige Geschichtenerzählerin und Freundin. Wir haben beim gemeinsamen Verfassen der ersten Version viel Spaß gehabt und ich erinnere mich gerne daran.

Dank auch an meinen guten Freund James Goll für viele praktische Tipps, an Carlton Garborg und Jerry Bloom dafür, dass sie dieses Projekt vorangetrieben haben und hoffentlich auf diesem Weg weitergehen. Meine besondere Anerkennung gilt außerdem David Sluka für die vielen Stunden, die er geduldig und ermutigend mitgearbeitet hat. Danke!

Viele Leute an vielen Orten haben uns großzügig unterstützt und regelrechte Wunder gewirkt. Dennis und Susan Freeman sind solch liebenswerte Menschen; ich danke euch von Herzen dafür, ebenso Rick und Eileen Jones für ihren Glauben, ihre Geduld, ihr Wissen und ihre warme Anteilnahme sowie Dan und Ann Foster für die Pause, die ihr uns mitten in diesem Projekt verschafft habt mit der Erinnerung daran, dass die Vergangenheit uns in der Gegenwart immer begleitet.

Viele Menschen und Orte werden wir in unseren Herzen bewahren. Wir brauchen eure Liebe, eure Gebete und eure Ermutigung.

Am Ende gebührt aller Dank dem Herrn Jesus, unserem Messias. Du hast alle diese wunderbaren Dinge gewirkt und du wirst uns helfen, unser Leben gut zu Ende zu bringen. Dafür bin ich einfach nur dankbar.

Quellen

1 Dies sind die erste und die letzte Zeile des Fliegers und Dichters John Gillespie Magee, jr., aus seinem Sonett „High Flight", geschrieben wenige Monate vor seinem Tod während einer Kollision mitten in der Luft im Zweiten Weltkrieg.

2 Sprüche 27,20

3 Psalm 16,11

4 Offenbarung 22,1

5 Lukas 23, 4

6 1. Mose 1,1

7 Epheser 3,10

8 2. Korinther 12,2

9 Philipper 4,7

10 1. Mose 1, 1-5

11 Matthäus 5,7

12 2. Mose 11,23

13 Jesaja 60,17

14 Johannes 10,10

15 Jesaja 64,5

16 Johannes 12,25-26

17 Matthäus 6,19-21

18 Lukas 10,2

19 Jesaja 6,1-8

20 Lukas 24,32

21 Woody Allen, *Without Feathers*, „Death (A Play)" (New York: Random House, 1975), 99.

22 Philipper 3,7-14

23 Lukas 12,48

24 Markus 12,27

25 Johannes 17,3

26 Römer 10,13

27 Johannes 3,3

28 Markus 10,17-25

29 Johannes 14,6

30 Johannes 10,9

31 Matthäus 5,3

32 Jakobus 4,10

33 http://www.pbs.org/wgbh/americanexperience/features/primary-resources/jfk-university/.

34 Römer 12,2

Verlagsgruppe Random House FSC® N001967

Die Bibelzitate wurden der folgenden Bibelübersetzung entnommen:
Hoffnung für alle – Die Bibel, durchgesehene Ausgabe in neuer Rechtschreibung,
© 1986, 1996, 2002 by International Bible Society, USA. Übersetzt und
herausgegeben durch: Fontis – Brunnen Verlag Basel, Schweiz.

Originally published in English under the title „Falling into heaven"
by Broadstreet Publishing, 2745 Chicory Road, Racine, Wisconsin 53403, USA.
All rights reserved.
Copyright © 2014 by Mickey Robinson and Don Piper. Translated by permission.
Copyright der deutschen Ausgabe © 2016 Gerth Medien GmbH,
Dillerberg 1, 35614 Asslar,
in der Verlagsgruppe Random House GmbH.

1. Auflage 2016
Bestell-Nr. 817139
ISBN 978-3-95734-139-6

Umschlaggestaltung: Michael Stüber
Umschlagmotiv: Masterfile/ichalakov
Satz: Uhl + Massopust, Aalen
Druck und Verarbeitung: CPI books GmbH, Leck
Printed in Germany

www.gerth.de